国家自然科学基金项目（41501122）：江苏省的典型区域城乡空间形态的演化机理与优化调控研究；

国家自然科学基金项目（41671122）：面向"一带一路"倡议的淮海经济区空间组织响应及优化研究；

国家社会科学基金项目（19BTY088）：乡村振兴战略下农村公共体育服务治理体系研究。

江苏城乡聚落形态研究

车冰清　著

苏州大学出版社

图书在版编目（CIP）数据

江苏城乡聚落形态研究/车冰清著. —苏州：苏州大学出版社，2020.12
ISBN 978-7-5672-3417-8

Ⅰ.①江… Ⅱ.①车… Ⅲ.①聚落地理－研究－江苏 Ⅳ.①K925.3

中国版本图书馆CIP数据核字（2020）第242882号

江苏城乡聚落形态研究
JIANGSU CHENGXIANG JULUO XINGTAI YANJIU

车冰清 著

责任编辑 李寿春

助理编辑 杨宇笛

苏州大学出版社出版发行
（地址：苏州市十梓街1号 邮编：215006）
镇江文苑制版印刷有限责任公司印装
（地址：镇江市黄山南路18号润州花园6-1号 邮编：212000）

开本 700 mm×1 000 mm 1/16 印张 13.75 字数 239 千
2020年12月第1版 2020年12月第1次印刷
ISBN 978-7-5672-3417-8 定价：54.00元

图书若有印装错误，本社负责调换
苏州大学出版社营销部 电话：0512-67481020
苏州大学出版社网址 http：//www.sudapress.com
苏州大学出版社邮箱 sdcbs@suda.edu.cn

序 言

美丽江苏，要美得有形态，山清水秀、林美草绿、田沃湖净，城乡聚落分布合理，人居环境与自然环境相得益彰，让人望得见山、看得见水、记得住乡愁；要美得有韵味，让人能够触摸到自然肌理，保存好历史脉络和文化记忆，自然生态与建筑空间完美融合，让人得到心灵的净化和熏陶；要美得有温度，让生活中有浓浓的人情味和烟火气，到处彰显文明之风；要美得有质感，衣食住行、娱购游学，处处都能让人享受到优质高效的公共服务，事事都能让人感受到精致精细、品质品位。从中可以看出，城乡聚落形态优化是美丽江苏建设的首要目标。

城乡聚落作为城乡发展状态的指示器，是对城镇、乡村集聚和分布形式的空间抽象和描述。城乡聚落形态的演进是对城镇空间扩展、乡村地域变化的直观体现，是城乡作用关联、发展差异的空间反映，是对极化效应和扩散效应的空间响应。城镇和乡村系统在生产结构和发展规律等方面存在较大差异，并且"重城镇、轻乡村"的现象在我国一直存在，但两者同为人类的聚居单元，它们是一个相互联系、互为条件、统一的整体。在美丽中国建设和乡村振兴战略的背景下，把城镇、乡村作为关联系统进行研究符合实际发展需求。

党的十八大以来，我国在推进新型城镇化、统筹城乡发展方面取得了显著进展，但城乡要素流动不顺畅、公共资源配置不合理等问题依然突出。为促进城乡聚落的健康发展，从根本上解决城乡收入差距过大、发展不平衡不充分的问题，党的十九大提出了城乡融合发展战略。聚落镶嵌、交通可达、发展均衡是城乡融合发展的空间表征，而对我国不同类型区域的城乡聚落形态进行研究更具有实践价值。车冰清博士撰写的《江苏城乡聚落形态研究》一书，具有前瞻性、创新性和典型性。

本书是作者综合其承担的国家自然科学基金、江苏社会科学基金重大项目等课题成果，丰富完善而成。全书共分12章，按照城乡聚落形态特征→城乡聚落形态演进机制→城乡聚落形态评价→城乡聚落形态优化的逻辑顺序，通过现状识别来揭示问题和特征，通过演化模拟来发现规律，通过因素回归来探索机制，通过评价预测分析来认识发展趋势，通过理想模式来指引优化路径。本书集中表现出四大特色。

（1）理论探索性。基于国内外城乡聚落发展的理论，选取中国典型区域江苏，探索其城乡聚落形态演化规律，这对丰富和拓展中国特色城乡聚落理论具有重要价值。

（2）方法集成性。作者尝试运用景观分析、空间分析、网络分析、可达性分析、统计分析和数据挖掘分析等多种定量研究方法，系统分析城乡聚落形态的格局特征、演化过程和地域模式，力图科学客观地评价江苏城乡聚落形态发展态势。同时，利用多要素回归分析检验城乡聚落演化的影响机制。多种研究方法的综合集成及合理运用，大大增强了研究的准确性和科学性。

（3）逻辑系统性。城乡聚落形态演化是一个涉及城镇、乡村，以及人口、土地、公共服务、生态环境、机制体制等诸多方面的复杂系统。该专著遵循系统论思想，根据系统的整体性、关联性、异质性特征，对城乡聚落系统进行精细刻画与模拟，探索城乡聚落形态演化规律及优化调控措施。

（4）实证典型性。该著作以江苏城乡聚落为研究对象，该区域城乡的发展对推进美丽中国建设、城乡融合发展、乡村振兴等战略具有举足轻重的作用。作为城乡发展的先行区域，江苏城乡聚落形态演化模式具有典型性，并且对中国其他省份具有参考借鉴价值。

总之，本书在理论上，立足于城乡融合发展探讨城乡聚落形态发展的内在机制；在方法上，建立基于多源大数据从人、土地、公共服务设施的视角刻画城乡聚落形态的分析框架；在内容上，针对典型区域提炼城乡聚落形态演化模式,构建未来城乡聚落形态优化路径。本书对推进新时代美丽江苏建设、城乡融合发展、乡村振兴等具有很强的理论指导作用和实践应用价值。

朱传耿

2020 年 7 月

前 言

在美丽中国建设背景下,城乡聚落形态优化成为城乡融合发展的重要内容。江苏作为我国经济发达的东部沿海省份,其内部区域发展水平差异较大,正因如此,它能够展现不同发展阶段和城镇化水平下的城乡聚落形态特征及演化模式。在此背景下,本书对江苏城乡聚落形态的演化机制和优化调控措施进行研究,这是重要的科学问题,对丰富与完善城乡聚落理论,引导景观城镇化和乡村转型发展过程稳步、合理、可持续地进行具有重要的理论和实践意义。

本书在将城镇和乡村作为整体聚落的视域下,深入研究江苏不同自然本底、不同发展阶段、不同文化区域的城乡聚落的地域特征,揭示快速城镇化地区城乡聚落形态的演进模式及其组织规则。基于新型城乡关系的科学内涵,构建基于景观分析、空间分析、统计分析和数据挖掘分析相结合的城乡聚落形态演化的定量研究框架,促进实证研究方法的科学化、研究内容的规范化,丰富和发展城乡聚落形态理论体系及空间结构的定量研究,为各类城镇化地区城乡聚落发展模式选择提供科学参考,为增强区域互动和优化空间开发,推动美丽中国建设和城乡协调发展提供科学依据。寻求城乡融合视角下快速城镇化地区城乡聚落形态的优化调控途径,为城乡空间整合、协调发展提供理论支撑,在应用上期待为国家和区域在制定相关城乡发展战略时提供决策参考。

本书主要内容如下：

(1) 城乡聚落形态的人口特征

城乡聚落形态是人类进行生活、生产活动的空间表现，而城乡人口的集聚与流动特征能够体现城乡聚落形态的本质。本书基于土地利用、遥感影像、人口普查统计等数据，运用空间分析、数据离散化方法，从人口集聚与流动视角对江苏城乡聚落形态的人口分异特征进行综合定量揭示。该部分内容主要体现在第三章和第四章。

(2) 城乡聚落形态的公共服务特征

城乡聚落形态是公共服务的空间载体，而城乡公共服务体系的差异特征能够体现城乡聚落形态的发展质量。本书基于区域发展统计数据，结合基础、公共服务设施的信息点（POI）等地理空间大数据，运用空间分析、可达性分析，从商业网点、银行网点、公共交通等视角对江苏城乡聚落形态的公共服务特征进行定量刻画。该部分内容主要体现在第五章、第六章和第七章。

(3) 城乡聚落形态的空间融合

土地利用是城乡聚落形态的最直观体现。城乡聚落形态的时间过程分析是探索城镇与乡村空间相互作用的重要途径。本书基于近40年的城乡建设用地数据，结合交通路网数据，运用景观格局分析、探索性空间数据分析、空间关联分析、空间相互作用模型，以及格网化分析技术，对江苏城镇的空间扩展、乡村的空间变化、城乡空间关联的变化过程进行模拟，进而发现城乡聚落形态演变规律。要素关联的判定是揭示城乡聚落形态演进因素的重要手段。本书基于区域发展数据，运用Logistic空间模型、多元逐步回归模型等技术方法，对江苏城乡聚落形态的影响因素、驱动机制进行深入剖析，提炼出不同地区城乡聚落形态的演变模式。该部分内容主要体现在第八章。

(4) 城乡空间开发的适宜性评价

城乡空间开发的适宜性评价强调通过对自然、生态、经济、社会等多方面要素区域差异的综合分析，划分不同等级的空间开发适宜类型，这是合理、高效地利用土地资源的基础，也是优化城乡聚落空间发展的导向。本书基于经济社会发展、交通可达和生态约束三方面因素，评价江苏城乡空间开发适宜性，运用数据包络模型，测度江苏城乡土地利用效率。根据开发适宜性与土地利用效率的空间协调关系，判断江苏县级单元空间开发的合理性。探讨城乡空间开发中是否存在空间开发效率与其供给能力及保护要求不相匹配、空间开发过度或不足等问题。该部分内容主要体现在第九章。

(5) 城乡聚落形态的优化

国家发展战略是区域发展格局形成的重要因素，区域发展战略和政策对城乡聚落形态发展具有重要现实作用。因此，研究江苏区域发展格局优化，将对其城乡聚落形态发展具有重要指导意义。首先通过分析国家战略对江苏城乡空间发展的影响、评价区域性中心城市发展、探讨沿海与沿东陇海线互动发展、长江三角洲城市群融合发展，进而提出优化江苏区域发展格局的对策和建议，为江苏城乡聚落形态发展指明方向。其次从城镇体系和乡村聚落两个维度，基于发展现状和存在问题，提出江苏城镇体系优化发展模式、乡村聚落优化发展模式，为江苏城乡聚落形态优化发展提供参考路径。该部分内容主要体现在第十章和第十一章。

本书的主要特色或创新点包括：

第一，突出基于不同空间数据的城乡聚落形态的识别。在定性分析的基础上，基于多种类型空间数据，采用空间分析、数据挖掘分析、统计分析、动态检测分析等方法对城乡聚落形态的格局特征进行定量分析，并相互验证，以保证城乡聚落形态系统研究成果的真实性、科学性和准确性。

第二，强调对不同类型区域的城乡聚落形态演进模式的提炼。通过研究思路与方法的创新，基于城乡聚落形态的现状特征、演化过程、驱动机制、发展趋势，发现不同自然本底、不同发展水平、不同文化区域的城乡聚落形态的地域模式，并基于多维度、多因子综合评价提出优化措施，以期对快速城镇化地区城乡聚落形态演化现象进行较为完整的系统解释。

第三，注重将空间数据挖掘与模式发现技术应用于城乡聚落形态的定量分析，力求从空间要素分布、空间关联等方面挖掘更多的隐含特征、结构与规则；注重将差异、自相关、极化、回归等分析方法应用于城乡空间形态演化的驱动因素的识别，力求从空间相关、结构差异和极化辐射等方面判断城乡空间形态演化的动力机制；注重将 RS 的监督分类、动态检测分析技术应用于区域城乡空间变化过程的模拟，力求真实地揭示聚落形态的变化情况；注重将预测和模拟分析技术应用于城乡聚落形态优化对象的发现，力求基于现实问题、发展过程和发展趋势探寻聚落形态优化措施。

在美丽中国建设、城乡融合发展和乡村振兴战略背景下，城乡聚落形态演化受各种因素的影响,是一个复杂系统,探索其演化规律和地域模式是项艰巨任务。因此,本课题还存在进一步研究的空间,将在后续研究中不断加以完善和深化。同时,由于作者知识水平的限制及收集相关资料的困难,书中难免存在不足之处,恳请专家及同行批评指正!

车冰清

2020 年 6 月

目 录

第一章 绪论 …… 1
- 第一节 研究背景 …… 1
- 第二节 研究意义 …… 3
- 第三节 研究目标 …… 4
- 第四节 研究特色 …… 5
- 第五节 研究方法 …… 6
- 第六节 关键技术 …… 7
- 第七节 研究思路 …… 8

第二章 国内外研究现状及动态 …… 9
- 第一节 国外相关研究 …… 9
- 第二节 国内相关研究 …… 12
- 第三节 国内外研究评价与展望 …… 15
- 参考文献 …… 15

第三章 江苏城乡人口的空间集聚 …… 19
- 第一节 人口分布的研究现状 …… 19
- 第二节 数据来源和研究方法 …… 20
- 第三节 人口分布的空间格局 …… 22
- 第四节 人口分布的空间格局变化类型 …… 25
- 第五节 人口分布格局演化的空间机制 …… 26
- 第六节 人口分布格局演化的驱动力 …… 27
- 本章小结 …… 28

参考文献 ·· 29

第四章　江苏城乡流动人口的分布格局 ·· 32

第一节　流动人口的研究现状 ··· 32
第二节　数据来源和研究方法 ··· 33
第三节　流动人口空间分布的演变特征 ··· 35
第四节　流动人口分布格局演化的驱动因素 ··································· 40
本章小结 ·· 42
参考文献 ·· 43

第五章　江苏城乡商业网点的区域差异 ·· 46

第一节　商业网点相关研究进展 ·· 46
第二节　研究方法和数据来源 ··· 47
第三节　商业网点空间结构特征 ·· 50
第四节　商业网点业态结构特征 ·· 53
第五节　商业网点分布差异的影响因素 ··· 55
本章小结 ·· 58
参考文献 ·· 58

第六章　江苏城乡银行网点的空间分布 ·· 62

第一节　银行网点相关研究进展 ·· 62
第二节　数据来源和研究方法 ··· 63
第三节　银行网点的分布格局 ··· 65
第四节　银行网点空间分布的影响因素 ··· 68
本章小结 ·· 71
参考文献 ·· 72

第七章　江苏城市公共交通服务的地域类型 ······································· 75

第一节　城市公共交通研究进展 ·· 75
第二节　数据来源和研究方法 ··· 77
第三节　城市公交站点空间分布特征 ·· 78
第四节　城市公交服务人口格局特征 ·· 80
第五节　城市公交服务范围与其他公共设施的空间耦合特征 ·········· 81

第六节　公交站点综合服务水平区域类型 …………………………… 82
　　本章小结 ………………………………………………………………… 84
　　参考文献 ………………………………………………………………… 85

第八章　江苏城乡空间融合发展的过程 …………………………………… 87
　　第一节　城乡空间形态的研究进展 …………………………………… 87
　　第二节　数据来源与研究方法 ………………………………………… 88
　　第三节　城镇空间形态变化 …………………………………………… 91
　　第四节　农村地域演变特征 …………………………………………… 93
　　第五节　城乡空间黏合过程 …………………………………………… 95
　　第六节　城乡空间融合的演进机制 …………………………………… 97
　　本章小结 ………………………………………………………………… 100
　　参考文献 ………………………………………………………………… 101

第九章　江苏城乡空间开发的适宜性 ……………………………………… 103
　　第一节　城乡空间开发评价研究进展 ………………………………… 103
　　第二节　数据来源与研究方法 ………………………………………… 104
　　第三节　适应性评价 …………………………………………………… 109
　　第四节　土地利用效率评价 …………………………………………… 113
　　第五节　空间开发适宜性与土地利用效率协调关系 ………………… 115
　　本章小结 ………………………………………………………………… 116
　　参考文献 ………………………………………………………………… 117

第十章　江苏区域发展格局优化 …………………………………………… 120
　　第一节　国家战略背景下江苏空间发展导向 ………………………… 120
　　第二节　区域性中心城市评价 ………………………………………… 129
　　第三节　沿海和沿东陇海线经济带互动发展 ………………………… 150
　　第四节　扬子江城市群跨江融合发展 ………………………………… 157
　　本章小结 ………………………………………………………………… 163
　　参考文献 ………………………………………………………………… 166

第十一章　江苏城乡发展空间优化 ………………………………………… 169
　　第一节　城镇体系优化 ………………………………………………… 169

第二节　乡村聚落优化 …………………………………… 182
　　本章小结 ………………………………………………… 191
　　参考文献 ………………………………………………… 191

第十二章　结论与展望 ………………………………… 195
　　第一节　研究结论 ………………………………………… 195
　　第二节　研究展望 ………………………………………… 201

后　记 ………………………………………………………… 203

第一章 绪论

城乡聚落融合问题是我国城乡发展过程中不可回避的问题。在我国推进新型城镇化建设和实施乡村振兴战略的背景下,对城乡聚落形态演化规律的研究符合实际发展需求。我国城乡发展处于剧烈的转变和整合时期,急需大量的实践探索、理论研究与创新,使城乡发展在实践与理论相互促进的良性循环中不断前进。如何应对新型城镇化和乡村振兴的要求?剖析典型区域城乡聚落形态的演化机制与优化调控措施具有重要的研究意义和价值。因此,聚焦城乡聚落形态演化这一主题,开展城乡聚落形态的演化规律与地域模式研究,探讨城乡聚落形态的优化思路,是本书的基本要义和学术研究的基本初衷。

第一节 研究背景

城乡聚落形态研究一直是地理学的重点研究领域之一。城乡空间关系是此消彼长关系,还是互动整合、协调共生关系,一直是人文地理学在人类社会自身空间活动轨迹演变领域关注的重点内容。城乡聚落形态是城乡经济社会发展状况、人地关系相互作用的空间体现,其形成、演变、兴衰变迁遵循聚落变迁和人地关系的客观规律,在多种因素作用下呈有机演进的态势。聚落形态演化相关研究本身一直是多学科共同关注的焦点,它既体现了地理学的空间研究特点,又展现了整个人地关系作用的过程,因此具有显著的理论价值。RS(remote sensing,即遥感技术)通过对多时相的遥感影像、土地利用数据的对比检测,可以拟合聚落形态的演化轨迹,GIS(geographic information system,即地理信息系统)通过各种空间分析方法,可以识别不同尺度、不同层次空间要素的分布形态、关系格局,是研究城乡聚落形态的主要定量技术。利用城乡聚落形态演化规律提高城乡发展效率、优化发展格局始终是地理学有价值的研究方向。

城乡空间优化是推进新型城镇化和乡村振兴的重要内容。《中共中央关于全面深化改革若干重大问题的决定》提出健全城乡发展一体化体制机制的新目标；我国主体功能区规划中构建了"两横三纵"的城镇化战略格局；党的十八届三中全会提出以人为核心的新型城镇化发展；《国家新型城镇化规划》中进一步提出的新型城镇化发展的任务，以及党的十九大提出的乡村振兴战略和城乡融合发展战略，都有关于优化城乡布局和形态的内容。城乡聚落形态演化问题，是我国城镇化发展过程中不可避免的问题。城乡一体化作为区域经济发展到一定阶段的产物，在空间上表现为城市聚落和乡村聚落的景观融合关联，在经济发展中表现为城市与乡村经济共同繁荣发展，在社会文化中表现为城市与乡村居民生活品质的共同提高。因此，城乡空间承载着城乡一体化的发展，对于城乡聚落形态演变的研究能够为我国协调城乡关系、重塑城乡空间结构提供有力的理论支持和决策支撑。

我国城乡发展的空间转型与重构。我国城镇化进程逐步加快，产生了以城乡二元关系为主要矛盾的一系列城乡空间问题，不仅表现在发展基础、人民生活水平和公共服务的差距上，也反映在城镇空间的无度扩张、乡村地域空间发展的无序等方面。城镇化是一定地域范围内的空间形式和内容发生转化的过程，我国城乡发展处于剧烈的转变和整合时期，急需大量的实践探索、理论研究与创新，使城乡发展在实践与理论相互促进的良性循环中不断前进。因此，如何应对新型城镇化和国土开发空间格局调整的要求，剖析城乡发展的空间格局与发展过程，探索城镇化进程中聚落形态演化规律，促进城乡聚落形态的优化发展，是我国目前亟待解决的重大课题。

江苏城乡聚落形态演化具有典型性和示范性。近年来，江苏经济飞速发展带来了城镇化的高速推进，同时也带来了区域发展差距大、土地资源浪费、用地粗放、空间组织无序、环境污染等一系列严重问题。同时，陆桥通道、沿长江通道与沿海通道交汇于江苏，这里是国家新型城镇化综合试点地区、国家城乡融合发展试验区和美丽宜居城市试点省，江苏城乡聚落的发展对我国新型城乡格局的形成具有举足轻重的作用。江苏省内区域可以归纳为三类自然禀赋地区：平原农区、丘陵山区、水网地区。同时存在三个不同特征城镇化地区：一是苏南地区，包括南京市、苏州市、无锡市、常州市、镇江市5个地级市，处于国家长江三角洲优化开发区，是城乡一体化程度较高的区域；二是苏中地区，包括扬州市、泰州市、南通市3个地级市，地处长江三角洲北翼、长江下游北岸，是城乡融合发展的典型区域；三是苏北地区，包括徐州市、连云港市、宿迁市、淮安市、盐城市5个地级市，处于国家东陇海重点开发区，是城乡发展差异较大的典型区域。具有四个典型地域文化地区：吴文化区、楚汉文化区、金陵文化区、淮扬文化区。因此，针对江苏城乡聚落形态特征及其演化规律进行分析，进而提炼不同自然禀赋、不同发展阶段、不同文化底蕴的区域的城乡聚落形态演化模式，可以为我国其他区域城乡空间发展提供借鉴。

第二节 研究意义

城乡聚落融合发展是缩小城乡差距的重要手段，是统筹美丽中国建设、新型城镇化建设和乡村振兴战略的发展思路，是推进我国高质量发展的重要战略部署。2019年年末，我国的城镇化率已经达到60.60%，依据世界各国的城市化发展规律，我国正处于城乡关系重构的关键阶段，也是城乡聚落融合发展的关键时期。因此，未来我国不同自然禀赋、不同发展阶段、不同文化底蕴地域城乡聚落形态演化发展的理论认知、演变规律和模式路径将面临客观需求，成为新时期亟须解决的紧要问题。目前，学术界围绕不同空间尺度、不同地理单元城乡聚落形态发展阶段特征和地域类型、典型模式的综合研究有待深化。因此，无论是我国新时期破解城乡发展不平衡、农村发展不充分问题的现实需求，还是（人文）地理学科发展的内在需求，都越来越彰显出对城乡聚落形态演化开展系统研究的重要性和紧迫性。

江苏具有开展城乡聚落形态演化研究的典型性。一是，率先发展、率先破解难题，江苏在新型城镇化建设、乡村转型发展方面具有优势，有条件为全国其他省市城乡发展提供更多可借鉴可复制的经验；二是，江苏区域发展梯度特征明显，乡村发展差异性大，城乡聚落形态发展阶段不同，不同尺度、不同类型区域的城乡聚落形态演化，对于其他地区来说，无疑具有参考价值。因此，对江苏城乡聚落形态的规律性进行研究，不仅利于推动江苏城乡治理体系和治理能力现代化，使其走在全国前列，实现高质量发展，也能使之发挥典型的示范作用。

第三节 研究目标

江苏城镇化进程逐步加快，产生了以城乡二元关系为主要矛盾的一系列城乡差异问题，不仅表现在发展基础、人民生活水平和公共服务的差距上，也反映在城镇空间的无度扩张、乡村地域空间发展的无序等方面。本研究的目标，一是要解决城镇空间的无度扩张、开发效率低的问题，提升城镇核心功能；二是要解决城乡接合部经济发展不适应城市对边缘区经济功能定位的问题，加快城乡接合部经济发展，实现总量扩大、结构优化、效益提高和就业能力增强的目标；三是要解决乡村社会事业发展滞后的问题，加快乡村社会事业发展，实现全面完善、水平提升、社会稳定和人居环境适宜。

一、城乡聚落形态的定量刻画

通过各种空间要素识别不同维度的城乡形态特征是研究城乡聚落形态演化的基础。国内外基于传统遥感影像、土地利用等数据揭示城乡聚落形态的研究比较成熟，而通过基于网络产生的人类移动的大数据刻画城乡聚落形态的研究尚处于探索阶段。在结合传统数据和大数据的基础上，综合运用 GIS 的空间分析模型和统计模型，以及数据挖掘的技术方法识别城乡聚落形态格局，从而丰富城乡聚落形态的定量研究方法。

二、城乡聚落形态的演化规律

江苏是经济、城镇化高速发展的区域，其城乡聚落形态的演化规律对我国区域空间的发展具有重要借鉴意义。本研究一方面把城乡作为一个整体，识别处于不同发展阶段、不同城镇化进程的区域的城乡聚落形态特征；另一方面探讨城镇空间蔓延、乡村地域转变，以及城乡景观关联的过程，并探寻这些形态特征形成的因素和聚落形态演进的驱动机制，进而归纳出不同类型区域的城乡聚落形态的演化模式。

三、城乡聚落形态的优化调控

评价聚落形态的发展状态，是优化城乡空间结构、整合空间资源的重要手段。本研究对土地利用的适宜性和利用效率的耦合进行评价，提出江苏城乡空间发展的优化方案，以期为城乡空间转型发展路径提供科学依据。

第四节 研究特色

本研究强调不同类型区域城乡聚落发展的推动机制研究。通过研究思路与方法的创新，基于江苏城乡聚落形态的现状特征、演化过程、影响因素、发展趋势，发现处于不同发展水平和不同城镇化进程的区域的城乡聚落形态的演化过程，并基于多维度、多因子综合评价提出优化途径和措施，以期对快速城镇化地区城乡融合发展演化现象进行较为完整的系统解释。从城乡融合层面对江苏城乡聚落形态的优化调控进行研究，为各类城镇化地区城乡聚落形态的发展模式选择提供科学参考，为增强区域互动和优化空间开发、推动城乡协调发展提供理论依据。

在理论内涵方面，提出时空耦合的城乡聚落形态演化的分析框架。对城乡聚落形态演化的多维性、层次性、时空动态性、目标导向性和驱动因子的复合性等特征进行分析，构建综合时空要素评价模型，在此基础上，进一步解析城乡聚落形态时空分异的形成机制，丰富和拓宽了中国城乡聚落形态的理论内涵和范畴。

在研究视角方面，基于小尺度视角，定量识别城乡聚落形态的地域类型体系。分别筛选有效的度量维度及细分指标，通过多指标综合集成、多元要素归并、多维矩阵组合及类型对比分析，划分了多要素特征耦合、时间序列变化、多尺度复合模式下城乡聚落形态的地域类型，既拓展了程度性评价的城乡聚落形态研究视角，又为理解中国城乡聚落形态发展的规律提供了一个新的切入点。

在实践应用方面，强调不同尺度、不同发展阶段、不同类型的区域城乡聚落形态演化的机制和模式研究。基于江苏城乡聚落形态的格局特征、发展阶段，发现不同空间尺度、不同类型的区域城乡聚落形态演化机制层面存在的关键障碍和薄弱环节，并分类提出具有针对性的优化措施，以期对江苏城乡聚落形态的演化机理进行符合实际的精准解释。

第五节 研究方法

针对本研究集理论与应用为一体的特点，主要从经济地理学、计量地理学、城市地理学及乡村地理学等多学科交叉的角度，进行多角度、多层次、多时段的系统分析。在研究方法上，采用规范研究与实证研究相结合的方法，综合运用系统分析、空间分析、区域比较分析和统计分析等方法。主要包括：

(1) 空间分异分析方法

将空间位置的二维尺度加入了分析域，因空间上分布的事物普遍具有空间依赖性和空间异质性，在建模中考虑了空间相互作用，发展了探索性空间数据分析、空间插值与模拟模型及空间多尺度分析等方法。

(2) 时间过程分析方法

时间过程分析主要指的是连续或离散的时间过程变化，涉及时间序列的长期趋势和不规则变动等，模型有经典统计学的探索性数据分析和一系列的时间序列模型。在时间维度进行模拟演化分析，识别聚落形态的格局特征、演化规律，在动态中实现共时研究与历时研究的有机统一。

(3) 要素关联分析方法

主要识别要素之间的相互作用关系强弱及机制。回归分析和相关分析都是研究和处理变量之间具有相互关系的一种数理统计方法，相关分析主要是研究要素之间的密切程度，并没有严格的自变量和因变量之分；而回归分析则主要是研究变量之间的数学表达形式，因而有自变量和因变量之分，可以通过自变量的值来预测、内插因变量的取值。

(4) 聚落形态测度

旨在从空间数据中获取有关事物或现象的空间位置、空间分布、空间联系及空间演变等信息，是对空间形态的关键特征进行汇总的技术集合。采用 ESDA (exploratory spatial data analysis) 技术与 GIS、RS 技术结合，揭示江苏城乡聚落形态特征，并能够通过强大的空间分析、视图功能模拟江苏典型区域城乡聚落形态的演化过程。

(5) 空间离散化技术

利用广义权距离实现对专家知识与多系统分层要素的综合集成，通过建立待离散化要素与其影响指标的模糊关系识别模型，获得空间离散化权重。该技术可在兼顾原始数据分布的前提下，给出各空间位置上较为精确的社会、经济要素值，并支撑对其格局特征、影响因素的深入分析。

（6）数据挖掘分析技术

从基于计算机网络人类活动产生的大量空间数据，挖掘出数据背后隐含的规律。从公开网络平台可以获取大量基础服务设施、公共服务设施的兴趣点数据，以及人们的空间轨迹数据，结合空间分析和统计分析，可以从不同视角发现城乡聚落形态的特征。

（7）空间关联测度

空间关联测度用来定量描述事物在空间上的依赖关系，可以分为全域性测度和局域性测度。全域性空间关联测度指数用来度量分析变量在空间上的集聚或扩散程度，局域性空间关联测度指数用来度量分析变量对邻域的影响程度。本研究运用空间关联分析研究不同类型城镇与乡村在发展中促动因素（土地、人口、技术和资本等）在城乡间的空间关联特征。

第六节 关键技术

（1）数据挖掘与数据处理技术

聚落形态数据，通过案例区基础地理数据、遥感影像等数据的分析获取。本研究对原始数据进行影像融合、几何校正、图像增强与拼接、人机交互目视解译、空间匹配等，以获取可供分析的地理空间数据；部分节点数据，如基础设施、公共服务设施等兴趣点数据，通过开放网络平台挖掘获取。

（2）小尺度数据空间化

社会、经济指标数据多以行政区为单元进行汇总，难以获得更为精细的小尺度空间单元指标数据。针对这一问题，本研究采用综合多种系统要素的空间数据离散化的方法，来获取部分村域尺度上精细的社会、经济指标数据。该方法利用广义权距离实现对专家知识与多系统分层要素的综合集成，并通过建立待离散化要素与其影响指标的模糊关系识别模型，获得空间离散化权重。该方法可在兼顾原始数据分布的前提下，给出各空间位置上较为精确的社会、经济要素值，以支撑对其格局特征、影响因素的深入分析。利用该技术对人口要素进行小尺度空间化。

（3）交通可达性

可达性是指利用一种特定的交通系统从某一给定区位到达活动地点的

便利程度。通过可达性分析，可以有效地将空间距离转化为更具现实分析价值的时间距离，目前已被广泛地应用在城镇的区位优势，以及教育、医疗、绿地等公共服务设施水平的评价中。在本研究构建的多维评价指标体系中，交通条件、生活出行的方便程度等维度可以通过空间可达性来表现。可达性空间分析最大的优点在于能够非常直观地揭示空间要素的交通条件，反映居民享受公共产品和服务的空间公平性和便捷性，比直接统计设施数量更为客观、合理。常用的测度空间可达性的方法种类较多，本研究拟采用已经比较成熟的基于交通路网的最短通行时间评价模型来表达城乡的交通条件和生活出行的方便程度。基于交通路网数据，可以完成各类空间要素的交通可达成本计算。

第七节　研究思路

按照时间顺序可分为以下阶段：文献资料收集→实地调研→资料数据处理→补充调研→研究成果形成→专家咨询→验收结题。

按照逻辑顺序可分为以下部分：城乡聚落形态的特征识别→城乡聚落形态演进机制的揭示→不同类型区域城乡聚落形态演进模式的分析→城乡聚落形态的评价与优化。

遵循理论界定→研究框架构建→数据收集处理→形态类型分析→时间过程分析→演化机制分析→模式提炼→优化措施研究的逻辑思路，综合应用文献计量分析、因子耦合分析、神经网络分析、空间分异分析、空间聚类分析、地统计分析（空间统计分析）、空间计量模型等多种方法，考量空间尺度效应的影响，构建城乡聚落形态演化研究的理论分析框架。在此基础上，以江苏为典型案例地区开展实证分析，识别城乡聚落的时空分异特征及形成机制，提炼归纳典型城乡聚落单元的发展模式。通过现状识别来揭示问题和特征，通过演化模拟来发现规律，通过因素回归来探索机制，通过评价预测分析来认识发展趋势，通过理想模式来指引优化路径。

第二章 国内外研究现状及动态

城乡聚落形态一直是国内外学者的研究热点。国外学者在城乡空间发展理论和聚落形态识别、动态演化等方面具有较好的研究积累。国内学者在吸收国外研究成果的基础上，结合我国城乡发展的实际，完善和深化城乡空间发展的理论体系、城乡聚落形态的定量研究方法。基于城乡发展在国家和区域发展中的重要地位，国内外学者对全球特别是发达国家和地区的城乡聚落形态演化进行了全方位多角度深层次研究，以期推动城乡融合发展和乡村振兴。

第一节 国外相关研究

国外学者对城乡聚落形态的研究主要侧重于空间结构理论与实证方法研究，包括城乡聚落发展理论、城乡聚落演化模式、城乡聚落形态特征的定量识别等方面。总体上经历了由简单向综合、从定性描述到定量分析转变的发展过程。

 一、城乡一体化理论研究

国外城乡空间结构的研究受中心地理论、扩散理论及有关区域科学理论影响较大。其中，城乡一体化理论基于城镇与乡村相结合的视角研究城乡发展，该理论的核心观点是打破城乡二元结构，将城镇与乡村、城镇居民与农村居民、工业与农业有机地融合为一个整体，通过政策和经济体制改革实现城乡共同发展。"田园城市"[1]倡导的实质上是城和乡的结合体，城市和乡村处于平等关系，城市四周为农业用地所围绕。"中心地理论"[2]阐述了聚落体系在数量和规模上的层次性，各聚落有机结合成一个区域关

联体系，而不是彼此孤立存在的。此外，20世纪60年代，美国著名的城市学家刘易斯，指出城与乡同等重要，主张建立许多新的城市中心，形成一个更大的区域统一体，通过以现有城市为主体，把"区域统一体"的发展引到许多平衡的社区里，就可以使区域整体发展，重建城乡之间的平衡[3]，还使全部居民在任何地方都有可能享受到真正的城市生活的益处。"Desakota"理论是基于对亚洲一些国家的研究提出的，它强调城乡之间的统筹协调和一体化发展，其主要特征是高强度、高频率的城乡之间的相互作用，混合的农业和非农业活动淡化了城乡差别。城乡对等、城乡均衡成为城乡空间研究的主流观点。

二、乡村聚落形态的演进研究

早期的乡村聚落研究可以追溯到1826年的"杜能圈"研究，即农业区位论。此后，随着工业化和城镇化的快速推进，乡村地域系统的生产要素结构发生了急速变化，乡村聚落空间布局与形态也随之发生一系列的转变。如何通过乡村聚落空间的合理组织，建构满足农民生产生活需求的乡村聚落空间和美好家园成为学者关注的焦点之一。在关注内容上，主要集中在农村聚居区位、农村空心化、聚落形态特征与影响因素、聚落类型与区划、演变过程与驱动机制、乡村基础设施建设与人居环境改善等方面。近年来，随着政府对乡村发展的重视程度加大，乡村聚落空间研究的主题进一步丰富和拓展，关注的重点开始向聚落空间优化、土地利用变化与土地整治、乡村地域功能转向与乡村转型发展、乡村空间重构、城乡聚居体系重组与城乡融合发展等方向变化。

随着学界对城乡认识的改变，大量乡村聚落演变及其动力机制研究成果出现：Marc Antrop指出城市化形成的村镇网络是聚落演变的一个重要因素，聚落演变模式随其区位的不同而不同。[4] Gay对乡村聚落结构影响因素进行研究，指出农业工业化导致了乡村聚落结构的根本改变。[5] Roberts选取不同类型的乡村聚落，在时间序列上从自然因素、社会环境因素和居民心理感知因素结合社会学的研究方法系统分析了乡村聚落的演变。[6] Spedding基于社会学角度，运用相关的社会学研究方法，通过对乡村社会环境的分析，辨识乡村聚落影响因素，研究社会—自然环境因素对乡村聚落环境的影响。[7] Turner基于景观生态学视角，运用生态学的相关理论与方法，研究乡村聚落景观发展演变。[8] Sylvain选取农耕区的乡村聚落，通过对农业耕作方式在不同时段的差异及其对乡村聚落的影响进行分析，阐述了农耕区乡村聚落景观的演变规律。[9] Clark 提出美国城市远郊的居民点空间结构存在空间异质性，规模等级不能以其居民点密度反映。[10] Skinner 认为，乡村空间结构由运输费用和农业生产力之间的关系决定，理想的、标准的市场区域应该是圆形的，但在一个地区布满了市场区域后，它们彼此挤压，在既无重叠又无空隙时，就变成了蜂窝状，其村庄分布按几何学的原则，应该呈六边形排列。[11] 综观近年来的国外乡村聚落研究，研究内容更多考虑到人类活动对乡村聚落的影响。

整体来看，国外在乡村聚落空间研究方面成果丰硕，研究方法和手段不断创新，并呈现出由简单向综合、由定性描述到定量分析、由空间分析向人文社会范式转变的特征，研究视角也不断拓展。

三、城镇空间形态的定量研究

国外早期城市空间的研究提出了理想的城市形态模式，同心圆模式、扇形模式、多核心模式是城市地域空间结构中的经典模式。城市形态研究起源于 20 世纪 50 年代马奇和马丁创立的"城市形态与用地研究中心"，城市形态的研究从传统的形态特征描述发展到研究城市形态发展的深层次结构，研究重点包括城市边界形态、用地结构、演变特征以及驱动机制分析。具有代表性的研究方法有景观分析、分形理论、网络拓扑、句法分析、动态模拟等。自 CA 模型首次被用来模拟城市扩展，空间模拟技术不完善，20 世纪 90 年代，CA 方法与 GIS 技术结合起来，用来模拟城镇郊区的扩张[12-14]、土地利用变化[15]。RS 与 GIS 技术被更多地用来研究城市分形结构、城市空间演变与城市扩展。[16-18]

四、城乡接合部空间形态研究

城乡接合部是城乡景观变化最剧烈的区域，是研究城乡聚落形态特征和演变过程的典型区域，其土地利用变化最为明显，因此，土地利用变化是识别城乡聚落形态特征的主要手段。基于高精度的遥感数据，各种土地利用的自动分类算法被用于城乡土地利用演变研究。[19-21] 在土地利用演化影响因素与机制方面，不同学派的学者具有不同的观点[22,23]，社会学派认为市场是土地利用变化的驱动力；政治经济学派则认为权力行为是影响城市土地利用演变的主要因素。还有一些学者认为交通线路的开辟与建设成为空间扩展的伸展轴，对城市空间扩展有指向作用，交通运输速度的提高也使城市扩展速度加快，为城市由集中走向分散、由市中心化走向郊区化提供了可能。[24]近期研究中，学者们认为国家政策和制度对城乡接合部土地利用变化具有重要影响。Bittner等研究了以色列社会经济发展和国家乡村政策对城市郊区土地利用的影响，认为行政措施的频繁调整会对发展带来不利影响。[25]

第二节　国内相关研究

随着我国城镇化进程的加快，乡村振兴和城乡融合发展战略的实施，我国城乡聚落形态的相关研究主要集中在城乡土地利用变化方面，其中城乡聚落形态演化的时空特征、演变模式、机制、存在问题及优化等研究都受到广泛关注。

一、乡村聚落形态研究

近年来，国内乡村聚落的发展与演变趋势引起了学术界普遍关注。乡村聚落形态受邻近物或自然条件影响明显，具有显著的地域差异，大多是小区域范围的研究。1990年以来，定量分析方法在乡村聚落形态研究中逐渐占据主要位置，如分维数、邻近度、形状指数等方法被普遍使用，国内学者对不同区域乡村聚落形状特征做定量分析，研究总体上反映出我国各地现有乡村聚落形态具有明显的不规则性。另外，也有学者运用空间统计学、空间句法、分形等技术研究乡村聚落分布模式、分形特征等。李全林等研究得出江苏地区的聚落具有很强的空间自相关性，呈现规模高值簇的空间集聚分布模式。依据乡村聚落形态进行类型划分也是聚落研究中的一项传统内容，运用空间聚类分析等方法划分聚落类型。[26]马晓冬等利用形态指标与系统聚类方法将江苏乡村聚落分为低密度大团块型、中密度宽带型、高密度条带型、中密度弧带型、中密度小团块型、低密度散点型、团簇状散布型、低密度团簇型。[27]针对不同类型乡村聚落的演化机制研究也得到了一定的发展。张小林认为乡村的社会经济变迁伴随着空间结构的变动，并以苏南乡村为例，对不同历史时期的乡村聚落社会经济变迁、乡村空间系统动力及乡村空间结构进行了深入研究。[28]王婷等从全国的尺度上分析了我国乡村聚落演化态势,发现在不同因素的耦合作用之下,会存在低速平稳的传统路径、新型因子作用下的快速发展新型路径、突变因子作用下的突变性偶然路径三条演化路径。[29]刘彦随和刘玉、龙花楼等、乔家君等对我国乡村聚落空心化类型、阶段、特征、动力机制等做了细致的分析。[30−32]但有关乡村聚落空间动态演进理论还相对薄弱,亟需相关的实践突破与理论创新。

二、城镇空间形态研究

在城市化过程中,城市景观的变化既表现为城市空间的扩展和形态的变化,同时也表现为城市土地利用类型的改变和土地利用强度的提高。国内学者在城市形态研究方面,侧重对单个城市的扩展进行研究。利用数理统计方法、GIS 与 RS 技术分析城市扩展的特征及主要驱动因子的研究大量出现。潘竟虎等以多时相、多波段的遥感影像为数据源,利用 NDBI-SAVI 指数提取 1990—2010 年中国 35 个省会及以上城市的建设用地信息,通过计算紧凑度和形状指数,研究城市扩张状况。[33]卓莉等率先引入夜间灯光图像像元灯光强度的时间变化特征研究。[34]熊国平基于城市用地快速扩展、城市人口快速增长、城市基础设施快速发展等方面的分析,阐明了城市形态演变的根本转化动力。[35]冯健从自然、人口、社会经济与政策机制等方面分析探讨城市用地扩展的作用机制,在不同层次上总结城市用地空间重构的机制,指出城市用地扩展方向是由各种影响因素综合作用确定的。[36]汪坚强等运用城市形态学的研究方法,分析 1840 年以来近现代济南城市形态的演变,归纳得出"新城—协作"与"扩展—回波"两种城市形态发展模式。[37]吕斌等从实现低碳城市的视角,提出了城市内部功能空间形态紧凑度的量化指标,用以探讨实现低碳城市的城市空间形态特征。[38]杨勇等以都江堰市 1980—2011 年期间的建成区各年份的土地利用数据和社会经济数据为基础,借助城市周期扩张理论和分形理论,揭示了都江堰城市形态演变遵循"外部扩张,内部填充"的周期扩张规律。[39]

三、城乡融合研究

城乡关系是最基本的关系形态,涉及城乡经济、社会、生态环境、文化及区位等诸多方面。自 21 世纪以来,中国政府就开始关注并着手解决长期存在的由城市偏向发展战略、市民偏向分配制度和重工业偏向产业结构引起的城乡分割、土地分治、人地分离的"三分"矛盾，并分别于2002年在党的十六大上提出"统筹城乡经济社会发展"，于2012年在党的十八大上提出"推动城乡一体化"，于2017年在党的十九大上明确提出"城乡融合"等一系列政策。这种政策演进的脉络反映了中国政府对城乡关系认识从城乡隔离、对立、统筹、一体到融合的有序演进。城乡融合发展，就是要把工业与农业、城市与乡村、城镇居民与农民作为一个有机整体，统筹谋划、通盘考虑，通过体制机制改革创新和政策体系建设，促进城乡在政策、人才、土地、资本等方面的融合，破除城乡二元体制，改变长期形成的城乡二元结构，重塑新型城乡关系。

城镇快速发展致使城镇空间向乡村地域迅速蔓延，这种蔓延实质上是城乡系统之间的相互交融和交互叠加，二者发生耦合促使区域不断发展变化。城乡空间关联主要可以通过空间联系、互动的视角来揭示。近年来，许多学者采用系统动力学方法对存在相互关联的系统进行耦合测度，如王继军等对陕西省纸坊沟流域农业生态经济系统的耦合态势的研究[40]、张洁等对渭河流域人地关系地域系统耦合状态的分析[41]、梁红梅等对土地利用社会经济效益与生态环境效益耦合关系的研究[42]等。周蕾等（2011）对城镇与乡村系统耦合的演化研究表明，耦合测度结果不仅可以阐明系统间的互动关系，而且可以刻画系统的演进态势或趋向。[43]魏伟等采用成本加权距离和城乡聚落体系潜能指数对传统的场强模型进行改进，综合利用扩张强度指数、扩张速度指数等分析研究石羊河流域内部城乡聚落体系空间结构分异。在此基础上，结合道路等级和长度计算流域内城乡聚落体系间最短时间距离来分析城乡聚落体系空间联系与空间相互作用，据此分析石羊河流域城乡聚落体系空间结构变化及影响模式。[44]

城乡融合发展是实现乡村振兴的必由之路，须充分了解城乡融合的情况，并据此制定和实施城乡融合的总体战略与政策。中国各地区城乡融合发展的水平存在较大差异，只有充分了解各地区城乡融合的差异，才能更好地制定和实施城乡融合的区域差异战略与政策。目前已有的关于城乡融合测度的研究，建立了城乡发展空间均衡和城乡等值线模型，多是从城乡人口、经济、空间、社会、主体功能、环境等维度出发，构建城乡融合发展水平评价指标体系，对区域城乡融合发展水平进行评价，进而揭示城乡融合的过程和机制。虽然从多维视角出发，构建相对全面且系统的城乡融合评价指标体系，但较少考虑空间尺度效应，城市群、省域、市域、县域、镇域和村域尺度城乡融合发展的重点、模式、路径存在较大差异，测度的方法和指标需要分类探讨。

第三节　国内外研究评价与展望

城乡聚落形态的研究一直是国内外学者的研究热点。国外学者在城乡空间发展理论和空间形态识别、动态演化等方面具有较好的研究积累。国内学者在吸收国外研究成果的基础上，结合我国城乡发展的实际，完善和深化城乡空间发展的理论体系、城乡聚落形态的定量研究方法。总的来说，对于城乡聚落形态的研究，研究内容逐渐丰富、研究视角愈发多维度、研究方法日趋多元化。但仍存在一些不足：① 将城镇和乡村分别作为单独研究都取得了不少研究成果，但体现城镇—乡村系统的整体研究不多。② 已有城乡聚落形态的研究多是基于土地利用数据选定研究区进行实证分析，而兼顾多种空间要素数据定量测度城乡聚落形态的研究较少。这要求城乡聚落形态的研究从城乡关联整体的维度出发，选择典型实证区域，利用多种空间要素（传统土地利用、交通路网，以及基于网络的基础服务、公共服务的大数据）精细刻画城乡空间形态特征，并融合 GIS、RS、空间统计、数据挖掘等分析方法，注重从人地关系的层面，动态探讨城乡聚落形态演进过程及其发展趋向，通过对不同类型的城镇化地区聚落形态演进的研究，提炼典型区域城乡聚落发展模式及优化途径。典型区域江苏城乡聚落形态的演化机理与优化调控研究，具有良好的研究前景。

参考文献

[1] 霍华德. 明日的田园城市 [M]. 北京：商务印书馆，2002.

[2] 克里斯塔勒. 德国南部中心地 [M]. 北京：商务印书馆，2011.

[3] 芒福德. 城市发展史：起源、演变和前景 [M]. 倪文彦，宋俊岭，译. 北京：中国建筑工业出版社，1989.

[4] Antrop M. Landscape change and the urbanization process in Europe [J]. Landscape and Urban Planning，2004，67：9–26.

[5] Ruda G. Rural building and environment [J]. Landscape and Urban Planning，1998，41 (2)：93–97.

[6] Roberts B K. Landscapes of settlement: prehistory to the present

[M]. London：Rutledge，1996：1-6.

[7] Spedding CRW，Lowrance R，Stinner B R，et al. Agricultural systems and the role of modeling [M]. New York：Wiley，1984：179-186.

[8] Turner S J，O'Neill Robert V，Conley W，et al. Patternandscale：statistics for landscape ecology [J]. Ecological studies，1991，82：17-49.

[9] Paquette S，Domon G. Changing ruralities，changing landscapes：exploring social recomposition using a multi-scale approach [J]. Journal of Rural Studies，2003，19（4）：425-444.

[10] Clark J K，McChesney R，Munroe D K，et al. Spatial characteristics of exurban settlement pattern in the United States [J]. Landscape and Urban Planning，2009，90（3-4）：178-188.

[11] 施坚雅. 中国农村的市场和社会结构 [M]. 史建云，徐秀丽，译. 北京：中国社会科学出版社，1998.

[12] Batty M，Loneley P A. Fractal cities：a geometry of form and function [M]. London：Academic Press，1994.

[13] Batty M，Xie Y. From cells to cities [J]. Environment and Planning B，1994，21（7）：S31-S48.

[14] Batty M，Xie Y. Possible urban automata [J]. Environment and Planning B，1997，24（2）：175-192.

[15] White R，Engelen G. Cellular automata and fractal urban form：a cellular modelling approach to the evolution of urban land-use patterns [J]. Environment and Planning A，1993，25（8）：1175-1199.

[16] Durieux L，Lagabrielle E，Nelson A. A method for monitoring building construction in urban sprawl areas using object-based analysis of Spot 5 images and existing GIS data [J]. ISPRS Journal of Photogrammetry and Remote Sensing，2008，63（4）：399-408.

[17] Bhatta B，Saraswati S，Bandyopadhyay D. Urban sprawl measurement from，remote sensing data [J]. Applied Geography，2010，30（4）：73 1-740.

[18] Pham H M，Yamaguchi Y，Bui T Q. A case study on the relation between city planning and urban growth using remote sensing and spatial metrics [J]. Landscape and Urban Planning，2011，100（3）：

223-230.

[19] Guo L, Chehata N, Mallet C, et al. Relevance of airborne lidar and multispectral image data for urban scene classification using Random Forests [J]. ISPRS Journal of Photogrammetry and Remote Sensing, 2011, 66 (1): 56-66.

[20] Liu Y S, Li Y H. Revitalize the world's countryside [J]. Nature, 2017, 548 (7667): 275-277.

[21] Herold M, Goldstein N C, Clarke K C. The spatiotemporal form of urban growth: measurement, analysis and modeling [J]. Remote Sensing of Environment, 2003, 86 (3): 286-302.

[22] Labbé D, Musil C. Periurban land redevelopment in Vietnam under market socialism [J]. Urban Studies, 2014, 51 (6): 1146-1161.

[23] Bryant C R. The role of local actors in transforming the urban fringe [J]. Journal of Rural Studies, 1995, 11 (3): 255-267.

[24] Simmonds D, Coombe D. Transport effects of urban land-use change [J]. Traffic Engineering and Control, 1997, 38 (12): 660-665.

[25] Bittner C, Sofer M. Land use changes in the rural-urban fringe: an Israeli case study [J]. Land Use Policy, 2013, 33: 11-19.

[26] 李全林, 马晓冬, 沈一. 苏北地区乡村聚落的空间格局 [J]. 地理研究, 2012, 31 (1): 144-145.

[27] 马晓冬, 李全林, 沈一. 江苏省乡村聚落的形态分异及地域类型 [J]. 地理学报, 2012, 67 (4): 516-525.

[28] 张小林. 乡村空间系统以及演变研究: 以苏南为例 [M]. 南京: 南京师范大学出版社, 1999.

[29] 王婷, 周国华, 杨延. 衡阳南岳区农村居民点用地合理布局分析 [J]. 地理科学进展, 2007, 27 (6): 25-31.

[30] 刘彦随, 刘玉. 中国农村空心化问题研究的进展与展望 [J]. 地理研究, 2010, 29 (1): 35-42.

[31] 龙花楼, 李裕瑞, 刘彦随. 中国空心化村庄演化特征及其动力机制 [J]. 地理学报, 2009, 64 (10): 1203-1213.

[32] 乔家君, 刘家俊, 谢淼. 欠发达农区村域空心化特征及其微观机理: 以兰考县三个村为例 [J]. 人文地理, 2011, 26 (6): 98-102.

[33] 潘竟虎, 韩文超. 近20a中国省会及以上城市空间形态演变

[J]. 自然资源学报, 2013, 28 (3): 470-480.

[34] 卓莉, 李强, 史培军, 等. 基于夜间灯光数据的中国城市用地扩展类型 [J]. 地理学报, 2006, 61 (2): 169-178.

[35] 熊国平. 90年代以来我国城市形态演变的特征 [J]. 新建筑, 2006, (3): 18-21.

[36] 冯健. 杭州城市形态和土地利用结构的时空演化 [J]. 地理学报, 2003, (3): 343-353.

[37] 汪坚强, 朱渊, 王勇. 大城市空间形态发展模式探析: 以近现代济南城市形态演变为例 [J]. 城市规划, 2013, 20 (7): 90-97.

[38] 吕斌, 孙婷. 低碳视角下城市空间形态紧凑度研究 [J]. 地理研究, 2013, 32 (6): 1057-1067.

[39] 杨勇, 邓伟, 张继飞, 等. 都江堰城市空间形态演变周期性特征及其驱动机制 [J]. 山地学报, 2013, 31 (3): 300-306.

[40] 王继军, 姜志德, 连坡, 等. 70年来陕西省纸坊沟流域农业生态经济系统耦合态势 [J]. 生态学报, 2009, 29 (9): 5130-5137.

[41] 张洁, 李同昇, 王武科. 渭河流域人地关系地域系统耦合状态分析 [J]. 地理科学进展, 2010, 29 (6): 733-739.

[42] 梁红梅, 刘卫东, 刘会平, 等. 深圳市土地利用社会经济效益与生态环境效益的耦合关系研究 [J]. 地理科学, 2008, 28 (5): 636-641.

[43] 周蕾, 杨山, 陈升. 无锡市城乡系统耦合测度与耦合度变化规律研究 [J]. 人文地理, 2011, 26 (6): 77-82.

[44] 魏伟, 石培基, 王晓燕, 等. 干旱区内陆河流域城乡聚落体系空间结构及影响模式研究: 以石羊河流域为例 [J]. 人文地理, 2013, 28 (6): 80-85.

第三章 江苏城乡人口的空间集聚

人口的空间集聚是城乡聚落形态的重要体现。2018年，江苏常住人口达8 050.7万人，人口密度为每平方千米751人，居中国第四位，是中国人口最为稠密区域之一。2000年以来，随着工业化和城镇化的高速推进，人口流动的增强，江苏人口分布呈"南密北疏"格局，并且人口空间不均衡现象有不断强化之势，因此研究江苏人口集聚变化的影响因素具有必要性和典型性，同时，对中国其他区域开展人口空间分布优化研究也具有借鉴意义。本章利用乡镇（街道）级行政单元的常住人口数据，运用空间分析、空间统计方法，对江苏人口密度的时空变化进行精细化分析，厘清2000年以来其人口分布的空间格局及变化态势，并揭示其演化机制，力图为新时代江苏人口空间分布优化及城镇化健康发展决策提供科学依据。

第一节 人口分布的研究现状

人口的空间分布是特定时空背景下人与自然环境关系的反映，体现社会经济发展水平的差异[1]，对人口分布格局的分析是研究社会经济现象及其地理规律的逻辑起点[2,3]。20世纪以来，世界人口的骤增加剧了全球范围内的资源短缺、环境污染及生态恶化，人口问题成为世界面临的核心问题之一。[4]人口分布作为人口研究的重点领域，各国学者很早就开始对不同国家和地区的人口分布的时空变化、影响因素相关性，以及未来人口分布预测等方面进行研究。人口分布反映了人口数量在时间和空间上的变化，而这种变化不仅受到自然因素的影响，同时又有经济因素的制约。研究人口的分布格局变化，可以揭示区域人口分布规律。[5]在人口分布特征研究的基础上，一些学者探讨了土地利用、地形起伏度、交通条件等对人口分布的影响[6-10]，立足人口分布的过去和现在，把握人口分布的历史过程和现实格局，而另一些学者则对人口的增长趋势和空间变化情况进行了预估[11-16]。获取并掌握人口分布信息，尤其是精细尺度的人口空间分布信息，逐渐成为制定区域发展规划、灾害风险防范与救助、经济建设、环境与生态保护等的重要科学依据。[17]

随着遥感、地理信息、人工智能等新技术方法的发展，各国学者相继开展了全球、国家、省、市、县乃至像元尺度的人口分布模拟分析。国外学者较早基于空间统计方法来揭示区域人口分布的空间关联特征。[18-20] 2000 年以来，中国学者采用 GIS、ESDA 和统计分析等方法对人口分布的影响因素进行了探讨。[21-23] 人口密度是反映区域人口分布的重要指标和主要表现形式[24,25]，从不同空间尺度进行人口密度的时空分析，可以得到从宏观到微观的人口分布变化特征。人口数据空间化是目前国内研究人口非均匀分布的主流方法，研究者通过定量分析人口分布与其影响因素（自然、人文）的相关性，采用一定的模型方法，创建区域范围内连续的人口表面，实现人口分布与演化的模拟。[26-32] 该方法将人口与各种资源、环境数据融合，有效地克服传统人口分布研究方法的局限性，但存在两个影响模拟结果准确性的因素，一是选择最优的拟合模型、设置适宜的参数；二是基础统计数据的尺度，尺度越小，样点数据越多，模拟结果越符合实际。受到统计口径、公开数据所限，大尺度的人口分布研究较为常见，多以省、市、县（区）行政区作为分析单元。随着社会经济发展，在政府决策和科学研究中，需要了解人口的小尺度详细分布情况。自 2000 年第五次全国人口普查以来，中国人口的统计口径逐渐规范，国家公布了分乡镇、街道的统计数据，为小尺度人口密度空间格局的研究提供了数据支撑。

第二节　数据来源和研究方法

基于 2000 年、2010 年人口普查乡镇（街道）数据，运用探索性空间数据分析、半变异函数等方法，分析江苏人口分布的时空分异特征，并揭示其空间演化机理。

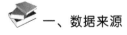一、数据来源

以镇域为研究单元，依据 2010 年行政区划，江苏共包括 1 307 个镇级

行政单元（镇、乡、街道），选取 2000 年和 2010 年作为研究断面，以人口密度作为测度指标。人口普查中分乡镇、街道数据是小尺度数据，但这种数据的缺点是会受到频繁行政区划变动的影响，2000—2010 年江苏乡镇区划单元调整频繁，包括撤乡建镇、撤镇建街道、撤县建区等过程，乡镇、街道行政单元范围调整较大，本研究对行政区划调整的区域进行相应的合并处理，以保持数据的可比性。人口统计数据来源于国家统计局[33,34]，江苏乡镇边界数据来源于长江三角洲数据共享平台。

二、研究方法

（一）克里金插值法

克里金（Kriging）插值法又称空间自协方差最佳插值法，不仅考虑已知数据的空间相关性，还预测待估计点的数值，并给出表示精度的方差。在克里金系列方法的操作过程中，采样数据必须满足不同程度的条件才能使结果输出有效。其假定采样点之间的距离或方向可以反映表面变化的空间相关性。它的常用公式由数据的加权总和组成[35]：

$$\text{式 3-1} \qquad \hat{Z}(x_0) = \sum_{i=1}^{N} \lambda_i Z(x_i)$$

式中，$Z(x_i)$ 为第 i 个位置处的测量值，λ_i 为第 i 个位置处的测量值的权重，x_0 为预测位置，N 为测量值数。在普通克里金法中，权重 λ_i 取决于测量点、预测位置的距离和预测位置周围的测量值之间空间关系的拟合模型。

（二）半变异函数

半变异函数是描述区域化变量随机性和结构性的基本手段，是一个关于数据点的半变异值与数据点间距离的函数，假设区域化变量满足二阶平稳和本征假设，则半变异函数可以表示为[36,37]：

$$\text{式 3-2} \qquad \gamma(h) = \frac{1}{2N(h)} \sum_{i=1}^{N(h)} [Z(x_i) - Z(x_i + h)]^2$$
$$i = 1, 2, \cdots, N(h)$$

式中，h 是样点间隔距离，$N(h)$ 是分隔距离 h 的样点量，区域化变量 $Z(x_i)$ 和 $Z(x_i+h)$ 分别为 $Z(x)$ 在空间位置 x_i 和 x_i+h 上的观测值。半变异函数值变大时，空间自相关减弱。

第三节 人口分布的空间格局

一、镇域人口数据分布特征

通过直方图检查人口密度数据的分布状态，2000年、2010年江苏镇域人口密度数据高度偏斜（图3-1），具有较大的标准差（4 812.4、6 365.4），说明人口数据聚类相对于平均值是离散的，频率分布波动性较大；偏度分别为 5.017 9、4.185 6，且平均值（1 975.6、2 697.7）大于中间值（617、606），是具有较长大值右尾部的正偏分布，峰度分别为 35.108、23.511 远大于3，是具有较厚尾部分布的高峰态，表明较少的人口密度高值主要在街道集聚，较多的人口密度低值在乡镇分布。如果数据

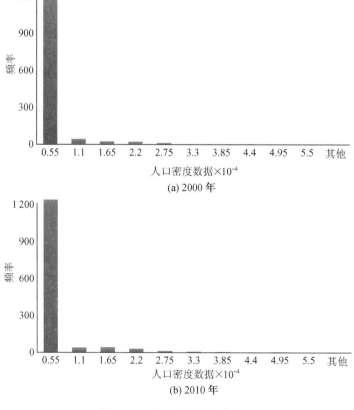

图 3-1 人口密度数据直方图

服从正态分布,则用于生成表面的插值方法可提供最佳结果。因此,对人口数据进行对数变换,变换后平均值与中间值类似,偏度接近于 0,并且峰度接近于 3,数据服从正态分布。

二、模型选择与结果验证

半变异函数拟合模型表达地理变量的空间变异性与空间相关性。将镇域质点的人口密度数据作为空间变差分析的样方,步长大小的选择对于插值结构有着重要的影响,本研究使用镇域质点与最近的相邻要素之间的平均距离,来确定步长大小,经计算 2000 年、2010 年步长分别为 6 487m、6 382m。对人口样点密度数据采用 Stable、Exponential、Spherical、Gaussian 等模型进行拟合。依据最佳模型应拥有最接近于 0 的标准平均值、最小的均方根预测误差、最接近于该误差的平均标准误差,以及最接近于 1 的标准均方根预测误差的原则,确定 2000 年、2010 年最优拟合模型分别为 Exponential、Stable 模型(表 3 - 1)。

表 3 - 1 拟合模型的预测误差

年份	验证参数	拟合模型			
		Stable	Exponential	Spherical	Gaussian
2000	均方根	2 950.18	2 832.632	2 992.762	3 066.236
	标准平均值	0.136 600 4	0.134 462 3	0.132 669 6	0.129 57
	标准均方根	0.607 178 3	0.637 254 2	0.618 709 1	0.623 810 3
	平均标准误差	3 670.271	3 395.671	3 677.142	3 722.631
2010	均方根	2 797.151	2 802.023	2 775.24	2 862.018
	标准平均值	0.152 814 5	0.160 006 7	0.136 940 6	0.130 885 6
	标准均方根	0.612 094 9	0.594 989 5	0.611 392 6	0.626 796 9
	平均标准误差	4 087.916	4 272.291	4 362.84	4 519.554

三、空间形态特征

对插值预测结果进行"自然间断点"10 级分类,得到人口密度的空间分布图(图 3 - 2)。

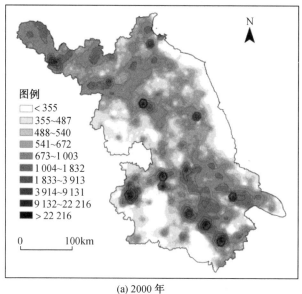

(a) 2000 年

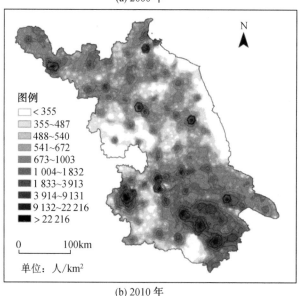

(b) 2010 年

图 3-2 人口密度的空间分布示意图

2000 年，江苏人口密度的空间分布，在整体上呈现出由南北向中部递减的"凹"字形特征，以及突显的城区人口密度远高于农村的"城乡二元"结构。在南北差异上，长江以南地级市城区人口密度普遍高于长江以北地级市，人口密度高于每平方千米 1 000 人的区域面积南部也远远大于北部。形成了苏锡常都市圈、南京市都市圈和徐州市都市圈三大人口密集高地，其中苏锡常都市圈集聚人口数量最多、高密度区域最广，空间分布呈现多核心结构；南京市都市圈人口密度最大，呈现典型的单中心结构；徐州市都市圈在人口集聚能力、集聚人口总量等方面均相对较弱。

2010年，江苏人口向长江以南区域进一步集聚，呈现由中心向外围递减的"核心边缘"结构。长江以南区域集聚人口数量持续增加，高密度人口区域由城镇向农村扩张；而长江以北人口继续向城镇集聚。全省人口分布的"凹"字形和"城乡二元"结构特征不断强化，三大都市圈的人口密度空间形态差异进一步明显，苏锡常都市圈人口密度分布呈现连绵带状，南京市都市圈呈现团块状，而徐州市都市圈则呈现圈层状。

第四节 人口分布的空间格局变化类型

从2000—2010年江苏人口密度的统计变化看，其偏度、中位数都减小，说明镇级行政单元集聚的人口数量多数是减少的；标准差变大，说明人口数据频率分布波动性增强、高值与低值之间的差距在增大。

为了综合考虑江苏人口变动情况，对10年间的人口变动率（R，2010年与2000年人口密度比例）进行六类分级，即显著降低（$R<0.5$）、有所降低（$0.5 \leqslant R \leqslant 0.9$）、基本未变（$0.9<R<1.1$）、有所增加（$1.1 \leqslant R<2.0$）、显著增加（$2.0 \leqslant R \leqslant 4.0$）和大幅增加（$R>4.0$）。2000年以来，江苏人口变动突显空间不均衡性和集聚性增强。首先，在1 307个镇域单元中，人口密度基本未变的为234个，占18%，有约44%（579个）的镇域单元的人口密度是降低的，有约38%（494个）的镇域单元的人口密度是增加的。不论是数量还是面积，人口密度降低的乡镇明显多于人口密度增加的乡镇。其次，长江以北区域的人口密度大多降低，长江以南区域的人口密度普遍增加（图3-3）。最后，苏锡常、南京市、徐州市三大都市圈核心城镇的人口集聚能力进一步提升，沿江地区成为江苏规模最大的高密度人口连绵区。

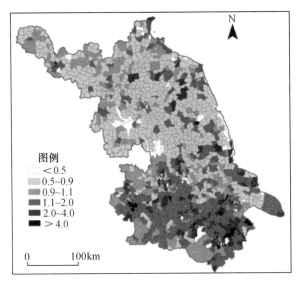

图 3-3 2000—2010 年江苏人口密度变化类型示意图

第五节 人口分布格局演化的空间机制

根据人口密度的半变异函数拟合参数值（表 3-2），可见江苏人口密度空间分布特征随时间变化而异，其空间自组织性越来越强，空间差异明显。

表 3-2 江苏人口密度的半变异函数参数值

年份	变程	块金值	偏基台	基台值	块金系数
2000	15.1	0.021 162	1.082 699	1.103 861	0.019 170 9
2010	22.1	0.050 971	1.245 648	1.296 619	0.039 310 7

由基台值、块金值和块金系数的指标变化来看，江苏自 2000 年以来人口密度的空间差异在不断增大，在不断增大的人口密度空间差异中，由空间相关引起的结构化分异有不断增强的趋势。块金值表示人口密度的随机性变化部分，块金值变大，说明人口密度受不确定因素影响程度在增大；基台值表示人口密度总的空间变异，2010 年基台值相对 2000 年增大了 17%，表示系统总的空间异质性变高；偏基台值变大反映人口密度由空间结构特征引起的变异程度有不断增强的趋势；块金值与基台值之比表示空间变异性程度指标，该比值增大，说明由随机部分引起的空间变异性

程度较高，由结构性因素引起的空间变异性程度较低。变程反映人口密度的空间自相关范围，在变程内人口密度具有空间自相关性且相关性随 h 的增大而减小，2个年份的人口密度在既定步长下的变程上升较为明显，从 2000 年的 15.1km 上升到 2010 年的 22.1km，增长了 46%，这说明江苏人口密度的结构化空间梯度引起空间关联效应的作用范围在增大，高密度人口集聚区域明显扩大，人口集聚呈现由城镇向周边区域扩散的趋势。

第六节 人口分布格局演化的驱动力

一、政策因素

政策作为政府干预的主要手段，对区域人口空间格局演化起着重要的控制和引导作用。[38] 2000 年以来，江苏为了解决苏南、苏中、苏北三大区域发展差距过大的问题，实施了一系列区域协调发展战略，包括打造东陇海产业带、南北共建园区、加快苏北发展、沿海开发等战略，但苏南仍然是江苏经济发展的重心，得到了更多的政策支持，先后呈现乡镇企业勃兴带动小城镇繁荣、各类开发园区建设带动中心城市发展、交通等基础设施升级助推城市群崛起等鲜明特点。政策的支持带来了大量的发展机遇，持续吸引大量外来人口向苏南集聚。当前，随着江苏新型城镇化、长江三角洲发展一体化、长江经济带建设等重大战略的实施，江苏人口的流动性将进一步增强。

二、区位因素

经济区位的优劣导致发展次序与程度的差异，江苏沿江地区距上海较近，经济区位得天独厚，在长三角城市群中的地位和作用日益突显。上海浦东的开发使苏州市、无锡市成为上海经济辐射中受益最早、最大的地区。因而这一区域始终是江苏经济发展的高点，苏北地区与其的差距在不断拉大。苏北远离经济核心区，加之长江等自然因素的阻隔，受到上海辐射较小，经济发展缓慢，其人口不断向发达地区流动。沿江地区对劳动力的需求大大提升，较多的就业机会，持续吸引周边大量外来劳动力、科技人才的集聚，形成了人口集聚的连绵区。

三、经济因素

经济因素是人口分布的第一作用力,工业化和城镇化推动人口的流动和集聚。人口发展与经济发展往往是同步的,经济繁荣必将促使人口增长。工业、服务业在城镇集聚,相应地吸收基本人口和服务人口,使乡村人口源源不断地流入城镇,城镇体系逐渐形成,人口分布格局从散布型走向点、轴集中型。苏南较高的经济发展水平、收入水平,形成较强的人口吸引力,而苏北较低的经济发展水平、收入水平,导致其吸引力不足,经济水平的差异造成了苏南和苏北人口分布的不均衡格局。追求速度的城镇化带来的结果是乡村与城镇在基础设施、公共服务等方面的巨大差距,为了获得更好的生活资源,人口过多地集聚在核心城市。国际贸易的发展,更刺激了江苏沿海港口城市的成长,促进了沿海地区人口的集聚。

四、自然因素

人口分布在一定程度上受自然地理条件的影响。影响江苏人口分布的自然因素主要是河流因素,良好的水资源条件历来对人口的分布产生引力。苏南、苏中地区自然水系丰富,又地处平原地区,水网密布,长江、京杭大运河贯穿其中,并有以太湖为中心的湖泊群,有鱼米之乡的美誉,素来是人口集聚之地。而苏北地区是历史上有名的黄泛区,决溢频繁,尤其是徐州市境内,每次洪灾过后该地区的发展都要从零开始,对人口的集聚造成了灾难性的影响,黄河变迁之后这一情况才得以改变。

本章小结

本章以镇域为分析单元,通过对2000—2010年江苏人口分布时空演变特征、空间机制及驱动因素的分析,得出以下主要结论:

第一,在空间格局特征方面,江苏人口分布存在明显的差异,呈现由南北向中部递减的"凹"字形结构,城市人口密度高于乡村的"城乡二元"结构,以及沿江地区明显的"核心边缘"结构;形成了苏锡常都市圈、南京市都市圈、徐州市都市圈三个显著的人口密集高地,但是过多的人口在都市圈的中心城区集聚,带来了一系列的环境、交通问题。合理引导人口由中心城区向城郊、小城镇流动，是以提升生活质量为目标的新型城镇化发展的重要体现。

第二，从演变趋势看，江苏人口分布的空间不均衡性进一步拉大，表现为长江以北区域的人口密度降低，而长江以南区域则普遍增加。苏锡常、南京市、徐州市三大都市圈的人口集聚能力进一步增强，沿江地区成为江苏规模最大的高密度人口连绵区，高密度人口区域由城市向周边区域扩展现象明显，人口密度的空间形态由相对分散向团块状演化。

第三，在空间机制上，人口密度空间关联效应的作用范围在不断地扩大，人口密度的空间连续性和自组织性越来越强，空间分异格局中的随机成分在不断增大，而由空间自相关引起的结构化分异越来越显著，空间变差的相关程度在不断增大。政策、区位、经济和自然因素是引起江苏人口分布变化的主要驱动力。

本章运用单变量空间关联模型，从人口密度的变化上分析了江苏人口分布的格局特征，如何基于城乡建设用地、经济发展水平等因素来构建多变量空间关联模型，进而从更深的层面去预测模拟人口的空间分布仍值得进一步研究。

参考文献

[1] 牛叔文，刘正广，郭晓东，等．基于村落尺度的丘陵山区人口分布特征与规律：以甘肃天水为例 [J]．山地学报，2006，24（6）：684-691．

[2] 王法辉，金凤君，曾光．区域人口密度函数与增长模式：兼论城市吸引范围划分的 GIS 方法 [J]．地理研究，2004，23（1）：97-103．

[3] 王法辉，姜世国，滕俊华．基于 GIS 的数量方法与应用 [M]．北京：商务印书馆，2009．

[4] 杨云彦．人口、资源与环境经济学 [M]．北京：中国经济出版社，1999．

[5] 苏飞，张平宇．辽中南城市群人口分布的时空演变特征 [J]．地理科学进展，2010，29（1）：96-102．

[6] Hunter L M，Manuel D J，Gonzalez G，et al. Population and development in the California Mojave：natural habitat implications of alternative futures [J]. Population Research and Policy Review，2003，22（4）：373-391．

[7] 龚胜生，陈丹阳，张涛. 1982—2010年湖北省人口分布格局变迁及其影响因素[J]. 长江流域资源与环境，2015，24（5）：728-734.

[8] 封志明，唐焰，杨艳昭，等. 中国地形起伏度及其与人口分布的相关性[J]. 地理学报，2007，62（10）：1073-1082.

[9] 刘纪远，岳天祥，王英安，等. 中国人口密度数字模拟[J]. 地理学报，2003，58（1）：17-24.

[10] 田永中，陈述彭，岳天祥，等. 基于土地利用的中国人口密度模拟[J]. 地理学报，2004，59（2）：283-292.

[11] Dorn H F. Pitfalls in population forecasts and projections[J]. Journal of the American Statistical Association，1950，45（251）：311-334.

[12] Leach D. Re-evaluation of the logistic curve for human populations[J]. Journal of the Royal Statistical Society，Series A（General），1981，144（1）：94-103.

[13] Lee R D. Demographic forecasting and the Easterlin hypothesis[J]. Population and Development Review，1976，2（3-4）：459-468.

[14] 王露，杨艳昭，封志明，等. 基于分县尺度的2020—2030年中国未来人口分布[J]. 地理研究，2014，33（2）：310-322.

[15] 杨丽霞，杨桂山，苑韶峰. 数学模型在人口预测中的应用：以江苏省为例[J]. 长江流域资源与环境，2006，15（3）：287-291.

[16] 朱兴造，庞飞宇. 自回归及logistic离散模型在中国人口预测中的应用[J]. 统计与决策，2009，13（13）：157-159.

[17] 中国科学院可持续发展研究组. 中国可持续发展战略报告[M]. 北京：科学出版社，2000.

[18] Moran P A P. The interpretation of statistical maps[J]. Journal of the Royal Statistical Society B，1948，(37)：243-251.

[19] Getis A，Ord J K. The analysis of spatial association by use of distance statistics[J]. Geographical Analysis，1992，24（3）：189-206.

[20] Anselin L，Getis A. Spatial statistical analysis and geographic information system[J]. Annals of Regional Science，1992，26：19-33.

[21] 吕晨，樊杰，孙威，等. 基于ESDA的中国人口空间格局及影响因素研究[J]. 经济地理，2009，29（11）：1797-1801.

[22] 董春，刘纪平，赵荣，等. 地理因子与空间人口分布的相关性研究[J]. 遥感信息，2002，(2)：61-64.

[23] 王静,杨小唤,石瑞香.山东省人口空间分布格局的多尺度分析[J].地理科学进展,2012,31(2):176-182.

[24] 朱瑜馨,张锦宗,聂芹,等.山东省人口密度分布模式的GIS空间分析[J].国土资源遥感,2011,(4):147-150.

[25] 毛夏,徐蓉蓉,李新硕,等.深圳市人口分布的细网格动态特征[J].地理学报,2010,65(4):443-452.

[26] 卓莉,陈晋,史培军,等.基于夜间灯光数据的中国人口密度模拟[J].地理学报,2005,60(2).266-275.

[27] 王磊,蔡运龙.人口密度的空间降尺度分析与模拟:以贵州猫跳河流域为例[J].地理科学进展,2011,30(5):635-640.

[28] 葛美玲,封志明.中国人口分布的密度分级与重心曲线特征分析[J].地理学报,2009,64(2):202-210.

[29] 卓莉,黄信锐,陶海燕,等.基于多智能体模型与建筑物信息的高空间分辨率人口分布模拟[J].地理研究,2014,33(3):520-531.

[30] 冯健.杭州市人口密度空间分布及其演化的模型研究[J].地理研究,2002,21(5):635-646.

[31] 冯健,周一星.近20年来北京都市区人口增长与分布[J].地理学报,2003,58(6):904-916.

[32] 朱传耿,顾朝林,马荣华,等.中国流动人口的影响要素与空间分布[J].地理学报,2001,56(5):549-560.

[33] 国家统计局.第五次人口普查乡、镇、街道数据[DB/OL].http://www.stats.gov.cn/tjsj/ndsj/renkoupucha/2000jiedao/jiedao.htm.

[34] 国家统计局.中国2010年人口普查分乡、镇、街道资料[M].北京:中国统计出版社,2013.

[35] Oliver M A, Webster R. Kriging: a method of interpolation for geographical information systems [J]. International Journal of Geographic Information Systems, 1990, 4(3): 313-332.

[36] 马晓冬,朱传耿,马荣华,等.苏州地区城镇扩展的空间格局及其演化分析[J].地理学报,2008,63(4):405-416.

[37] 靳诚,陆玉麒.基于空间变差函数的长江三角洲经济发展差异演变研究[J].地理科学,2011,31(11):1329-1334.

[38] 张志斌,潘晶,李小虎.近30年来兰州市人口密度空间演变及其形成机制[J].地理科学,2013,33(1):36-44.

第四章
江苏城乡流动人口的分布格局

在中国近 40 年的城乡发展过程中,流动人口一方面对推进城镇化的进程做出了极大的贡献,另一方面给城市发展带来了很多问题。流动人口分布的变化特征体现城乡形态演化趋势。本章基于乡镇单元人口普查数据及相应年份的城乡建设用地数据,运用空间分析和统计分析方法,尝试分析江苏城镇—农村流动人口分布格局的时空演变特征,并揭示驱动人口流动的动力机制,以期为新时代江苏城乡流动人口政策制定和优化提供理论参考。

第一节 流动人口的研究现状

流动人口指离开户籍所在地到其他地方居住的人口,本书特指离开户口登记的街道、乡镇半年以上的人口。流动人口问题是"以人为本"新型城镇化课题中的核心内容,其规模与区域的经济社会发展水平正相关。[1]

关于中国流动人口的迁移规律,以及其对城镇化、区域经济发展影响[2-7]等方面的研究已取得较多进展。传统的流动人口空间分布研究,多以省、市、县(区)行政区作为分析单元,将流动人口统计数据匹配给相应行政单元[8-11],假设流动人口均匀分布在行政单元内。近几年,随着空间分析、统计分析方法的引入,人口数据格网化是研究人口非均匀分布的主流方法。通过定量分析流动人口分布与其影响因素(地形、坡向、植被、灯光、土地利用等)的相关性,继而将以行政区为单元的流动人口统计数据按照一定的原则和技术手段合理地分配到一定尺寸大小的规则地理格网上,实现行政单元数据的空间化。[12-17]关于流动人口分布格局演化机制方面的研究也形成了不少具有影响力的研究成果。[18-26]相关研究发现收入差距、就业机会、人际关系、户籍管制等因素都对流动人口的规模和空间分布产生了重要影响。社会学、经济学、人口学等领域的学者从各自的科学视角提出了不同看法,古典经济理论认为,区域间工资率及就业机会的差异是人口流动的主要原因[27],收入越高、就业机会越多的地区,对流动人口的吸引力越强。网络理论认为,人际关系网络是区域间流动人口规模增长的重要影响因素。[28]劳动力剩余理论(蔡昉,1995)认为,我国农村存在大量剩余劳动力,他们不得不到外面寻找就业机会和出路。普遍贫困理论(孙立平,2003)认为,农村普遍的贫困才是外出的动因。

在现实中流动人口主要集中在居住、工作、休闲等建设用地上,由于人口普查数据与建设用地数据存在匹配单元不一致的问题,较难实现精确匹配。本章从流动人口主要分布在城乡建设用地的视角出发,基于城镇—农村的研究尺度(流动人口一般从农村流出,在城镇集聚),对江苏流动人口分布的时空变化进行分析,廓清2000年以来其流动人口分布的基本格局和集聚态势,并揭示流动人口分布格局演变的动力机制。

第二节 数据来源和研究方法

基于乡镇单元人口普查数据以及相应年份的城乡建设用地数据,运用空间分析和统计分析方法,尝试分析江苏城镇—农村流动人口分布格局的时空演变特征,并揭示驱动人口流动的动力机制。

一、研究对象

江苏流动人口的总规模在过去10年中增长了95.4%,由2000年的970.6万人激增至2010年的1 896.7万人。流动人口与户籍人口的比值也由15.3%提高到31.8%,翻了一倍多。流动人口向城镇的大量聚集,也带来就业、医疗、交通、环境等一系列问题。江苏作为我国快速城镇化的典型区域,针对其流动人口空间分布格局特征及演变机理的规律性分析,进而廓清其城镇化发展的态势具有重要的现实意义和战略意义。

二、数据来源与处理

本章采用的源数据主要包括人口统计资料和土地利用矢量数据。江苏乡镇单元人口普查数据来源于国家统计局,江苏土地利用矢量数据资料来源于"国家地球系统科学数据共享平台——长江三角洲科学数据中心"(图 4-1)。对于源数据的处理,第一,根据 2000 年和 2010 年人口普查资料,将各乡镇的(常住)总人口与居住本地、户口在本地的人口之差作为该区域的净流动人口,将各乡镇的户籍人口与居住本地、户口在本地的人口之差作为该区域的流出人口;再将各乡镇净流动人口与流出人口之差作为该地区的流入人口;第二,对 2000 年、2010 年的行政区划地图进行矢量化,得到相应年份的乡镇界线数据;第三,匹配人口普查资料与行政边界数据;第四,提取城乡建设用地数据;第五,标识城乡建设用地面状数据,得到带有属性值的城乡建设用地面状数据。

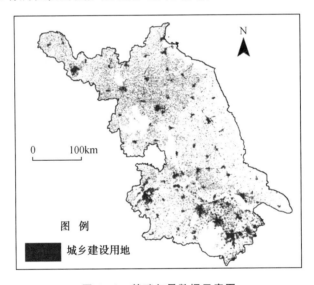

图 4-1 基础矢量数据示意图

三、研究方法

(一)城乡建设用地的流动人口

式 4-1
$$P_{ij} = \frac{S_{ij}}{\sum_{j=1}^{n} S_{ij}} \times P_{il}$$

式中,P_{ij} 为乡镇(街道)行政单元 i 内第 j 个城乡建设用地斑块的流动人口数量,S_{ij} 为乡镇(街道)行政单元 i 内第 j 个城乡建设用地斑块的面积,P_{il} 为乡镇(街道)行政单元 i 的流动人口数量。随机抽取计算所得到的结果到各级相关人口普查部门进行验证,平均误差保持在 20% 以下,表明计算所得的结果能够反映流动人口分布的主要趋势。

（二）高/低聚类（Getis-Ord General G）

$$式4-2 \qquad G = \frac{\sum_{i=1}^{n}\sum_{j=1}^{n}w_{ij}x_ix_j}{\sum_{i=1}^{n}\sum_{j=1}^{n}x_ix_j}, \quad \forall j \neq i$$

式中，w_{ij} 为以距离规则定义的空间权重；x_i 和 x_j 分别是 i 和 j 区域的观测值；可对 G 进行标准化 $Z_G = (G - E[G])/V[G]$，其中，$E[G]$ 和 $V[G]$ 分别为 G 的期望值和方差，根据 Z 得分值可判断 G 是否满足某一指定的显著性水平及是存在正的还是负的空间相关性。

（三）热点分析（Getis-Ord Gi*）

$$式4-3 \qquad G_i^* = \frac{\sum_{j=1}^{n}w_{ij}x_j - \overline{X}\sum_{j=1}^{n}w_{ij}}{S\sqrt{\frac{\left[n\sum_{j=1}^{n}w_{ij}^2 - \left(\sum_{j=1}^{n}w_{ij}\right)^2\right]}{n-1}}}$$

式中，w_{ij}，x_i 和 x_j 与上式同，n 为要素总数，$\overline{X} = \dfrac{\sum_{j=1}^{n}x_j}{n}$，$S = \sqrt{\dfrac{\sum_{j=1}^{n}x_j^2}{n(\overline{X})^2}}$。$G_i^*$ 统计就是 Z 得分，对于具有显著统计学意义的正的 Z 得分，Z 得分越高，高值（热点）的聚类就越紧密；对于具有显著统计学意义的负的 Z 得分，Z 得分越低，低值（冷点）的聚类就越紧密。

第三节 流动人口空间分布的演变特征

一、规模分布特征

（一）大量农村斑块分布低值、少量城镇斑块集聚高值

从 2000 年、2010 年江苏流动人口数量的统计直方图（图 4-2）看，流动人口数据的频率分布都是偏态的，其偏度分别为 30.15、28.87，远大于 0，平均值大于中位数，说明是具有较长的大值右尾部的正偏分布；其峰度为 1 306.2、1 352.6，远高于 3，说明斑块尺度流动人口数据是具有较厚尾部的高峰态分布；且标准差较大，说明流动人口数据聚类相对于

平均值是离散的，频率分布波动性较大。2000年、2010年，江苏城镇建设用地集聚流动人口的平均数分别为2 905人、3 769人，农村建设用地集聚流动人口的平均数分别为55人、77人，城镇建设用地流动人口平均数是农村建设用地流动人口平均数的50多倍。

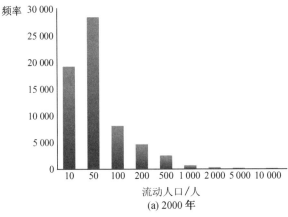

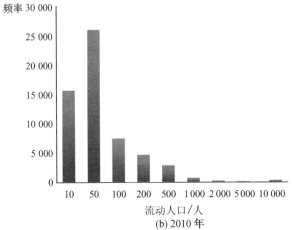

图4-2　流动人口规模频率

（二）总体的集聚趋势增强

2000年流动人口较多的城乡建设用地，在之后的10年中持续吸引到更多流动人口，二者的相关系数达到0.893。对各城乡建设用地单元流动人口总规模进行排序，并对2000年和2010年的位序向量进行对比分析，发现两次普查之间的秩相关系数为0.812。以上分析充分验证了流动人口在城乡建设用地间分布格局的总体稳定性。城乡建设用地流动人口规模的变异系数从 2000 年的 1.995 上升至 2010 年的 2.232，反映了总体上进一步集聚化的趋势。总之，江苏流动人口整体上高度集中的格局不但未发生改变，反而表现出进一步集聚的趋势。

（三）城乡建设用地集聚流动人口差距变大

从 2000—2010 年江苏流动人口数据的统计变化看，其偏度减小、中位数增大、峰度增大，说明城乡建设用地集聚流动人口的高值与低值之间的差距在变大。究其原因，这种现象与城乡差异有关，城镇具有较多的就业机会、方便的交通、更好的公共服务体系，持续吸引亟待改善生活条件的农村人口流入。

二、空间集聚特征

（一）具有高值集聚的特征

通过全局性空间聚类校验的结果（表 4-1），发现 2000 年、2010 年的 General G 观测值都高于期望值，且 Z 得分均为正值，该高聚类模式是随机过程产生的结果的可能性小于 1%。江苏流动人口分布具有显著的空间集聚特征，而且是高值集聚，说明大量的流动人口集聚在少量的城乡建设用地上。

表 4-1 江苏流动人口规模 General G 估计值

年份	General G 观测值	General G 期望值	Z 得分
2000	0.000 003	0	30.917 055
2010	0.000 002	0	14.406 920

（二）热点区主要集中在长江以南

通过冷热点探测发现高值或低值要素在空间上发生聚类的位置，高值要素往往容易引起注意，但可能不是具有显著统计学意义的热点。在热点区方面，苏北、苏中热点区主要出现在地级市的城区位置，苏南热点区不仅出现在地级市的城区还包括其周围的城镇甚至农村，并且其热点区面积明显大于苏北、苏中；在冷点区方面，苏北、苏中的冷点区位于县（市）城区，而苏南的冷点区出现在远离城镇的农村（图 4-3）。

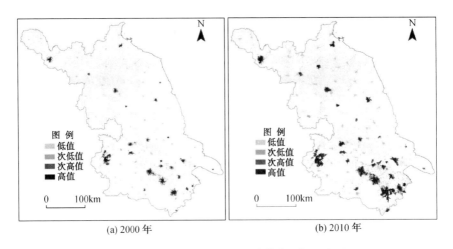

图 4-3 流动人口集聚的"冷热点区"示意图

(三) 沿江地区逐渐连绵化

从流动人口的分布（图 4-4）来看，苏北地区流动人口持续向地级城区、县（市）城区集聚，高密度区域呈团块状，而沿江地区在城镇流动人口规模不断提升的同时，农村流动人口规模同样开始快速上升，高密度区域扩展明显。这与沿江地区靠近上海的区位有关，该地区的经济可以最先接受上海的辐射带动；还与城市之间的距离较近、较强的县域经济和乡镇经济有关，不仅城市能集聚大量外地人力资源，乡镇企业较多的乡村也能吸引大量本地和外地农村劳动力。空间上整个沿江地区有连绵化的趋势，成为江苏经济活动和流动人口集中的主要区域。

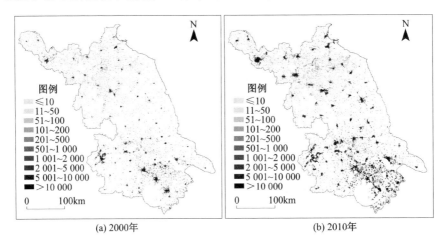

图 4-4 流动人口分布示意图

三、增长变化格局

为了进一步揭示江苏流动人口增幅情况，在保持空间分析单元区域特征前提下，采用覆盖研究区的 500 m×500 m 的网格系统，将流动人口的变动比例（L，2010 年与 2000 年流动人口数量之比）赋予网格样方（图 4-5）：没有增加（$L \leqslant 1$）、有所增加（$1 < L \leqslant 10$）、显著增加（$10 < L \leqslant 100$）和大幅增加（$L > 100$）。

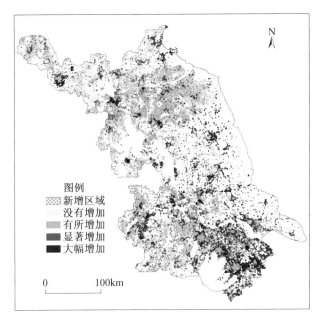

图 4-5 江苏流动人口增长变化格局示意

2000—2010 年，江苏城乡流动人口变动总体上呈现长江以北地区城镇的流入人口增加、农村的输出人口减少，以及长江以南地区城镇的流入人口快速增加、农村的流入人口普遍增加的特征。尤其是欠发达的苏北地区呈现城镇流动人口显著增加、农村流动人口减少的格局。城镇流动人口的不断增加，是由于城镇在生活条件、经济社会环境等方面较农村存在明显优势，从而持续吸引农村人口流入。而农村流动人口减少的现象，主要是由于越远离城镇的农村，其接受城镇的辐射越小，享受城镇的公共服务设施越困难，人们生活水平相对较差，这些农村人口为了改善生活条件较早进入发达的城镇务工，在 2000—2010 年输出人口已经达到极限，没有更多的劳动力输出,形成了大量的"空心村"。此外,处在长江三角洲核心区域的苏南城镇的流动人口增加幅度明显高于苏北、苏中,而且其农村的流动人口也普遍增加,说明苏南城镇和农村一体化程度较高,较好的生活条件、较多的就业机会、较高的收入水平持续吸引周边、省外大量外来劳动力、科技人才的集聚。由此可再次证明,2000年以来江苏流动人口变动表现为向发达区域进一步集聚的态势。

第四节 流动人口分布格局演化的驱动因素

流动人口分布格局的变化本质是城镇化、工业化和市场化共同作用的过程,受诸多因素影响,地区间的经济发展水平和产业发展是推动人口流动的决定性因素,而基础服务设施和公共服务水平则对人口流动具有重要影响。综合已有研究成果,结合江苏区域发展实际,本研究将驱动流动人口分布格局变化的主要因素归结为经济发展水平差异、乡镇企业繁荣、交通可达和政策导向四个方面。为了揭示以上因素(除政策因素外)与流动人口格局的相关性,研究选取地区生产总值(经济发展水平)、规模以上企业(乡镇企业)数量、路网密度(交通基础设施)等指标与流动人口进行相关分析,发现在2000年、2010年,以上因素指标与流动人口数量的相关系数都在0.8以上,且流动人口数量与地区生产总值呈最强的相关性。此外,苏南地区流动人口数量还与规模以上企业数量具有较强的正相关性。说明苏中、苏北流动人口分布更多受经济发展和交通设施因素的影响,而苏南地区乡镇企业的发展对其流动人口的集聚起了重要作用。

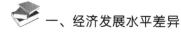
一、经济发展水平差异

经济因素是人口分布的第一作用力,工业化和城镇化推动人口的流动和集聚。工业、服务业在城镇集聚,相应地吸收基本人口和服务人口,使乡村人口源源不断地流入城镇。地区间的经济水平差异,是形成人口流动的根本动因,谋取收入更高的非农就业机会是人们背井离乡的首要原因。江苏地域经济发展不平衡,呈现出"南高北低"的梯度现象和"城乡二元"结构,正是这种经济发展差异形成了其人口由北向南流动和由乡村向城镇集聚的格局。苏南经济区位得天独厚,始终是江苏经济发展的高点,其工业、交通、商业发达,拥有大量劳动密集型产业提供的就业机会和更高的收入,形成了较强的人口吸引力。而苏北远离经济核心区,加之长江等自然因素的阻隔,受到上海辐射较小,经济发展缓慢,其人口不断向发达地区流动。国际贸易的发展,更刺激了江苏沿海港口城市的成长,促进了沿海地区流动人口的集聚。追求速度的城镇化带来的结果是乡村与城镇在基础设施、公共服务等方面的巨大差异,为了获得更好的生活资源,人口过多地集聚在核心城市。

二、乡镇企业繁荣

产业是吸引流动人口集聚的主要因素,2000—2010 年期间,江苏以工业为主导的第二产业和以服务业为主的第三产业都得到了快速的发展。在此期间,全省流动人口数量也迅速增加,因为工业特别是制造业的发展需要大量的劳动力,服务业则是另一种需要大量劳动力的产业。市场化是推动乡镇企业发展的重要推力。苏南地区由乡镇政府出面组织土地、资本和劳动力等生产资料,出资办企业。这种组织方式将企业家和社会闲散资本结合起来,实现了苏南乡镇企业在全国的领先发展。苏南乡镇企业繁荣,不仅推动了地方经济的发展,同时提供了大量的工作岗位,现阶段乡镇企业大多为劳动密集型,吸收数量众多的乡村剩余劳动力,形成了江苏流动人口集聚的热点区域。县域经济雄厚,城乡差距较小,就业机会日益增多解释了苏南乡镇近年来流入人口较快增长的现象。

三、交通可达

从人口流动的实现条件来说,人口流动行为从决策到完成,很大程度上依赖于区域间交通的便捷性与经济性。区域间的交通越便捷、越经济,越容易实现人口流动。在 2000 年,江苏经济发达、交通便捷的地区空间分布较为分散,决定了人口流集聚地在空间上的点状分布特征。近年来,中央及地方对基建的大力投入推动了高铁、城际铁路、高速公路、航空等基础设施建设,交通便捷程度得到极大提升。人口空间的流动能力因交通运输能力的提升而提升,同时也为远距离江苏外人口的流入提供了条件。目前,江苏境内有南京市、徐州市两大铁路枢纽,高速公路则形成以南京市为中心的放射状分布,其公路密度和长度都排在全国前列,省内多数城市公交站点覆盖率和运营线网密度高于全国水平。交通设施的改善,大大降低了人口流动的成本,使人口在区域间的流动变得更容易。但是,江苏内各区域的交通可达性存在差异,有明显的"南高北低"的特征。特别是长江作为江苏重要的自然地理界线,对地理事物的约束与阻挡作用显著,尤其是对交通基础设施的"切边效应"突出。进而使长江以南区域流动人口集聚程度和增长情况与长江以北区域具有明显的差别。

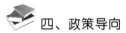

四、政策导向

政策作为政府干预的主要手段,对区域流动人口空间格局演化起着重要的控制和引导作用。2000 年以来,江苏为了解决苏南、苏中、苏北三大区域发展差距过大的问题,实施了一系列区域协调发展战略,包括打造东陇海产业带、南北共建园区、加快苏北发展、沿海开发等战略,但苏南仍然是经济发展的重心,得到了更多的政策支持。政策的支持带来了大量的发展机遇,持续吸引大量外来人口向苏南集聚。政府还能通过户籍制度改革、完善社会保障等措施对就业、预期收入产生影响,通过产业布局、基础设施建设及公共产品投放等方面进行资源再分配,进而吸引人口流入。苏南地方政府一直保持着财政能力上的明显优势,能够为流动人口提供更多的公共服务,苏南也因此成为流动人口增长最快的地区。处于区域行政中心的地级市市辖区,在公共产品投放、区域优先发展规划及政策扶持等方面相较于远离行政中心的县而言,拥有得天独厚的行政优势。行政等级越高的城镇,会在土地指标获取和项目审批过程中更有优势,进而拥有更多的就业机会,同时也会集中更多的公共服务资源,因此对流动人口的吸引力更大。政策支持和政府类别差异恰是江苏流动人口空间"沿江地区流动人口集聚地的连绵化和苏北地区流动人口集聚地的市、县级中心突显"分布格局形成的重要影响因素。

本章小结

本章通过空间格局和关系模型,分析江苏流动人口分布的空间分异、时间演变特征。江苏流动人口的分布具有进一步集聚的趋势,沿江地区仍然是流动人口的主要集聚地,其高值区规模最大、扩散作用也最强。具体结论如下:

在规模统计上,江苏流动人口分布具有高值集聚的特征,城镇与农村建设用地流动人口集聚规模存在巨大差异，呈现大量离散分布低值和较少集聚分布高值的特征。在冷热点区上，苏北、苏中热点区主要出现在地级市的城区位置，苏南热点区不仅出现在地级市的城区还包括其周围的乡镇和农村；苏北、苏中冷点区位于县（市）的城区，而苏南冷点区出现在远离城镇的农村。在形态格局上，苏北、苏中地区流动人口主要分布在城区、县（市）城区，呈团块状分布，苏南流动人口较均匀地分布在城镇、农村建设用地上，集簇连绵分布。在格局演变上，高密度流动人口的城镇斑块数量、面积都有了大幅增加，农村建设用地集聚流动人口的速度，苏南地区提升最快。流动人口变动呈现长江以北地区城镇的流入人口增加、农村的输出人口减少，以及长江以南地区城镇的流入人口显著增加、农村的流入人口普遍增加的特征。

流动人口分布格局演变的驱动因素研究表明，经济发展水平差异、乡镇企业繁荣、交通可达及政策导向对江苏流动人口分布格局的演变产生主要影响。苏南城镇对流动人口的吸引力更多源于非农就业机会和公共服务水平，而苏中、苏北经济发展水平较高、行政等级较高的地区对流动人口的吸引力更强，行政力量在经济资源配置过程中仍起到比较重要的作用。不同级别政府拥有不同的行政力量，进而对人口产生差别化的吸引力，中心城区吸引力最强，城镇吸引力一般，乡村吸引力最弱。实现人口流动的基础条件是交通的可达性，江苏内各区域的交通可达性存在差异，特别是长江作为江苏重要的自然地理界线，尤其是对交通基础设施的"切边效应"突出，进而使长江以南区域流动人口集聚程度和变化情况与长江以北区域具有明显的差别。

本章采用城乡建设用地数据对江苏城镇、农村流动人口的规模、形态与分布特征进行了研究，并揭示了驱动流动人口集聚的动力机制。以此为基础，进一步的研究将从人口流入流出、城乡建设用地扩展、公共服务设施布局等不同视角，通过构建综合指标体系，划分江苏城镇化发展的格局类型，并从城乡一体化发展的角度，探索江苏城乡体系的调控手段和优化途径等。

参考文献

[1] 陈丙欣，叶裕民．中国流动人口的主要特征及对中国城市化的影响［J］．城市问题，2013（3）：2-8.

[2] 顾朝林，蔡建明，张伟，等．中国大中城市流动人口迁移规律研究［J］．地理学报，1999，54（3）：204-212.

[3] 殷江滨，李郇．中国人口流动与城镇化进程的回顾与展望［J］．城市问题，2012（12）：23-29.

[4] 鲁奇，王国霞，杨春悦，等．流动人口分布与区域经济发展关系若干解释（1990、2000）［J］．地理研究，2006，25（5）：765-774.

[5] 孙峰华，李世泰，杨爱荣，等．2005年中国流动人口分布的空间格局及其对区域经济发展的影响［J］．经济地理，2006，26（6）：974-977.

[6] Bosker M，Brakman S，Garretsen H，et al．Relaxing Hukou: increased labor mobility and China's economic geography［J］．Journal of Urban Economics，2012，72（2-3）：252-266.

[7] Fu Y M，Gabriel S A．Labor migration，human capital agglomeration and regional development in China［J］．Regional Science and Urban Economics，2012，42（3）：473-484.

[8] 刘玉．中国流动人口的时空特征及其发展态势［J］．中国人口·资源与环境，2008，18（1）：139-144.

[9] 葛美玲，封志明．中国人口分布的密度分级与重心曲线特征分析［J］．地理学报，2009，64（2）：202-210.

[10] 杨剑，蒲英霞，秦贤宏，等．浙江省人口分布的空间格局及其时空演变［J］．中国人口·资源与环境，2010，20（3）：95-99.

[11] 马颖忆，陆玉麒，张莉．江苏省人口空间格局演化特征［J］．地理科学进展，2012，31（2）：167-175.

[12] 刘纪远，岳天祥，王英安，等．中国人口密度数字模拟［J］．地理学报，2003，58（1）：17-24.

[13] 田永中，陈述彭，岳天祥，等．基于土地利用的中国人口密度模拟［J］．地理学报，2004，59（2）：283-292.

[14] 卓莉，陈晋，史培军，等．基于夜间灯光数据的中国人口密度模拟［J］．地理学报，2005，60（2）：266-276.

[15] 俞肇元，宗真，陆玉麒，等．基于模糊关系识别的多要素空间离散化方法：以江苏阜宁人口与经济分析为例［J］．人文地理，2012，27（3）：67-72.

[16] 叶靖，杨小唤，江东．乡镇级人口统计数据空间化的格网尺度效

应分析：以义乌市为例 [J]. 地球信息科学学报，2010，12 (1)：40 - 46.

[17] 朱传耿，顾朝林，马荣华，等. 中国流动人口的影响要素与空间分布 [J]. 地理学报，2001，56 (5)：549 - 560.

[18] 刘涛，齐元静，曹广忠. 中国流动人口空间格局演变机制及城镇化效应：基于 2000 和 2010 年人口普查分县数据的分析 [J]. 地理学报，2015，70 (4)：567 - 581.

[19] 王桂新，潘泽瀚，陆燕秋. 中国省际人口迁移区域模式变化及其影响因素：基于 2000 和 2010 年人口普查资料的分析 [J]. 中国人口科学，2012 (5)：2 - 13.

[20] Wang Y J, Li H S, Yu Z Y, et al. Approaches to census mapping: Chinese solution in 2010 rounded census [J]. Chinese Geographical Science，2012，22 (3)：356 - 366.

[21] 于涛方. 中国城市人口流动增长的空间类型及影响因素 [J]. 中国人口科学，2012 (4)：47 - 58.

[22] Shen J F. Increasing internal migration in China from 1985 to 2005: Institutional versus economic drivers [J]. Habitat International，2013，39：1 - 7.

[23] 严善平. 中国省际人口流动的机制研究 [J]. 中国人口科学，2007 (1)：71 - 77.

[24] Mullan K, Grosjean P, Kontoleon A. Land tenure arrangements and rural-urban migration in China [J]. World Development，2008，39 (1)：123 - 133.

[25] 柏中强，王卷乐，杨雅萍，等. 基于乡镇尺度的中国 25 省区人口分布特征及影响因素 [J]. 地理学报，2015，70 (8)：1229 - 1242.

[26] 戚伟，刘盛和. 中国城市流动人口位序规模分布研究 [J]. 地理研究，2015，34 (10)：1981 - 1993.

[27] Harris J R, Todaro M P. Migration, unemployment and development: a two-sector analysis [J]. American Economic Review，1970，60 (1)：126 - 142.

[28] Massey D S, Goldring L, Durand J. Continuities in transnational migration: an analysis of nineteen Mexican communities [J]. American Journal of Sociology，1994，99 (6)：1492 - 1533.

第五章
江苏城乡商业网点的区域差异

经济新常态下,商业不仅是城镇的主要功能,同时也是乡村区域发展的重要动力。随着信息技术的发展和经济全球化的推进,以批发零售、住宿、餐饮等行业为代表的商业在提供就业、增加收入、促进内需等方面,对经济发展具有重要作用。[1]改革开放以来,我国城镇化进程不断加快、经济社会不断发展、城市交通网络不断完善、居民收入水平及消费水平快速提高,传统商业业态发生重大变化,各种新兴业态,如 Shopping Mall、网上商店、电视购物、手机购物等也得到了快速发展,促使商业布局向多极分散格局发展,加剧了城市商业的综合性与横向性发展趋势。商业是生产与消费的中介,是国民经济各部门的桥梁与纽带,已经成为促进我国经济发展的关键产业。本章以江苏商业网点 POI(兴趣点)数据为基础,结合经济社会统计数据,分别对批发零售业、住宿业和餐饮业三种业态类型,运用标准差椭圆、核密度、最近邻指数及多元线性回归等分析方法,探讨不同发展水平、发展阶段城乡商业网点的空间分布模式和业态结构特征,并揭示其区域差异的影响因素。

第一节 商业网点相关研究进展

商业的空间结构,特别是商业网点分布历来都是经济地理学的重要研究内容。[2,3]国外学者对商业网点分布的研究主要集中在商业区位特征、商业网点空间分布模式、商业选址等方面[4-7],形成了大量理论和实证研究成果。商业区位特征研究方面,多以消费者行为与商业空间的相互作用为基础,构建分析商业分布的空间模型,如中心地理论、消费者行为理论、购物模式及商业设施选址模型等。还有从社会经济属性的角度来理解商业空间结构的发展,将与商业相关的社会经济属性纳入商业中心层次结构的形成与发展过程，提出商业中心层次性系统发展模型。[8]商业网点空间分布模式研究方面，多采用点模式分析方法[9-12]，主要通过测度点密度分布和最近邻点的距离揭示商业网点的空间分布格局[13-16]。国内研究者对于商业网点的研究，多从供需层面出发，对商业网点规模等级、区位选择、空间格局、演变趋势等方面进行研究。[17-20]21世纪以来，商业分布的研究转为对业态特征的分析[21-24]，对新兴商业业态的空间分布与影响因素[25,26]研究成为近年关注的热点。空间分析技术和空间计量模型等新分析手段的使用[27-29]，推动了百货商店、便利店及连锁超市[30-35]等商业网点分布研究的发展。随着计算机技术和网络技术的进步，各种网络平台数据在商业空间结构研究中得到越来越多的重视。[36,37]网络平台大数据的出现，提供了探索商业活动群体空间行为模式规律的可能性，尤其是在城市环境中的社会经济特征体现的尤为明显。[38]城市设施点数据涵盖了各类设施的位置信息与属性信息，研究这些数据点的地理分布[39,40]，可以更深层次探讨商业网点分布规律和区域差异特征。

然而，当前国内研究仍集中在综合商业现象的解释，商业空间与业态结构结合研究不多，传统的统计数据与网络平台大数据结合的定量研究不多。基于此，本章采用网络大数据，分析江苏不同类型商业网点的空间分布，对比分析不同发展水平城市商业网点集聚形态和业态结构的差异，揭示不同业态网点区位选择的影响因素，为江苏的产业转型升级和城乡空间结构优化提供理论支撑。

第二节　研究方法和数据来源

江苏具有发展商业的先天优势，其商业活动历史悠久。20世纪90年代以来，尤其是加入世贸组织后，在对外开放的推动下，江苏以批发零售业为主的商业经济，经过20多年的发展，取得了惊人的成绩，商业服务功能发达。随着外资的大举进入，江苏商业发展表现出规模迅速提升、新旧业态并存发展、市场集中度和现代化水平高等特征。2015年，江苏社会消费品零售总额25 876.77亿元，在全国排名第三。商业发展是江苏经济增长的重要动力和创新源泉，研究江苏城乡商业网点空间特征及其形成机制，可为政府、公司的商业决策提供具有针对性的参考意见。

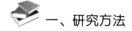
一、研究方法

(一) 标准差椭圆

标准差椭圆是分析点数据集空间分布特征的常用方法。公式如下：

式 5-1

$$\tan\theta = \frac{\sum_{i=1}^{n}(x_i-\bar{x})^2 - \sum_{i=1}^{n}(y_i-\bar{y})^2}{2\sum_{i=1}^{n}\sum_{i=1}^{n}(x_i-\bar{x})\sum_{i=1}^{n}(y_i-\bar{y})} + \frac{\sqrt{\left[\sum_{i=1}^{n}(x_i-\bar{x})^2 - \sum_{i=1}^{n}(y_i-\bar{y})^2\right]^2 + 4\left[\sum_{i=1}^{n}(x_i-\bar{x})\sum_{i=1}^{n}(y_i-\bar{y})\right]^2}}{2\sum_{i=1}^{n}\sum_{i=1}^{n}(x_i-\bar{x})\sum_{i=1}^{n}(y_i-\bar{y})}$$

式 5-2 $\quad \sigma_x = \sqrt{\dfrac{\sum_{i=1}^{n}\left[(x_i-\bar{x})\cos\theta - (y_i-\bar{y})\sin\theta\right]^2}{n}}$

式 5-3 $\quad \sigma_y = \sqrt{\dfrac{\sum_{i=1}^{n}\left[(x_i-\bar{x})\sin\theta - (y_i-\bar{y})\cos\theta\right]^2}{n}}$

其中，(x_1, y_1)，(x_2, y_2)，…，(x_n, y_n) 为商业网点坐标，$\bar{x}$，$\bar{y}$ 分别为所有点的 x 坐标值和 y 坐标值的平均值，θ 为旋转方向角，$\tan\theta$ 为标准方差椭圆的指向，θ 最大标准差距离 σ_x 为椭圆的长轴长度、最小距离 σ_y 为椭圆的短轴长度。

(二) 核密度

核密度分析法是空间分析中运用广泛的非参数估计方法，用于计算要素在其周围邻域中的密度。假定 $x_1, x_2, \cdots, x_n$ 是从分布密度函数为 f 的总体中抽取的独立同分布样本，f 在点 x 处的估计值为 $f(x)$，公式如下：

式 5-4 $\quad\quad f_n(x) = \dfrac{1}{nh}\sum_{i=1}^{n} k\left(\dfrac{x-x_i}{h}\right)$

式中，$k(\ )$ 为核函数；h 为带宽，且 $h>0$；$x-x_i$ 为估计点 x 到样本 x_i 处的距离。

（三）平均最近邻指数

用平均最近邻指数（ANN）判断商业网点的空间分布是否集聚。平均最近邻指数小于1，分布模式为集聚；反之，如果指数大于1，则分布模式趋向分散。指数越小，集聚程度越大。公式如下：

式 5-5
$$ANN = \frac{D_o}{D_e}$$

式中，D_o 为平均近邻距离，取值为每个节点到所有其他节点的最短路径长度的均值：

式 5-6
$$D_o = \frac{\sum_{i=1}^{n} d_i}{n}$$

D_e 为期望平均最近邻距离：

式 5-7
$$D_e = \frac{0.5}{\sqrt{n/A_u}}$$

式中，n 为城市的商业网点数量，A_u 为城市的面积。

（四）耦合度模型

耦合度模型用于揭示商业网点数量与销售额分布的相互关系。公式如下：

式 5-8 $$C_{xy} = \left[1 - \frac{1}{2} \sum_{i=1}^{n} \left| \frac{x_i}{\sum x_i} - \frac{y_i}{\sum y_i} \right| \right] \times 100\%$$

式中，C_{xy} 为耦合度，x_i 为 i 城市的某一类商业网点数量，y_i 为相应商业销售额，$\sum x_i$ 和 $\sum y_i$ 为 i 城市的商业网点总数量和商业总销售额。

二、数据来源

商业网点是指从事商品流通为生产经营和生活服务的单体商业经营场所，或在同一区域内统一开发、经营、管理的综合商业经营场所。本研究特指批发零售业、住宿业和餐饮业的网点。商业网点数据主要来源于采用数据挖掘技术从高德地图平台获取的批发零售业、住宿业和餐饮业等设施的兴趣点数据。兴趣点数据是抽象的点数据，能够精确显示商业网点的分布位置，但是缺乏属性值数据。因此，需要结合相关统计数据进行综合分析。统计数据主要包括：各城市社会消费品总额、批发零售业销售总额、住宿业销售总额、餐饮业销售总额、地区生产总值、人口数量、居民人均可支配收入、路网密度等,来源于2016年江苏统计年鉴。城市综合可达性由内部可达性和外部可达性标准化后加权平均得到,基于2015年江苏路网数据,城市内部可达性由路网密度表示,城市对外可达性通过运用网络分析法,得到各市最短平均交通时间进行表达。

第三节 商业网点空间结构特征

一、相对集中的西北走向分布

从标准差椭圆分析结果(表5-1、图5-1)可以看出,江苏三类商业网点的分布具有相似性。批发零售业、住宿业和餐饮业网点标准差椭圆的旋转角度都为140°左右,说明这三类网点都是沿西北走向分布的。通过全局性空间聚类分析,商业网点的General G观测值都高于期望值,且Z得分为正值,只有1%或更小的可能性会使该高聚类模式是随机过程产生的结果,表明江苏商业网点的空间集聚特征显著。此外,商业网点空间偏向差异明显,以长江为界,长江以南地区的商业网点分布密度高于长江以北地区,同时,以苏锡常地区集聚现象更为显著。三类商业网点虽然在总体分布上具有相似性,但也存在一定差异。批发零售业网点标准差椭圆的扁率最大,说明其方向性最明显。批发零售业、餐饮业网点标准差椭圆的短半轴较短,说明呈现向心力明显,住宿业标准差椭圆的短半轴较长,表示其离散程度较大。住宿业网点的标准差椭圆面积最大,说明其分布相对离散,而餐饮业网点的标准差椭圆面积最小,意味着其分布集聚于重心附近。

表5-1 江苏商业网点标准差椭圆分析结果

行业	批发零售业	住宿业	餐饮业
椭圆面积/km²	61 248.31	62 215.18	57 131.17
椭圆 x 轴方向轴长/km	217.40	207.00	203.27
椭圆 y 轴方向轴长/km	89.69	95.68	89.47
椭圆 x 轴的旋转角度/°	141.41	141.76	140.43
扁率	127.71	111.32	113.80

第五章 江苏城乡商业网点的区域差异 51

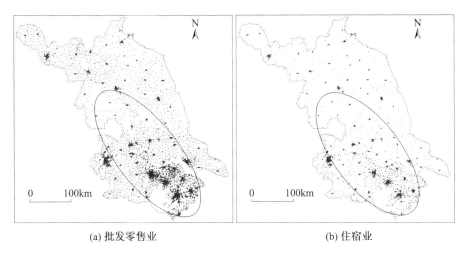

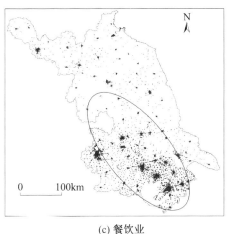

图 5-1 江苏商业网点分布示意图

从商业网点核密度分析结果来看，省域层面江苏商业网点的空间分布整体呈苏南集聚与苏北分散的态势，市域层面表现出在地级城市中心城区集聚与城市外围分散的特征。商业网点在空间上呈多中心分布，具体来说，主要形成了两个高值集聚区，一是苏锡常地区，分布在苏锡常地区的商业网点数占总数的 49%；二是南京市，分布在南京市的商业网点数占总数的 12%。从商业网点数量来看，江苏商业网点总数量为 148 561 个，其中，批发零售业网点 83 014 个，占全省商业网点总数的 55.9%；住宿业网点 9 980 个，占全省商业网点总数的 6.7%；餐饮业网点 55 567 个，占全省商业网点总数的 37.4%。批发零售业、住宿业和餐饮业网点虽然在数量上存在较大差异,但是在高值集聚区域的分布格局具有一致性。

二、市域网点空间集聚具有差异

运用平均最近邻指数对各市不同类型商业网点空间分布的集聚特征进行检验(表5-2),各市批发零售业、住宿业和餐饮业网点的平均最近邻指数都小于1,Z检验值均小于-2.58,在1%显著性水平下通过检验,具有显著的集聚性。其中,批发零售业网点的平均最近邻指数最小,其空间集聚特征最显著;而住宿业网点的平均最邻近指数最大,其分布相对均衡。

表5-2 江苏商业网点最近邻分析

城市	批发零售业	住宿业	餐饮业
南京市	0.164 0	0.270 1	0.169 9
无锡市	0.160 1	0.260 7	0.174 2
徐州市	0.143 8	0.199 2	0.161 8
常州市	0.150 1	0.282 3	0.178 2
苏州市	0.155 6	0.254 6	0.156 0
南通市	0.141 6	0.288 5	0.165 7
连云港市	0.149 2	0.254 3	0.145 3
淮安市	0.146 4	0.219 1	0.148 6
盐城市	0.113 4	0.264 5	0.171 2
扬州市	0.108 1	0.262 9	0.179 0
镇江市	0.137 8	0.315 6	0.172 8
泰州市	0.150 7	0.288 8	0.199 3
宿迁市	0.130 4	0.264 8	0.151 1

具体从城市来看,批发零售业方面,各市平均最近邻指数差异不大。扬州市、盐城市批发零售业网点的平均最近邻指数最小,即集聚程度最高,而南京市、无锡市、苏州市和常州市批发零售业网点的平均最近邻指数较大,分布相对较均衡。住宿业方面,各市平均最近邻指数存在较大差异,网点集聚分布程度不同,徐州市的平均最近邻指数最小,最为集聚;镇

江市的平均最近邻指数最大，分布较分散。餐饮业方面，平均最近邻指数较小的是连云港市和淮安市，较大的是泰州市。

第四节 商业网点业态结构特征

一、批发零售业和餐饮业网点

从江苏批发零售业、住宿业和餐饮业网点数量的比例关系 55.9∶6.7∶37.4 可以看出，是以批发零售业和餐饮业网点为主体的业态结构。从各市各类网点的业态结构（表5-3）来看，各市都是批发零售业网点数量占比最大，其次是餐饮业，最小的是住宿业，但各市的不同业态网点数量占比存在差异。南京市的批发零售业网点数量占比是13个地级市中最小的，但住宿业和餐饮业占比都最大，说明南京市的三类商业业态发展相对较为均衡。宿迁市的批发零售业网点数量占比是13个地级市中最大的，而住宿业占比最小；南通市餐饮业网点数量占比是13个地级市中最小的，说明这两个城市不同商业业态的发展存在较大差异。

表5-3 江苏城市商业业态结构和耦合度

城市	批发零售业、住宿业、餐饮业 基于网点数量的业态结构	批发零售业、住宿业、餐饮业 基于销售额的业态结构
南京市	46.90∶8.52∶44.58	91.35∶1.72∶6.93
无锡市	53.10∶7.20∶39.69	92.46∶0.81∶6.73
徐州市	62.58∶6.39∶31.03	91.86∶1.64∶6.50
常州市	58.74∶5.95∶35.30	91.73∶0.74∶7.53
苏州市	55.07∶5.92∶39.02	90.59∶1.11∶8.29
南通市	64.18∶6.11∶29.71	91.51∶0.46∶8.03
连云港市	55.79∶7.69∶36.51	90.68∶1.17∶8.15
淮安市	59.34∶7.99∶32.67	90.06∶1.17∶8.78
盐城市	58.11∶8.05∶33.84	89.91∶1.03∶9.05
扬州市	57.85∶6.06∶36.09	88.66∶1.54∶9.80
镇江市	55.56∶6.50∶37.94	88.64∶0.95∶10.40
泰州市	56.21∶8.34∶35.45	86.22∶1.19∶12.60
宿迁市	64.44∶4.86∶30.70	87.31∶2.42∶10.26

二、批发零售业销售额独大

商业网点的点数据只有空间位置属性，不同规模的商业网点都被抽象为相同的点，通过点数据可以精确呈现商业网点数量、密度和位置的分布，但无法呈现商业网点的实际经济效益规模。统计数据正好可以弥补点数据的不足。从不同商业业态的销售总额来看，江苏的批发零售业、住宿业和餐饮业的业态结构是90.35∶1.72∶6.93，批发零售业销售额占社会消费品零售总额的90.35%，呈现出批发零售业独大的格局。从各市各类商业网点销售额的业态结构来看（表5-3），各市依然是批发零售业最大，其次是餐饮业，最小的依然是住宿业，但是基于销售额的业态结构比基于网点数量的业态结构呈现更加明显的偏态分布，各市的批发零售业销售额占比都在90%左右，住宿业和餐饮业仅占10%左右，说明批发零售业网点经济效益规模远远大于住宿业和餐饮业。无锡市的批发零售业销售额占比最大，泰州市最小；住宿业销售额占比方面，宿迁市最大，南通市最小；餐饮业销售额占比方面，泰州市最大，徐州市最小。

三、网点数量与销售额分布的耦合关系

从网点数量来看，苏州市的批发零售业和餐饮业网点数量远远超过其他城市，南京市、无锡市和常州市处在第二集团。从销售额来看，苏州市和南京市三类商业网点的销售额都要远远高于其他城市（图5-2）。从耦合分析来看，省域层面，住宿业的网点数量与销售额耦合度最大，具有较高的空间分布一致性，批发零售业的耦合度较小，网点数量与销售额的空间分布具有较大差异。市域层面，批发零售业和餐饮业的耦合度最大的都是宿迁市，最小的都是南京市；住宿业耦合度最大的是宿迁市，最小的是泰州市。以上结果表明，宿迁市的商业网点数量与销售额的空间耦合关系最一致，主要是由于宿迁市的商业网点数量少、规模小，销售额都较小。相反，南京市的商业网点数量与销售额的空间分布的一致性最差，是由于商业网点高度集中在省会城市，商业高度发达，而商业网点的规模相差较大。

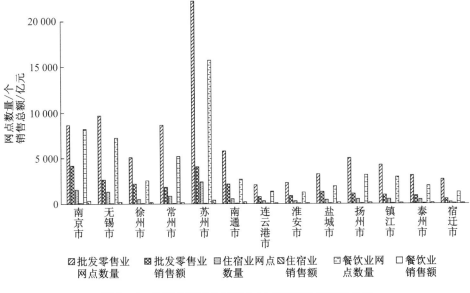

图 5-2 各城市不同类型商业网点的数量和销售总额

第五节 商业网点分布差异的影响因素

 一、影响因素选取

不同业态商业网点地域分布差异,主要是由各地区社会经济条件差异决定的。根据相关研究成果得知,江苏商业网点分布差异的影响因素主要包括:地区生产总值、人口规模、居民人均可支配收入、第三产业产值比重,以及城市综合可达性。

(1) 地区生产总值 (Regional GDP)

商业的发展必然受区域经济发展的影响,因此城市地区生产总值是商业网点布局的经济环境的重要表征。地区生产总值的高值区域苏锡常和南京市的商业网点密度明显高于其他地区,地区经济发展水平直接影响商业服务的供给能力。

(2) 人口规模 (POP)

一定规模的人口是商业网点布局的必要条件,采用城市的常住人口表示人口规模。人口规模直接体现对商业服务的需求。

(3) 居民人均可支配收入（INC）

人均可支配收入是购买力的重要表征，商业网点密集分布在人均可支配收入较高的地区。在居民人均可支配收入高于 3 万元的地区（南京市，苏锡常地区），商业网点密度明显高于其他地区。

(4) 城市综合可达性（ACC）

城市内部和对外的交通可达性不仅是保证商业区域内一定人口规模的必要条件，同时也是吸引区域外消费者，畅通人流和物流的重要条件。

(5) 第三产业产值比重（TIR）

商业是第三产业的主要组成部分，城市的第三产业比重高，反映其商业的发达。

为了揭示商业网点分布与其影响因素之间的相关性，本研究对商业网点密度与以上 5 个主要影响因素指标进行相关分析。结果表明，各因素指标与被解释变量具有较强的相关性，而各因素指标之间相关性较低，包含全部因素指标的模型不会有很强的多重共线性问题。

二、回归模型构建

本研究以批发零售业、住宿业和餐饮业网点密度为被解释变量，以各地级市的地区生产总值、人口规模、居民人均可支配收入、第三产业产值比重和城市综合可达性为解释变量，采用多元线性模型进行回归分析。建立的多元线性回归方程如下：

式 5-9

$$Den_i = \alpha + \beta_1 RegionalGDP_i + \beta_2 POP_i + \beta_3 INC_i + \beta_4 ACC_i + \beta_5 TIR_i + \xi_i$$

式中，各变量下标 i 表示第 i 个地级市单元，Den 是某类商业网点密度，α、β 为系数。

表 5-4 江苏商业网点分布的多元线性回归模型估计结果

变量	批发零售业网点密度	住宿业网点密度	餐饮业网点密度
Regional GDP	0.486 8	0.084 60	0.592 51
POP	0.437 3	−0.628 69	0.700 54
INC	1.015 5	1.370 22	0.995 23
ACC	0.229 2	0.702 11	−0.512 33
TIR	−0.376 4	0.090 95	0.066 28

续表

变量	批发零售业网点密度	住宿业网点密度	餐饮业网点密度
常数项	0.174 8	0.282 89	0.266 23
网点个数	83 012	9 980	55 567
F-statistic	12.99	43.45	32.05
Adjusted R-squared	0.833 2	0.946 5	0.928 2
同方差性检验	0.983 231 9	0.259 410 4	0.402 550 8

回归模型的拟合结果如表 5-4 所示,批发零售业、住宿业和餐饮业网点回归模型调整后的拟合优度分别达到 0.833 2、0.946 5 和 0.928 2,并且通过了同方差性检验（>0.05）,表明多元线性回归模型拟合效果较好。

第一,对于不同业态网点密度 5 个解释变量的影响作用大小各不相同。批发零售业的回归模型中居民人均可支配收入变量、GDP 变量、人口规律变量和城市综合可达性变量在 0.01 水平上显著,且系数为正值,说明批发零售业网点的分布主要受以上 4 个因素的正向影响,作用最显著的是居民人均可支配收入的高低;住宿业的回归模型中居民人均可支配收入变量、第三产业产值比重变量、GDP 变量和城市综合可达性变量在 0.05 水平上显著,且系数为正值,人口变量的显著性较差,且系数为负值,说明对住宿业网点的分布城市人口规模的影响作用不大,流动人口多少将会对住宿业网点的分布产生较大影响;餐饮业的回归模型中居民人均可支配收入变量、人口规模变量、GDP 变量和第三产业产值比重变量在 0.05 水平上显著,且其系数为正值,而城市综合可达性变量的显著性较差,系数为负值,说明居民的消费能力,人口多少对餐饮业网点的分布影响作用最显著,而城市综合可达性的影响作用较小。

第二,居民的消费能力和地区经济发展水平是江苏商业网点分布的最主要因素。居民人均可支配收入变量和 GDP 变量在 3 个回归模型中的显著性较好,系数都为正值,表明居民的消费能力和地区经济发展水平对江苏商业网点分布具有积极影响。经济发展水平高,居民消费能力突出,促进了以批发零售业、住宿业和餐饮业为代表的商业繁荣。批发零售业和餐饮业网点分布具有较大的人口规模依赖性;而较好的交通可达性是影响批发零售业网点分布的重要因素;第三产业产值比重的大小与商业网点的分布存在一定相关性,但通过以上回归分析来看影响作用并不强。

本章小结

本章以江苏商业网点为例,对其进行分类探讨,揭示了不同业态商业网点的空间分布特征及其影响因素。

整体而言,江苏商业网点具有西北走向分布态势,呈现相对集中分布格局,即苏南集聚与苏北分散、中心城区集聚与城市外围分散的特征。批发零售业、住宿业和餐饮业网点虽然在数量上存在较大差异,但是高值集聚区域(苏州市、无锡市、常州市、南京市)的分布却具有一致性。批发零售业网点空间集聚特征最显著,住宿业网点分布相对均衡。

江苏商业业态结构呈现出两个显著的特征:一是以批发零售业和餐饮业为主体的结构特征;二是批发零售业销售额独大的结构特征。市域层面,商业网点数量少、规模小,以及销售额较小的原因使宿迁市的商业网点数量与销售额的耦合度最高。相反,南京市商业网点数量与销售额的耦合性最差,是由于商业网点高度集中在省会城市,商业网点的规模相差较大。

江苏商业网点的空间分布差异与社会经济因素差异有着密切的关系。通过在市域尺度上构建多元线性回归模型可知,江苏商业网点密度与居民消费能力和地区经济综合水平成正相关关系,在很大程度上影响了不同业态商业网点的分布。商业网点分布倾向于在地区生产总值和居民人均可支配收入都较高的地区集聚,而苏北、苏中、苏南经济社会发展水平的显著差异导致其形成了商业网点南多北少的分布特征。

参考文献

[1] Wang E R. Understanding the 'retail revolution' in urban China: a survey of retail formats in Beijing [J]. The Service Industries Journal, 2011, 31 (2): 169-194.

[2] 薛领, 翁瑾. 基于垄断竞争的大都市商业空间结构动态模拟 [J]. 地理学报, 2010, 65 (8): 938-948.

[3] 方远平, 闫小培, 毕斗斗. 1980 年以来我国城市商业区位研究述评 [J]. 热带地理, 2007, 27 (5): 435-440.

[4] Potter R B. The urban retailing system: location, cognition and

behavior [M]. Aldershot: Gower, 1982.

[5] Ghosh A, Graig C S. A location allocation model for facility planning in a competitive environment [J]. Geographical Analysis, 1984, 16 (1): 39 – 51.

[6] Salvaneschi L. Location, location, location: how to select the best site for your business [M]. Lembang: Oasis Press/PSI Research, 1996.

[7] Yan R, Eckman M. Are lifestyle centres unique? Consumers' perceptions across locations [J]. International Journal of Retail & Distribution Management, 2009, 37 (1): 24 – 42.

[8] Davies R L. Marketing geography: with special reference to retailing [M]. Northumberland: R. P. A, 1976.

[9] Lotwick H W, Silverman B W. Methods for analyzing spatial processes of several types of points [J]. Journal of the Royal Statistical Society, 1982, 44 (3): 406 – 413.

[10] Diggle P J. Statistical analysis of spatial point pattern [M]. New York: Academic Press, 1983.

[11] Upton G J G, Fingleton B. Spatial data analysis by example. vol. 1: point pattern and quantitative data [M]. , Chichester: Wiley, 1985.

[12] Cressie N A. Statistics for spatial data [M]. New York: Wiley, 1993.

[13] Ripley B D. The second-order analysis of stationary point processes [J]. Journal of Applied Probability, 1976, 13 (2): 255 – 266.

[14] Rohlf F J, Archie J W. Least-squares mapping using inter point distances [J]. Ecology, 1978, 59 (1): 126 – 132.

[15] Yamada I, Thill J C. Local indicators of network-constrained clusters in spatial point patterns [J]. Geographical Analysis, 2007, 39 (3): 268 – 292.

[16] Okabe A, Yamada I. The K-function method on a network and its computational implementation [J]. Geographical Analysis, 2001, 33 (3): 271 – 290.

[17] 安成谋. 兰州市商业中心的区位格局及优势度分析 [J]. 地理研究, 1990, 9 (1): 28 – 34.

[18] 杨吾扬. 北京市零售商业与服务业中心和网点的过去、现在和未来 [J]. 地理学报, 1994, 49 (1): 9-16.

[19] 刘胤汉, 刘彦随. 西安零售商业网点结构与布局初探 [J]. 经济地理, 1995, 15 (2): 64-69.

[20] 邬伦, 刘亮, 田原, 等. 基于网络 K 函数法的地理对象分布模式分析: 以香港岛餐饮业空间格局为例 [J]. 地理与地理信息科学, 2013, 29 (5): 7-11.

[21] 张水清. 商业业态及其对城市商业空间结构的影响 [J]. 人文地理, 2002, 17 (5): 36-40.

[22] 柴彦威, 翁桂兰, 沈洁. 基于居民购物消费行为的上海城市商业空间结构研究 [J]. 地理研究, 2008, 27 (4): 897-906.

[23] 周素红, 林耿, 闫小培. 广州市消费者行为与商业业态空间及居住空间分析 [J]. 地理学报, 2008, 63 (4): 395-404.

[24] 仵宗卿, 戴学珍. 北京市商业中心的空间结构研究 [J]. 城市规划, 2001, 25 (10): 15-19.

[25] 张珣, 钟耳顺, 张小虎, 等. 2004—2008 年北京城区商业网点空间分布与集聚特征 [J]. 地理科学进展, 2013, 32 (8): 1207-1215.

[26] 王士君, 浩飞龙, 姜丽丽. 长春市大型商业网点的区位特征及其影响因素 [J]. 地理学报, 2015, 70 (6): 893-905.

[27] 朱枫, 宋小冬. 基于 GIS 的大型百货零售商业设施布局分析: 以上海浦东新区为例 [J]. 武汉大学学报 (工学版), 2003, 36 (3): 46-52.

[28] 薛领, 杨开忠. 基于空间相互作用模型的商业布局: 以北京市海淀区为例 [J]. 地理研究, 2005, 24 (2): 265-273.

[29] 谢顺平, 冯学智, 王结臣, 等. 基于网络加权 Voronoi 图分析的南京市商业中心辐射域研究 [J]. 地理学报, 2009, 64 (12): 1467-1476.

[30] 许学强, 周素红, 林耿. 广州市大型零售商店布局分析 [J]. 城市规划, 2002, 26 (7): 23-28.

[31] 郭崇义. 便利店区位类型研究: 以北京、广州等城市便利店周边环境调研为例 [J]. 商业经济与管理, 2005 (11): 38-44.

[32] 陶伟, 林敏慧, 刘开萌. 城市大型连锁超市的空间布局模式探析 [J]. 中山大学学报 (自然科学版), 2006, 45 (2): 97-100.

[33] 贺灿飞, 李燕, 尹薇. 跨国零售企业在华区位研究: 以沃尔玛和家乐福为例 [J]. 世界地理研究, 2011, 20 (1): 12-26.

[34] 肖琛, 陈雯, 袁丰, 等. 大城市内部连锁超市空间分布格局及其区位选择: 以南京市苏果超市为例 [J]. 地理研究, 2013, 32 (3): 465-475.

[35] 李强, 王士君, 梅林. 长春市中心城区大型超市空间演变过程及机理研究 [J]. 地理科学, 2013, 33 (5): 553-561.

[36] 甄峰, 王波. "大数据" 热潮下人文地理学研究的再思考 [J]. 地理研究, 2015, 34 (5): 803-811.

[37] 龙瀛. 城市大数据与定量城市研究 [J]. 上海城市规划, 2014 (5): 13-15.

[38] 刘瑜. 社会感知视角下的若干人文地理学基本问题再思考 [J]. 地理学报, 2016, 71 (4): 564-575.

[39] 黄浦江. 上海市中心城商业网点空间集聚特征综合测度 [J]. 湖北大学学报 (自然科学版), 2016, 38 (6): 572-578.

[40] 禹文豪, 艾廷华. 核密度估计法支持下的网络空间POI点可视化与分析 [J]. 测绘学报, 2015, 44 (1): 82-90.

第六章
江苏城乡银行网点的空间分布

随着世界经济的全球化和金融化,服务业特别是生产性服务业的发展已经成为各国经济增长的主要动力。金融服务业作为生产性服务业的支撑行业之一,在国民经济及社会发展中具有重要作用。银行网点是最重要的金融中介,其布局是否合理与银行经营效益,以及民众办理金融业务的便捷度息息相关。改革开放以后,中国首先在部分地区和城市实行对外开放,吸引了跨国公司入驻、投资,国家内部劳动力大量流动,区域不均衡发展深化。随着金融自由化和信息技术的高速发展,地理时间与空间被压缩,但是大量的资本进入金融领域,而金融机构又选择利润回报更高的大城市,导致很多欠发达地区出现严重的金融排斥。银行网点没有呈现出明显的区域均衡分布,反而表现出异质性和不均衡性。因此,对银行网点空间分布的研究也就成为关注的焦点。作为城乡经济活动的一个重要组成部分,对银行网点分布的特征和因素进行研究,将有助于揭示城乡间的发展差异和等级关系。本章以江苏为研究对象,基于网络平台的银行网点地理数据,运用最近邻指数、Ripley's K 函数及多元线性回归等分析方法,分别对五大商业银行、农村金融机构、中小商业银行、江苏地方银行及外资银行的空间分布特征进行探讨,并揭示不同类型银行网点区位选择的影响因素。

第一节 银行网点相关研究进展

对于金融机构分布的研究主要集中于银行网点的区位选择、空间格局演化及空间布局影响因素等方面。国外学者一是注重银行网点分布的差异性[1,2],从金融地理学的视角,通过数学模型分析银行的海外扩张和布局特征[3-6]。银行网点在进行区位选择时,主要考虑金融体系的规模、专业化程度、金融创新环境和制度健全程度等形成规模经济的条件。[7]高级的生产性服务业集中分布于大城市以取得地理优势[8],简单的生产服务业务分布于城市郊区或边缘地区,以享受低成本的好处[9]。银行机构越来越倾向于将总部设置在少数大城市,并且更趋向于在非标准化信息的来源地设置机构,以便于凭借地方信息看清市场。[10-14]二是注重银行网点分布格局影响因素研究,多从产业集群的视角出发。经济行为的社会根植性是使银行机构集聚的根本原因,良好的声誉、高素质的专业人才、接近顾客等因子推动银行机构不断集聚发展,而拥挤的交通、官僚主义则是银行机构集聚面临的主要威胁。国内的研究主要包括银行网点的选址、空间格局演化,以及网点布局特征等方面。银行机构会在劳工密集、专业生产者服务充裕,以及科技高度发达的地区选址。[15-17]从不同类型银行机构来看,国有商业银行空间分布更大程度上根据人口规模进行设置,与区域经济发展格局具有高度匹配性,股份制商业银行区域性集中趋势明显。[18-20]而外资银行的空间分布更多遵循经济效益原则,具有向金融规模效应显著、准入管制较少的贸易型城市分布的偏好,同外资企业在中国的直接投资具有高度吻合性。[21-25]银行业分布空间演变契合于城市主导发展方向及功能转型,由非均衡向均衡发展的空间格局过渡。[26-29]现有研究多基于可达性,采用复杂网络分析方法对银行布局的定量研究,深入揭示了银行网点空间分布的本质特征。[30,31]

以上研究深化了对于银行网点空间分布的认识,但现有研究多以社会经济统计数据为基础进行理论和实证分析,缺少基于网络平台地理数据的格局特征和影响因素的分析;较少对省域范围内银行网点的类别进行区分研究,从而未能深入探讨不同类型银行网点地理分布的差异性。因此,本研究试图对不同类型银行网点在省域范围内的分布特征进行研究,关注其在不同发展水平城市分布的共性规律和个性差异,探寻可能的区位选择影响因素和形成机制。

第二节 数据来源和研究方法

江苏经济发达,服务业快速发展,商业经济繁荣,具有发展金融服务业的基础优势。2015年年末,江苏金融机构资产总额达12.2万亿元,从业人数22.9万人,实现税后净利润1519.3亿元,其金融服务业发展在全国属于领先水平。省内共有银行实体营业网点(不含ATM网点)

11 291 家,其中五大商业银行 4 845 家、农业金融机构 3 042 家、中小商业银行 2 777 家、江苏地方银行 608 家、外资银行 19 家。研究江苏银行网点空间特征及其形成机制,不仅丰富了国内银行网点分布格局研究,也为政府及相关部门对金融服务业引导、支持政策的制定,以及金融企业自身的发展决策提供借鉴和参考。

一、数据来源与处理

银行网点是为了满足客户金融服务需求而设立的营销站点和服务窗口,也是最重要的金融中介和关联性最强的商业网点,在国家和地区的经济发展中扮演着至关重要的角色。本研究使用的数据主要有两类:社会经济统计数据和银行网点空间数据。统计数据包括城市的建成区面积、人口规模、人均地区生产总值、城镇化率、二三产业产值比重、规模以上工业企业数量等,均来自《江苏统计年鉴 2016》。银行网点空间数据主要是从百度地图平台获取的江苏银行机构的兴趣点数据。数据处理方面:首先,根据银行网点的坐标信息,建立江苏银行网点的空间数据库。其次,进行空间数据编辑、投影变换,以及属性数据的匹配和标识。再次,采用空间距离分析揭示银行网点在江苏各城市的分布特征。最后,结合社会经济数据,进行空间区位选择影响因素的回归分析。

二、研究方法

(一) 最近邻指数

最近邻分析用于空间要素的分布类型分析,通过计算和比较最邻近点对的平均距离与随机分布模式下最邻近点对的平均距离,用其比值(NNI)来判断其与随机分布的偏离。公式如下:

$$式6-1 \qquad NNI = \frac{d(NN)}{d(ran)} = \frac{\sum_{i=1}^{n}\min(d_{ij})}{0.5\sqrt{A/n}}$$

式中,$d(NN)$ 为研究对象最邻近的平均距离;$d(ran)$ 为银行网点在空间随机分布条件下的理论平均距离;n 为银行网点数量;d_{ij} 为银行网点 i 到银行网点 j 的距离;$\min(d_{ij})$ 为银行网点 i 到最邻近银行网点的距离;A 为研究区域面积;NNI 为最近距离系数,$NNI \geqslant 1$ 时,表示银行网点随机分布,值越大,随机性越强;$NNI<1$ 时,表示银行网点空间集聚分布,值越小,集聚性越强。

(二) Ripley's K 函数

根据网点坐标绘制点图,以点图为基础分析研究区域内空间分布特征。公式如下:

式 6-2
$$K(d) = A \sum_{i=1}^{n} \sum_{j=1}^{n} \frac{w_{ij}(d)}{n^2}$$

$$i, j = 1, 2, \cdots, n; i \neq j, d_{ij} \leqslant d, w_{ij} = \begin{cases} 1 & (d_{ij} \leqslant d) \\ 0 & (d_{ij} > d) \end{cases}$$

式中,$K(d)$ 是以网点为中心,半径为 d 的区域内银行网点的数量的总和除以密度;A 为研究区域面积;d_{ij} 为银行网点 i 与银行网点 j 之间的距离,$w_{ij}(d)$ 表示权重,当 d_{ij} 小于或等于 d 时,权重为 1,当 d_{ij} 大于 d 时,权重为 0;n 为银行网点个数。为保持方差稳定,对 $K(d)$ 做开方的线性变换,即

式 6-3
$$L(d) = \sqrt{\frac{K(d)}{\pi}} - d$$

$L(d)>0$ 表示银行网点有空间聚集分布的趋势;$L(d)<0$ 表示银行网点有空间均匀分布的趋势;$L(d)=0$ 表示银行网点呈随机的空间分布。

第三节 银行网点的分布格局

一、银行网点偏向分布差异明显

运用最近邻指数对江苏银行网点空间分布的集聚特征进行分析,结果可以看出,在计算 1 个最邻近点的情况下,NNI 值为 0.060,小于 1 说明江苏银行网点呈现聚集分布,Z 检验的值为 -270.133,远小于 -2.58,表明统计结果非常显著。江苏银行网点的分布(图 6-1)表现为两个主要特征:一是银行网点分布呈现出南多北少的空间不均衡格局,以长江为界,以南地区的银行网点密度高于以北地区,同时,以苏锡常地区集聚现象最为显著。分布在苏南地区的银行网点数量占网点总数的 54.5%,而其面积仅占江苏的 27%。二是银行网点在地级市的主城区密集分布,特别是在环城高速以内,集聚分布特征明显。而在城市的外围区域零散分布,经

济和交通对其区位选择具有较大影响,呈现出强正相关关系。

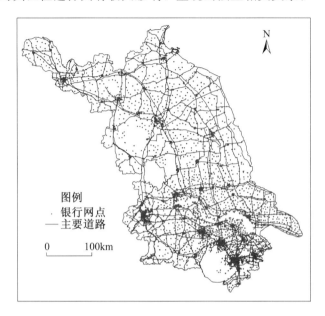

图 6-1 江苏银行网点分布示意图

从网点数量来看,江苏银行网点总数量为 11 291 家,其中五大商业银行网点占全省网点总数的 42.9%,农业金融机构网点占全省网点总数的 26.9%,中小商业银行网点占全省网点总数的 24.6%,江苏地方银行网点占全省网点总数的 5.4%,外资银行网点数量较少仅分布在南京市和苏州市;不同类型银行网点数量上存在较大差异。银行网点分布与所在城市职能具有密切关系,不同的银行性质决定了其机构数量的多少及在区域空间选址的差异。

二、银行网点空间集聚特征显著

最近邻指数的计算结果(表 6-1)表明,五大商业银行、农业金融机构、中小商业银行、江苏地方银行及外资银行网点的最近邻指数小于 1,Z 检验值均小于 -2.58,在 1% 显著性水平下通过检验,属于显著的聚集性模式。根据 Z 检验值大小,五大商业银行网点空间集聚特征最显著,农业金融机构、中小商业银行、江苏地方银行网点的空间集聚特征次之,外资银行网点的空间集聚特征最不明显。

表 6-1　江苏不同类型银行网点最近邻距离分析

银行类型	平均最近邻距离/m	期望平均最近邻距离/m	最近邻指数（NNI）	Z检验值
五大商业银行	910.01	4 108.65	0.221 49	−103.67
农业金融机构	3 439.21	5 310.32	0.647 65	−37.18
中小商业银行	3 726.75	5 531.84	0.673 69	−32.89
江苏地方银行	3 832.25	10 957.05	0.349 75	−30.51
外资银行	2 383.30	18 075.33	0.131 85	−7.239 4

Ripley's K 函数揭示空间集聚与探测距离之间的关系，可以分析不同类型银行网点在多尺度范围内的集聚特征，$L(d)$值在 2km 左右的距离前后发生了显著的变化，其空间格局从离散变为集聚，但随着计算距离继续增加，在 20km 的距离上 $L(d)$ 值上升趋势明显减缓。从 $L(d)$ 曲线变化趋势来看，五大商业银行、农业金融机构、中小商业银行及江苏地方银行网点的集聚与距离的关系具有一定相似性。

 三、不同类型银行网点空间分布差异较大

（1）五大商业银行

包括中国工商银行、中国农业银行、中国银行、中国建设银行、交通银行。从不同类型银行网点分布中可以看出，五大商业银行网点除具有在地级市中心城区和县城区密集分布的共性特征外，在城市的外围地区，苏南、苏中和苏北三大区域的分布各不相同。在苏南城市外围地区多点散布，在苏中城市外围地区分散分布，而在苏北城市外围地区零星分布。

（2）农业金融机构

主要包括农村信用合作社、经济合作社、农村商业银行、信用合作社储蓄所等，这些银行的职能定位是服务于农业、农村和农民，因此在分布上表现为在城区（近郊）多点集中分布，在城市外围乡镇地区分散均衡分布，江苏南北区域差异较小。

（3）中小商业银行

包括邮政储蓄银行、招商银行、中信银行、民生银行、光大银行、华夏银行、广东发展银行、深圳发展银行、上海浦东发展银行等，机构类型多，功能各异。主要在城区集聚分布，由于邮政储蓄银行与邮政业务关系密切，其网点覆盖面最广，覆盖了广大的城乡区域，在城市外围区域均匀分布。

(4) 江苏地方银行

主要包括江苏银行、南京银行及其他江苏地方银行，数量不多。主要分布在城区和县城区。苏南地区分布数量明显多于苏中、苏北地区。

(5) 外资银行

主要包括渣打银行、汇丰银行、恒生银行、星展银行和东亚银行。外资银行在中国的业务主要涉及国内资本的输出和国外资本的输入。由于其业务功能的局限性，加之中国的资本市场并未完全对外开放，外资银行的数量不多，主要分布在对外开放程度高和国外企业投资较多的城市——南京市和苏州市。

第四节 银行网点空间分布的影响因素

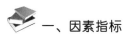

一、因素指标

不同类型银行网点在江苏分布存在明显差异，为了探寻这一现象的形成原因，本书借鉴相关研究成果[22]，选取对银行网点分布具有重大影响的因素。主要从城市规模（建成区面积、人口规模）、市场需求（人均地区生产总值、规模以上工业企业数量）、经济发展（城镇化率、二三产业产值比重）、制度因素（城市级别、城市性质）等方面来解释江苏银行网点空间分布差异。选取标准化后的4类银行网点数量作为被解释变量，分别表示为FB（五大商业银行）、RB（农业金融机构）、MB（中小商业银行）、JB（江苏地方银行）；对因素指标进行对数变换，分别表示为$\ln A$、$\ln P$、$\ln G$、$\ln E$、$\ln U$和$\ln T$。

制度因素方面，虽然当前中国对外资银行在地域的设置方面没有了限制，并且稳步放宽境外金融机构进入中国银行间债券市场、外汇市场的条件，但是依然存在较严格的市场准入监管，比如对外资银行申请者资本实力的严格评估、在交易的品种和限额等方面的管制，因此，外资银行在国内的机构数量并不多，且大多集中在发达省会城市、经济特区和东部沿海开放城市。2003年以来，为了解决农村地区金融机构网点覆盖率低、金融供给不足等问题，中国实施了一系列鼓励农业金融机构发展的政策，涉及放宽农村金融机构准入条件、推动农村基础金融服务全覆盖、加强贫困地区金融基础设施建设等方面，这些政策的实施，加快了农业金融网点在乡镇、行政村的布局，逐步形成农业金融机构分散分布的格局。因此，在模型中引入两个制度虚拟变量：城市级别变量（C）和城市性质变量（F），来反映城市的政治属性和国家对农业金融机构的支持政策。在城市级别变量中，省会城市赋值为1，其他城市赋值为0，虽然中国对银行机构的设置没有地域限制，但受市场需求和政策的接近性影响，银行机构偏好设置在高行政级别的发达城市。在城市性质变量中，第一产业（农业）产值比重大于10%的城市赋值为1，其他城市赋值为0。农业比重大，更能体现国家政策对农业金融机构的支持。

为了验证因素指标间的相关性及对不同类型银行网点数量的拟合情况，研究进行了相关分析，结果表明（图6-2），各因素指标与被解释变量具有较强相关性，而各因素指标之间相关性较低，包含全部因素指标的模型不会有很强的多重共线性问题。研究并未对外资银行网点分布的影响因素进行回归分析，主要是由于外资银行网点样本较少，且其分布主要受监管政策、对外开放程度和资本流入流出量等方面的影响。

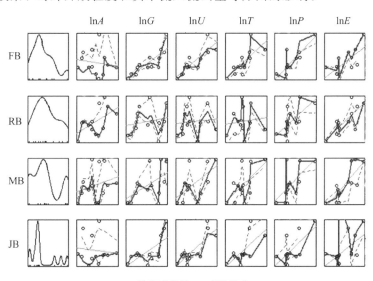

图6-2　银行网点数量与因素指标的相关性

二、回归结果

回归模型的拟合结果如表 6-2 所示,不同类型银行网点回归模型调整后的拟合度分别为 0.918、0.821、0.819 和 0.779,表明该模型能够解释五大商业银行网点分布区域差异的 91.8%,农业金融机构网点分布区域差异的 82.1%,中小商业银行网点分布区域差异的 81.9% 和江苏地方银行网点分布区域差异的 77.9%。并且通过了同方差性检验(>0.05),说明多元线性回归模型对五大商业银行网点和农业金融机构网点的拟合效果更好。

表 6-2 江苏银行网点分布的多元线性回归模型估计结果

变量	FB	RB	MB	JB
$\ln A$	−0.093 25	0.239 8	−0.014 21	0.413 7
$\ln G$	0.121 09	0.561 6	0.799 82	1.137 9
$\ln U$	0.380 37	−0.869 9	−5.516 87	0.568 9
$\ln T$	−0.100 75	0.159 1	0.978 95	−0.208 9
$\ln P$	0.419 47	0.473 8	0.629 16	−1.117 1
$\ln E$	0.139 04	−0.129 1	−0.014 14	0.609 1
C	0.034 21	−0.303 5	0.671 68	−0.260 4
F	0.058 42	0.309 0	0.186 51	0.597 8
常数项	−6.985 51	−6.487 4	−2.627 94	−10.435 0
F-statintic	17.79	7.887	7.778	6.283
Adjuted R-squared	0.918 0	0.821 1	0.818 8	0.778 9
同方差性检验(>0.05)	0.834 6	0.612 44	0.402 5	0.806 07

8 个解释变量对不同类型银行网点区位选择的影响作用各不相同。在五大商业银行的回归模型中,$\ln G$、$\ln U$、$\ln P$、$\ln EN$、C 和 F 等变量在 0.01 水平上显著,系数为正值,$\ln A$ 和 $\ln T$ 变量在 0.05 水平上显著,系数为负值,对其网点分布影响作用最显著的因素是人口规模和城镇化率。说明五大商业银行网点的区位选择倾向于人口规模大,城镇化率高的城市,而对城市建成区面积因素的依赖性较弱。农业金融机构模型方面,

$\ln A$、$\ln G$、$\ln T$、$\ln P$ 和 F 等变量在 0.05 水平上显著，系数为正值，$\ln U$、$\ln E$ 和 C 变量的显著性较差，系数为负值，说明对农业金融机构网点分布影响作用最显著的两个因素是人均 GDP 和人口规模。农业金融机构网点的布局主要考虑市场需求和市场机会，其区位选择会更接近服务对象，倾向在广大城乡地区分散分布，而与城镇化率成负相关系，城镇化率低，农村人口多，其需求机会多。中小商业银行模型方面，$\ln G$、$\ln T$、$\ln P$、C 和 F 等变量在 0.01 水平上显著，系数为正值，$\ln A$、$\ln E$ 和 $\ln U$ 变量的显著性较差，系数为负值，中小商业银行网点对二三产业产值比重显著依赖，使其偏好在民营经济发达和乡镇企业繁荣地区布局。这与中小商业银行的主要职能——支持大量中小企业和民营经济的发展是相吻合的。江苏地方银行模型方面，$\ln A$、$\ln G$、$\ln U$、$\ln E$ 和 F 等变量的在 0.05 水平上显著，系数为正值，$\ln T$、$\ln P$ 和 C 变量的在 0.05 水平上显著，系数为负值，人均 GDP 和规模以上工业企业数量是影响江苏地方银行网点分布的主要因素。江苏地方银行主要功能在于吸收居民存款和服务工业企业，倾向分布城镇人口多，规模以上工业企业多的区域。综上，不同类型银行网点，具有不同的功能定位和市场定位，因而具有不同的区位选择，所以不同因素对不同类型银行网点的区位选择有显著差异。

本章小结

本章以江苏银行网点为研究对象，对其进行分类探讨，分析了五大商业银行、农业金融机构、中小商业银行、江苏地方银行及外资银行网点的空间分布特征及其区位选择的影响因素。与以往某一城市（区域）、某一类型银行网点研究相比[27-33]，本研究从省域范围的视角，研究银行网点的分布格局，创新了研究数据的选取及获取方式，揭示了不同类型银行网点地理分布的差异规律，深化了银行网点区位选择影响因素和形成机制的研究。然而，由于从网络平台获取的银行网点空间数据，缺少时间序列变化，本研究未对银行网点分布的变化过程[22,26]进行分析。研究的具体结论如下：

本研究基于空间分析和回归分析，发现江苏银行网点偏向分布差异明显，集聚特征显著，总体上呈现地级市城区集聚与外围分散并存的态势，以及由南向北递减格局。不同类型银行网点空间分布差异较大：① 五大商业银行网点在地级市中心城区密集分布，在苏南城市外围地区多点散布、在苏中城市外围地区分散分布，以及在苏北城市外围地区零星分布。② 农业金融机构网点表现为在城区近郊多点集中分布，在城市外围乡镇区域分散分布，南北区域差异较小。③ 中小商业银行网点主要在城区集聚分布，在广大城市外围地区均匀分布。④ 江苏地方银行网点在城区、县城区集聚分布。⑤ 外资银行主要布局在对外开放程度高和国外资本输入较多的城市。

城市建成区面积、人口规模、人均地区生产总值、规模以上工业企业数量、城镇化率、二三产业产值比重及城市级别、城市性质是影响银行网点区位选择的重要因素。对于不同类型银行网点影响其区位选择的主要因素不同，五大商业银行网点分布倾向于人口规模大，城镇化率高的大城市，农业金融机构网点区位选择更依赖于农业人口规模因素，中小商业银行网点偏爱二三产业发达的区域，规模以上工业企业数量对江苏地方银行网点的分布具有显著影响，外资银行分布与外资投入强相关。制度因素对农业金融机构和外资银行网点区位选择具有较强的影响作用。

参考文献

［1］Coffey W J, Shearmur R G. Agglomeration and dispersion of high-order service employment in the Montreal Metropolitan Region, 1981－1996［J］. Urban Studies, 2002, 39（3）：359－378.

［2］Martin R. Money and space economy［M］. London：John Wiley & Sons, 1999.

［3］Kyle A S. A commentary on "Déjà Vu all over again：the causes of U. S. commercial bank failures this time around"［J］. J Financ Serv Res, 2012, 42：31－42.

［4］Goldberg L G, Johnson D. The determinants of US banking activity abroad［J］. Journal of International Money and Finance, 1990, 9（2）：123－137.

［5］Grosse R, Lawrence G G. Foreign bank activity in the United States：an analysis by country of origin［J］. Journal of Banking and Finance, 1991, 15（6）：1093－1112.

［6］Yamori N. A note on the location choice of multinational banks：The case of Japanese financial institutions［J］. Journal of Banking and

Finance, 1998, 22 (1): 109-120.

[7] Davis E P. International financial centers-an industrial analysis [J]. Bank of England Discussion Paper, 1988, (51): 123-135.

[8] Daniels P W. Service industries: growth and location [M]. Cambridge: Cambridge University Press, 1985.

[9] Illeris S. The services economy: a geographical approach [M]. London: John Wiley & Sons, 1996.

[10] Thrift N. On the social and cultural determinants of international financial centers [J]. Key Engineering Materials, 1994, (3): 2149-2154.

[11] Airoldi A, Jantti G B, Gambardella A, et al. The impact of urban structure on the location of producer services [J]. The Service Industries Journal, 1997, 17 (1): 91-114.

[12] Searle G H. Changes in produce services location, Sydney: globalization, technology and labor [J]. Asia Pacific Viewpoint, 1998, 39 (2): 237-255.

[13] Meyer S P. Finance, insurance and real estate firms and the nature of agglomeration advantage across Canada and within metropolitan Toronto [J]. Canadian Journal of Urban Research, 2007, 16 (2): 149-181.

[14] Pandit N R, Cook G A S, Swann P G M. The dynamics of industrial clustering in British financial services [J]. Service Industries Journal, 2001, 21 (4): 33-61.

[15] 赵晓斌，王坦. 中国加入WTO对国内金融中心区域重组的影响 [J]. 国外城市规划. 2002, (5): 31-37.

[16] 叶磊，韩冬，向科. 银行分支机构选址模型分析 [J]. 农村金融研究, 2005, (10): 43-45.

[17] 丁建新，邢亚楠，金浩. 基于灰色关联分析法的商业银行网点选址研究：以建设银行衡水分行为例 [J]. 浙江金融, 2012, (1): 50-53.

[18] 李小建，周雄飞，卫春江，等. 发展中地区银行业空间系统变化：以河南省为例 [J]. 地理学报, 2006, 60 (4): 414-424.

[19] 林彰平，闫小培. 转型期广州市金融服务业的空间格局变动 [J]. 地理学报, 2006, 61 (8): 818-828.

[20] 武巍,刘卫东,刘毅. 中国地区银行业金融系统的区域差异 [J]. 地理学报, 2007, 62 (12): 1235-1243.

[21] 曾刚,傅蓉. 大型商业银行网点布局研究 [J]. 农村金融研究, 2012, (6): 40-46.

[22] 贺灿飞,刘浩. 银行业改革与国有商业银行网点空间布局:以中国工商银行和中国银行为例 [J]. 地理研究, 2013, 32 (1): 111-122.

[23] 贺灿飞,傅蓉. 外资银行在中国的区位选择 [J]. 地理学报, 2009, 64 (6): 701-712.

[24] He C F, Yeung G. The locational distribution of foreign banks in China: a disaggregated analysis [J]. Regional Studies, 2011, 45 (6): 733-754.

[25] 郑伯红,汤建中. 跨国银行在华发展区位研究 [J]. 世界地理研究, 2001, 10 (4): 21-28.

[26] 周坷慧,甄峰,余洋,等. 中心城区金融服务业空间集聚过程与格局研究:以潍坊市奎文区为例 [J]. 人文地理, 2010, 16 (6): 62-67.

[27] 陈跃刚,吴艳. 上海市金融服务业空间分布研究 [[J]. 城市问题, 2010, (12): 39-44.

[28] 陶纪明. 上海生产性服务业的空间集聚 [M]. 上海:上海人民出版社, 2009.

[29] 马军杰,尤建新,张茂林. 上海中心城区农行网点的探索性空间数据分析 [J]. 同济大学学报(自然科学版), 2010, 38 (5): 779-782.

[30] 詹璇,林爱文,孙铖,等. 武汉市公共交通网络中心性及其与银行网点的空间耦合性研究 [J]. 地理科学进展, 2016, 35 (9): 1155-1166.

[31] 甄茂成,张景秋,杨广林. 基于复杂网络的商业银行网点布局特征:以北京市中国银行为例 [J]. 地理科学进展, 2013, 32 (12): 1732-1741.

[32] 程林,王法辉,修春亮. 城市银行网点及其与人口—经济活动关系的空间分析:以长春市中心城区为例 [J]. 人文地理, 2015, 30 (4): 72-78.

[33] 秦泗刚,段汉明. 西安市银行网点空间集聚性分析 [J]. 测绘科学, 2015, 40 (7): 68-72.

第七章
江苏城市公共交通服务的地域类型

随着中国高速铁路、高速公路、城际交通设施和轨道交通设施建设的不断推进，以及交通需求的不断增长，国内城市交通格局发生了重大改变。公共交通是城市交通的重要组成部分，对发挥城市功能、提升居民生活质量起着重要的支撑作用。作为空间资源节约、出行成本低的交通方式，公共交通是解决当前城市面临的各种交通问题的主要途径。[1]公交站点是城市公共交通系统的主要基础设施，是客流集散和中转的主要场所，起着衔接各种交通方式的作用。因此，关于公共交通特别是公共汽车服务水平的研究对城市的健康发展具有重要价值。本章以江苏13个地级市市区为研究对象，基于公交站点、银行、学校、医院、住宅小区和零售行业等公共服务设施点数据和人口空间化数据，通过平均最近邻指数和公交覆盖率，揭示公交站点分布特征，从公交站点设施服务人们生活、工作、学习、休闲和医疗等活动的情况，综合评价城市公共交通的服务水平。

第一节 城市公共交通研究进展

国内外关于公共交通的研究特别是针对公共汽车交通的研究，形成了大量研究成果。站点可达性、服务质量与运行效率、公交网络复杂性等方面的研究是当前学术界关注的前沿问题。国外相关研究中，应用离散选择模型，构建基于主体行为的出行需求系统，为城市公共交通的行为研究奠定了基础；人对交通基础设施的可接近性研究，开始以欧氏距离定义公交服务空间范围，随后考虑步行时间成本和以公交线路为中心的空间覆盖；[2,3]利用复杂网络与系统理论研究公交网络的连接性逐渐成为热点，揭示了公交网络是介于规则网络和随机网络间的复杂网络，在拓扑结构和统计上具有自组织性、非线性作用等复杂性特征；[4]研究公共交通效率多借鉴经济学的方法，从投入产出的视角对公共交通系统的服务质量进行评价[5]，常见方法有数据包络法和随机前沿分析。国内研究主要集中在公共交通服务质量评价、公交可达性、站点布局优化等方面，包括：利用高分辨率遥感影像、城市建设用地数据与城市的公交站点数据进行叠加分析，评价不同范围内城市的公交站点覆盖及其空间特征;[6-8]通过对公交满意度与公交站点服务范围的关系进行研究，评价公交站点布局的关键阈值;[9]通过可达性分析方法，计算公交站点的可达性及公交站点到其他公共基础设施的可达性，探讨快速交通的发展对公交汽车的发展具有的重要影响;[10-17]从公交覆盖度、公交线网密度等方面，揭示公交设施的空间演变特征；通过公交站点的位置对道路通行能力、交通流的影响，对站点选址、发车时间间隔等方面进行合理优化。[18-21]目前，关于公交服务水平的研究多通过建立指标体系，运用统计数据来定量测度公共交通的服务水平，较少结合网络平台数据通过公交站点服务人口及服务其他公共设施来进行综合评价其服务质量。基于此，本研究依据人们通过公共汽车方式在居住、工作、学校、医疗和休闲等不同场所开展活动的现实。提出城市公交站点综合服务水平的概念，指综合城市公交站点服务范围的空间覆盖广度、城市公交站点服务范围覆盖人口的程度，以及城市公交站点服务范围覆盖各种公共服务设施（零售网点、医院设施、科研院校、住宅小区、银行网点等）程度，全面反映城市生活中人们通过公共汽车出行的便利程度。其中公交站点服务范围指人步行到达公交站点的合理距离（一般为 500 m，耗时约 10 分钟）为半径画圆覆盖的面积。

　　对于江苏而言，常规地面公交汽车在公共交通系统中占主体地位，地铁、轻轨等轨道交通在公共交通运行中所占的比例较少，出租车虽然发展迅猛，但其在客运交通中扮演的角色具有多重性。因此，本研究涉及的公共交通主要是指公共汽车交通。江苏作为我国经济发达省份，其公共交通发展在全国处于领先水平，对其公共交通发展的格局特征和规律性进行研究具有重要意义。本章基于基础设施 POI 数据进行不同发展阶段城市的公共交通比较研究，综合评价不同规模、不同区位城市公交服务模式的特征和水平。

第二节 数据来源和研究方法

一、数据来源

本研究以江苏 13 个地级市市区为研究对象。所使用数据主要包括两类,一是采用数据挖掘技术,从高德地图平台获取的江苏 13 个地级城市市区公交站点、银行、学校、医院、住宅小区和零售行业等公共服务设施点数据;二是基于人口空间化技术,得到的江苏 2018 年人口分布栅格数据。

二、研究方法

(一)平均最近邻指数(ANN)

式 7-1
$$ANN = \frac{D_o}{D_e}$$

式中,D_o 为平均最短距离,D_e 为平均预期距离。平均最近邻指数 ANN 小于 1,分布模式为集聚,大于 1,则分布模式趋向于离散,指数越小,集聚程度越大。平均最短距离 $D_o = \frac{\sum_{i=1}^{n} d_i}{n}$,$d_i$ 是点要素 i 与它最近的点要素之间的距离。平均预期距离 $D_e = \frac{0.5}{\sqrt{n/A_u}}$,$n$ 为市区内的站点数,A_u 为城市市区面积。

(二)覆盖率(D_c)

式 7-2
$$D_c = \frac{A_b}{A_u}$$

式中,A_b 为公交站点半径 500m 服务范围(去除重叠区域),A_u 为城市市区面积。公交站点覆盖率用来衡量公交的空间覆盖广度,数值越大说明更多的地区能够被公交覆盖。

(三)公交站点综合服务水平指数(S_c)

依据城市公交站点综合服务水平的概念,构建城市公交站点综合服务水平指数,计算公式如下:

式 7 - 3 $\quad S_c = \sqrt{\dfrac{1}{n+2}\left[D_c^2 + P_c^2 + \sum_{i=1}^{n}\left(\dfrac{N_{ib}}{N_i}\right)^2\right]}$

式中，D_c 为城市公交站点覆盖率，P_c 为城市公交站点的人口服务率（公交站点服务范围内的人口数量占市区总人口的比重），N_{ib} 为城市公交站点服务范围内的第 i 种公共服务设施数量，N_i 为城市第 i 种公共服务设施总数量。

第三节 城市公交站点空间分布特征

一、公交站点数量和密度存在较大南北差异

在公交站点总量方面，超过 10 000 个站点的市区共有 3 个，其站点数量远远超过其他市区，分别是南京市区、常州市区和苏州市区，是经济发展水平高的城市；站点数量低于 2 000 个的有盐城市区和宿迁市区，都位于江苏经济欠发达的苏北地区。在站点密度方面，无锡市区和常州市区具有较大的公交站点密度，连云港市区、宿迁市区和淮安市区具有较小的公交站点密度，站点密度的高值是低值的 8 倍，存在较大差距。综合公交站点数量和密度来看，江苏城市公交站点设施存在差异明显的南多北少格局。

二、公交站点分布以空间集聚为主要特征

通过对各市区公交站点进行平均最近邻分析，结果如表 7 - 1 所示，各市区公交站点的平均最近邻指数都小于 1，说明江苏 13 个地级市市区公交站点都是集聚分布的。具体从各市区来看，公交站点平均最近邻指数最小的是淮安市区，表明淮安市区公交站点分布最为集聚，从中心城区逐渐向外分散；公交站点平均最近邻指数较大的是苏州市区和常州市区，说明其公交站点在总体集聚格局下，分布相对比较均衡。

表 7-1 江苏城市公交站点覆盖率

城市	站点数量/个	站点密度/个·km^{-2}	平均最近邻指数	站点服务面积/m²	站点覆盖率/%
常州市区	10 212	5.48	0.148 3	964	52
泰州市区	2 005	1.28	0.145 2	303	19
南通市区	4 025	1.88	0.063 6	420	20
扬州市区	3 072	1.33	0.102 8	346	15
无锡市区	9 160	5.57	0.126 1	632	38
宿迁市区	1 727	0.80	0.091 4	236	11
淮安市区	2 677	0.84	0.055 3	189	6
镇江市区	2 614	2.40	0.070 4	215	20
连云港市区	2 124	0.71	0.077 6	172	6
盐城市区	1 891	0.89	0.113 7	166	8
徐州市区	4 051	1.32	0.077 9	306	10
南京市区	12 914	2.73	0.104 0	1 118	24
苏州市区	10 060	2.16	0.216 2	1 032	22

三、公交覆盖率较高的区域主要位于长江下游城市

公交站点是市民出行换乘的枢纽，其分布的合理性将决定人们出行的便利程度，而公交站点覆盖率是衡量公交站点分布是否合理的重要指标。以公交站点为圆心，以合理的步行距离 500m（耗时约 10 分钟）为半径作圆，在 ArcGIS 软件平台进行缓冲区操作，上述方法得到的缓冲区可能出现重叠，因此不能简单地将所有圆的面积相加。对站点缓冲区进行融合操作，得到站点的服务区面积（图 7-1）。根据式 7-2 可计算出各城市公交站点 500m 的覆盖率（表 7-1）。总体来看，江苏 13 个地级市市区公交站点覆盖率的平均值为 19%，高于全国平均水平，高值区主要分布在长江下游城市。其中，常州市区公交站点覆盖率（52%）排名首位，无锡市区（38%）和南京市区（24%）排在第二、三位，公交站点覆盖率最低的是淮安市区和连云港市区。常州市区公交站点数量与无锡市区公交站点数量相差不多，市区面积相似（较小），公交站点覆盖率相差较大，表明常州市区公

交站点间距更合理，分布更为均衡，利用效率更高，而无锡市区则更为集聚，重叠覆盖区域较多。

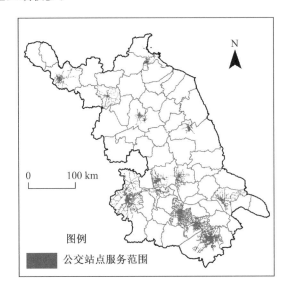

图 7-1　江苏城市公交站点服务范围示意图

第四节　城市公交服务人口格局特征

一、人口高密度区域主要分布在长江以南

人是公共交通设施服务对象，人口的覆盖率是公交设施服务水平的重要体现。基于 2015 年县级单元的人口统计数据，运用人口空间化方法[22]，得到江苏 100m×100m 栅格人口的空间分布。可以看出，江苏人口分布在整体上呈现城区人口密度远高于乡村的"城乡二元"结构；在南北差异上，长江以南地级市城区人口密度普遍高于长江以北地级市。[23]

二、公交站点与人口分布存在空间正相关

基于人口分布格局，对江苏各市区公交站点服务范围内的人口进行分区统计分析（表 7-2）。从服务人口占市区总人口的比例来看，常州市区、无锡市区和苏州市区公交站点服务人口最多，超过了市区总人口的 70%，

服务人口最少的是宿迁市区和淮安市区，不到市区总人口的35%。公交站点的分布与人口分布具有较高的空间一致性。

表7-2　公交站点对人口及其他公共设施的服务率　　　　（%）

城市	人口服务率	住宅小区服务率	银行服务率	医院服务率	学校服务率	零售行业服务率
常州市区	0.78	0.99	0.99	0.94	0.96	0.97
泰州市区	0.53	0.78	0.73	0.71	0.65	0.96
南通市区	0.55	0.95	0.93	0.91	0.83	0.96
扬州市区	0.47	0.89	0.78	0.80	0.74	0.84
无锡市区	0.76	0.96	0.97	0.90	0.91	0.93
宿迁市区	0.34	0.92	0.96	0.79	0.76	0.84
淮安市区	0.34	0.93	0.71	0.79	0.68	0.77
镇江市区	0.58	0.93	0.91	0.87	0.84	0.87
连云港市区	0.35	0.94	0.81	0.79	0.63	0.93
盐城市区	0.44	0.96	0.83	0.86	0.79	0.89
徐州市区	0.44	0.93	0.87	0.83	0.71	0.91
南京市区	0.69	0.97	0.98	0.92	0.90	0.87
苏州市区	0.72	0.91	0.88	0.79	0.84	0.94

第五节　城市公交服务范围与其他公共设施的空间耦合特征

一、各市区公交站点对不同公共服务设施的服务率排序具有相似性

人们通过公共汽车交通进行生活、工作、学习、休闲和医疗等活动，因此本研究选取居住小区、银行、学校、医院和零售行业等公共服务设施，对城市公共交通服务水平进行评价。首先，对江苏各市区公交站点服务范围内的各类公共服务设施进行分区统计分析，然后通过公交站点服务范围内的公共设施数量比上市区公共设施总量，得到不同类别公共设施服务率（表7-2）。总体来看，各市区公交站点对住宅小区的服务率最高，其次是零售行业、银行、医院，对学校设施的服务率最低，虽然在不同区域排名存在差异，但总体趋势基本一致。

二、对各种公共服务设施的服务率存在差异

具体以各市来看,公交站点服务范围与住宅小区的空间耦合关系非常好,服务率大多高于90%,只有泰州市区和扬州市区低于该值。公交站点服务范围与银行网点的空间耦合存在一定差异,以长江为分割线,长江以南城市公交站点对银行网点具有较高的服务率,长江以北城市公交站点对银行网点的服务率相对较低(除宿迁市区外,宿迁市区面积较小,公交站点和银行网点集聚分布在市区),最低的是淮安市区、泰州市区和扬州市区。公交站点服务范围与学校的空间耦合存在较大差异,服务率排在前三位的是常州市区、无锡市区和南京市区,南通市区、苏州市区、镇江市区具有较高的服务率,扬州市区、宿迁市区、徐州市区和盐城市区服务率较低,泰州市区、淮安市区和连云港市区服务率最低。公交站点服务范围与医院的空间耦合差异较小,常州市区、南通市区、无锡市区和南京市区服务水平较高,其他市区服务水平相对较低。零售行业方面,常州市区、泰州市区和南通市区公交站点的覆盖率较高,淮安市区覆盖率最低,其他市区差异较小。

第六节 公交站点综合服务水平区域类型

研究基于公交站点覆盖率、人口服务率、住宅小区服务率、银行网点服务率、学校服务率、医院服务率和零售行业服务率等7项指标,通过式7-3计算13座城市公交站点综合服务水平指数,并采用聚类分析法,将13座城市按城市公交站点综合服务水平划分为4类区域(表7-3)。13座城市的公交站点综合服务水平呈现出南高北低的显著差异格局。

表7-3 江苏城市公交站点综合服务水平指数及类型划分

城市	综合服务水平指数	类型
常州市区	1.77	Ⅰ区域
南京市区	1.03	Ⅱ区域
无锡市区	0.96	Ⅱ区域
苏州市区	0.95	Ⅱ区域
南通市区	0.93	Ⅱ区域
扬州市区	0.91	Ⅱ区域

续表

城市	综合服务水平指数	类型
泰州市区	0.89	Ⅲ区域
镇江市区	0.88	Ⅲ区域
宿迁市区	0.85	Ⅲ区域
徐州市区	0.76	Ⅳ区域
盐城市区	0.76	Ⅳ区域
淮安市区	0.72	Ⅳ区域
连云港市区	0.71	Ⅳ区域

综合服务水平Ⅰ区域：常州市区。常州市区面积较小，市区人口较多，公交站点分布均匀且覆盖率高，住宅小区、学校、银行网点、医院和零售行业等公共设施大多分布在公交站点的服务范围内，与公交站点具有最优的空间耦合关系。常州市是江苏 13 个地级市中公共交通综合服务水平最好的城市。这与常州市实施公交优先发展战略，发展快速公交（BRT）有关，公交优先发展的"常州模式"得到了国家有关部门的重视。

综合服务水平Ⅱ区域：主要是苏南和苏中城市，经济发展水平较高，其中包括市区面积较大，市区人口较多的南京市区、苏州市区，以及市区面积和市区人口都处于中等水平的无锡市区、扬州市区和南通市区，它们共同的特点是公交站点覆盖较均衡，呈网络状，对其他公共基础设施具有较高的服务率。然而，大城市因为人口密度过大、城市道路空间极度欠缺、私家车数量快速增加等原因，道路运行压力巨大，城市道路拥堵严重。大城市趋向于多中心结构发展，而公共交通的结构形式往往是单中心的，因此，交通供需关系不平衡，公共交通运力不足，供需矛盾突出。

综合服务水平Ⅲ区域：泰州市区、镇江市区、宿迁市区。该类城市市区面积较小，市区人口不多，公交站点覆盖不均衡，主要集中覆盖城市主城区，呈放射状，人口服务率有待提高，与其他公共基础设施的服务水平不够协调。公共交通设施建设跟不上城市占地面积的扩张，造成新建区域的公共交通资源紧缺。

综合服务水平Ⅳ区域：徐州市区、盐城市区、淮安市区、连云港市区。主要是苏北城市，市区面积较大，经济发展水平相对不高，公交服务范围较小，呈团块状，公交站点覆盖率、人口服务率及对其他公共基础设施的服务水平都不高。普遍存在公共交通运输工具资源配置总量不足的问题，城市人口的增速远远大于城市公共交通工具的增速，使城市公共交通无法有效分担城市客运任务，运载率低。

本章小结

本章以网络平台的公共服务设施数据和人口空间分布数据为基础，通过构建城市公共交通综合服务水平指数，评价和分析了江苏 13 个地级市市区公共交通服务质量的差异性。在数据来源和研究方法方面具有创新性。主要得出以下结论：

一是江苏各城市市区公交站点覆盖率分布不均衡。公交站点数量和密度呈现南高北低的格局。公交站点覆盖率与城市的经济发展水平、人口规模具有正相关性，高值区主要位于长江以南城市，低值区主要位于苏北。然而，经济总量、人口规模较大的南京市区、苏州市区和无锡市区，公交覆盖率并不是最高的，究其原因，主要是特大城市、大城市建成区扩展速度快、面积大，而其现有公交站点布设虽然空间结构较为合理，但是发展存在一定滞后。

二是江苏各城市市区公交站点对人口的服务水平亟须进一步提高。除南京市区和苏锡常市区公交站点的人口服务水平较高外，其他城市都较低，尤其是苏北 5 市人口服务水平都低于 50%。这些城市应首先解决"服务率"偏低问题，并进一步优化公交站点设施空间布局的均衡性、合理性。

三是江苏各城市市区公交站点综合服务水平参差不齐。各市区公交站点对住宅小区、银行网点、医院和零售行业设施服务水平都较高，差异较小，但对学校设施的服务水平存在较大差异。按照各市公交站点综合服务水平可以将 13 个地级市划分为 4 类区域，呈现出南高北低的显著差异格局。

优先发展城市公共交通既是发达国家治理交通拥堵的普遍做法和有益经验，也是中国从战略层面制定的缓解城市交通和环境压力的重要举措，江苏各市应继续积极采取措施，大力推进。城市公共交通对城市空间结构的拓展具有引导和支撑作用，江苏大城市交通拥堵的原因之一是交通设施的建设滞后于城市建设。以公共交通线路为导向进行城市开发，在主要公共交通站点周围建设集商业、居住、就业和生活服务设施为一体的高密度邻里社区，使社区居民可以通过骑自行车或者步行的方式到达公共交通站点，进而搭乘公共交通工具抵达服务场所、工作场所，从而减少人们对私家车的使用和依赖。在城市的不同片区，注意经济活动区、住宅区、购物休闲娱乐区、医院、学校、生态保护区等的合理布局和有机组合，使该片区成为一个能够满足居民基本生活需求的功能完善的相对独立的单元，可以大大降低居民的通勤、工作、生活成本和整个城市的运营成本。基于城市人居环境与交通需求的关系，进行城市公共交通保障城市空间质量和城市空间活力的研究，是进一步研究的重点方向。

参考文献

[1] Balcombe R，Mackett R，Paulley N，et al. The demand for public transport：a practical guide [J]. Transport Research Laboratory，2004，46：258-274.

[2] Tribby C P，Zandbergen P A. High-resolution spatio-teporal modeling of public transit accessibility [J]. Applied Geography，2012，34：345-355.

[3] Hadas Y，Ranjitkar P. Modeling public-transit connectivity with spatial quality-of-transfer measurements [J]. Journal of Transport Geography，2012，22（2）：137-147.

[4] Xu Q，Zu Z H，Xu Z J，et al. Space p-base empirical research on public transport complex networks in 330 cities of China [J]. Journal of Transportation Systems Engineering and Information，2013，13（1）：193-198.

[5] Guedes M C M，Oliveira N，Santiago S，et al. On the evaluation of a public transportation network quality：Criteria validation methodology [J]. Research in Transportation Economics，2012，36（1）：39-44.

[6] 李苗裔，龙瀛. 中国主要城市公交站点服务范围及其空间特征评价 [J]. 城市规划学刊，2015，（6）：30-37.

[7] 丁午，程琳. 基于栅格GIS的公交站点覆盖率算法研究 [J]. 测绘科学，2011，（4）：249-251.

[8] 黄婷，焦海贤，李秀丽，等. 基于乘客观点的公交服务质量评价体系及方法研究 [J]. 重庆交通大学学报，2008，（5）：781-784.

[9] 季珏,高晓路. 北京城区公共交通满意度模型与空间结构评价 [J]. 地理学报, 2009, 64 (12): 1477-1487.

[10] 何保红,陈丽昌,高良鹏. 公交站点可达性测度及其在停车分区中的应用 [J]. 人文地理, 2015, 30 (3): 97-102.

[11] 黄晓燕,张爽,曹小曙. 广州市地铁可达性时空演化及其对公交可达性的影响 [J]. 地理科学进展, 2014, 33 (8): 1078-1089.

[12] 朱传华,张守文. 基于GIS的合肥市BRT和Metro交通可达性研究 [J]. 地理与地理信息科学, 2014, 30 (6): 21-30.

[13] 侯松岩,姜洪涛. 基于城市公共交通的长春市医院可达性分析 [J]. 地理研究, 2014, 33 (5): 915-925.

[14] 陈翔,李强,王运静,等. 临界簇模型及其在地面公交线网可达性评价中的应用 [J]. 地理学报, 2009, 64 (6): 693-700.

[15] 陈洋,李燕燕. 基于GIS的公交可达性指数算法 [J]. 测绘与空间地理信息, 2011, 34 (2): 177-179.

[16] 陈忠暖,郭敏玲,许敏琳,等. 建国以来广州居民市内出行可达空间的演变: 基于常规公交视角的研究 [J]. 经济地理, 2010, 30 (11): 1797-1803.

[17] 郑啸,陈建平,邵佳丽,等. 基于复杂网络理论的北京公交网络拓扑性质分析 [J]. 物理学报, 2012, 61 (19): 95-105.

[18] 严爱琼,崔敏. 重庆市主城区公交站点布局问题与优化策略 [J]. 规划师, 2011, (11): 52-56.

[19] 赵月,杜文. 公交站点设置对道路通行能力的影响分析 [J]. 公路交通科技, 2007, (8): 136-139.

[20] 张小丽,陈峻,王炜,等. 基于公交可达性的公交站距优化方法 [J]. 东南大学学报, 2009, 39 (2): 384-388.

[21] 孙锋,金茂菁,王殿海,等. 公交站点对路段通行能力的影响研究 [J]. 北京理工大学学报, 2013, (12): 1284-1288.

[22] 俞肇元,宗真,陆玉麒,等. 基于模糊关系识别的多要素空间离散化方法: 以江苏阜宁人口与经济分析为例 [J]. 人文地理, 2012, 27 (3): 67-72.

[23] 车冰清,仇方道. 基于镇域尺度的江苏省人口分布空间格局演变 [J]. 地理科学, 2015, 35 (11): 1381-1387.

第八章 江苏城乡空间融合发展的过程

党的十九大提出了城乡融合发展战略。2019年5月《关于建立健全城乡融合发展体制机制和政策体系的意见》的出台,是对未来我国城乡融合发展做出的具体安排。城乡融合发展是解决城乡差距过大、城乡发展不平衡不协调问题的关键举措,也是城乡动态均衡的发展过程。聚落镶嵌、交通可达、发展均衡是城乡融合发展的空间表征。本章选取1980—2015年5期土地利用/覆被变化(LUCC)作为数据源,获取江苏近35年的城乡建设用地变化数据,在空间分析和景观分析等方法支持下,分析城乡空间形态的演变特征,揭示城乡空间融合的过程和动力机制,并归纳不同类型的城乡空间融合模式,有利于丰富与完善城乡聚落理论,为江苏新型城镇化发展提供理论支撑和决策参考。

第一节 城乡空间形态的研究进展

城镇和乡村是命运共同体,聚落镶嵌、交通关联、功能互补形成网络空间结构。城乡融合发展不仅包括经济融合、社会融合、环境融合,还包括空间融合(优化)、制度融合(创新),是城乡发展走向均衡的动态过程。城乡空间融合是城乡融合发展的重要方面,是城乡空间结构优化的抽象表达。城镇和乡村系统在生产结构和发展规律等方面存在较大差异,且一直存在"重城镇、轻乡村"的不平等关系。但两者同为人类的聚居单元[1],它们是一个相互联系、互为条件、统一的整体。自霍华德提出城市和乡村必须结合[2],到芒福德指出城与乡不能截然分开,应当有机结合在一起[3],城乡联系的理论相继被提出,包括城乡融合理论[4]、区域网络模型理论[5]、城乡连续体理论[6]和城乡动力学理论[7]等。乡村与城镇同等重要,城乡均衡成为城乡空间研究的主流观点。城乡融合是一种城乡关系,指以一体化的交通体系和基础设施体系为支撑，城乡之间相互依赖、密切合作、合理布局的发展关系。融合并不是要消除城乡差别，而是在保留城镇和乡村两种人类聚集形态的前提下，使城镇与乡村相互渗透，组成关系密切、功能互补、利益共享的复合系统。这一系统是在保持城镇和乡村特色的前提下，不同自然要素、经济要素和空间要素的优化组合。

景观形态是研究人类活动的空间分布、演变模式的重要途径。城乡空间形态作为城乡发展状态的指示器，是对城镇、乡村聚落集聚和分布形式的空间抽象和描述。城乡空间形态的演进是对城镇空间扩展、乡村地域变化的直观体现，是城乡作用关联、发展差异的空间反映，是对极化效应和扩散效应的空间响应。国内外对于城乡空间形态的研究，主要从以下两个方面开展，一是基于多指标评价的分析方法，从经济发展、社会发展、公共服务、人民生活质量等角度来综合衡量一个地区的城乡融合程度和空间格局。[8-10]二是基于土地利用变化识别城乡空间形态特征，一般采用遥感数据解译方法获取研究区不同时期的土地利用现状图，然后基于景观格局指数，分析研究区域的城乡土地利用变化格局及增长结构等[11-21]，进而提出影响城乡融合的动力因素。不同学派的学者对城乡融合的演进动力具有不同的观点，社会学派认为市场是城乡土地利用变化的驱动力；政治经济学派则认为权力行为是影响城乡土地利用演变的主要因素。[22-28]目前，对于城乡空间形态的研究，研究对象多集中于城市建成区内部用地或农村居民点用地，而对省域范围不同发展阶段地区的城乡空间融合的形态演变特征的对比研究不多。

本章选择江苏作为研究区域进行城乡空间融合的形态演进研究，在对城乡空间形态时序数量、格局特征进行分析的基础上，侧重对城乡空间融合的形态过程揭示、演进模式归纳，进而探讨城乡空间融合的演进机制。

第二节　数据来源与研究方法

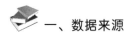
一、数据来源

建设用地数据能够直接体现城乡融合发展的空间状态、特征、动态变化及分布特点。为保持建设用地时序变化特征研究的连续性，本研究选取5个时间点的城乡建设用地信息，这些信息主要是从1980—2015年江苏土地利用数据中分类提取获得的（图8-1）。依据我国《城市用地分类与规划建设用地标准》，把城乡建设用地界定为市（县）域范围内除独立建设用地以外的建设用地，包括城镇建设用地和农村建设用地。城镇建设用地包括城市、镇、乡用于生活居住的各类房屋用地及其附属设施用地。农村建设用地是指农村用于生活居住的宅基地及其附属设施用地（农村居民点）。土地利用矢量数据资料来源于：国家地球系统科学数据共享平台——长江三角洲科学数据中心。

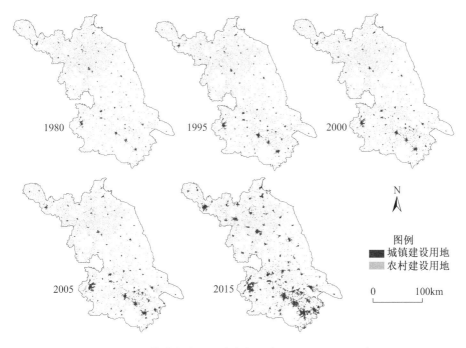

图8-1 江苏城乡建设用地变化示意图（1980—2015年）

二、研究方法

主要采用建设用地变化速率、分维度、核密度、蔓延度、内聚力指数等研究方法，其中建设用地变化速率、分维度、核密度分别用来揭示江苏城镇、农村建设用地时空演变特征；蔓延度、内聚力指数用来刻画城镇与农村建设用地间相互融合程度和过程。

（一）建设用地变化速率

指某空间单元内建设用地面积变化量与基期面积的比值，是某研究时段内建设用地年均变化的强度表征。

式 8－1
$$V = \left| \frac{U_b - U_a}{U_a} \times \frac{1}{\Delta t} \right| \times 100\%$$

式中，V 为建设用地变化速率；U_a 为研究初期建设用地面积；U_b 为研究末期建设用地面积；Δt 为研究时段。

（二）分维度

描述城市边界形状的复杂性，反映土地利用形状的变化及土地利用受干扰的程度的指标。

式 8－2
$$\mathrm{PAFRAC} = \frac{2 / \left[n_i \sum_{j=1}^{n} (\ln p_{ij} \cdot \ln a_{ij}) \right] - \sum_{j=1}^{n} \ln p_{ij} \sum_{j=1}^{n} \ln a_{ij}}{n_i \sum_{j=1}^{n} \ln p_{ij}^2 - \left(\sum_{j=1}^{n} \ln p_{ij} \right)^2}$$

式中，a_{ij} 为斑块 ij 的面积；p_{ij} 为斑块 ij 的周长；n_i 为区域内斑块类型 i 包含的斑块数量。

（三）核密度

用于计算要素在其周围邻域中的密度。

式 8－3
$$f(x, y) = \frac{1}{nh^2} \sum_{i=1}^{n} k\left(\frac{d_i}{n} \right)$$

式中，$f(x, y)$ 为位于 (x, y) 位置的密度估计；n 为观测数值；h 为带宽或平滑参数；k 为核函数；d_i 为 (x, y) 位置距第 i 个观测位置的距离。

（四）蔓延度

描述区域中不同斑块类型的非随机性或聚集程度，它明确考虑斑块类型之间的相邻关系，能够反映景观分组间的离散或黏合的空间配置关系特征。

式 8－4
$$\mathrm{CONTAG} = \left(1 + \sum_{i=1}^{n} \sum_{j=1}^{n} \frac{P_{ij} \ln P_{ij}}{2 \ln n} \right) \times 100$$

式中，P_{ij} 是斑块类型 i 于 j 相邻的概率；n 是景观中斑块类型总数。

（五）内聚力指数

衡量相应斑块类型的自然状态连通度。

式 8－5

第八章 江苏城乡空间融合发展的过程

$$\text{COHESION} = \left(1 - \frac{\sum_{i=1}^{m}\sum_{j=1}^{n} p_{ij}}{\sum_{i=1}^{m}\sum_{j=1}^{n} p_{ij}\sqrt{a_{ij}}}\right)\left(1 - \frac{1}{\sqrt{A}}\right)^{-1} \times 100$$

式中，p_{ij} 为斑块 ij 以栅格表面数为单位的周长；a_{ij} 为它以栅格数目为单位的面积；A 为区域中的栅格总数。

第三节 城镇空间形态变化

 一、呈先平缓后急剧增长的趋势

1980—2015 年间，江苏城镇建设用地不同空间尺度的变化曲线均呈现明显的"先缓后陡"形态（表 8-1）。近 35 年来，江苏城镇建设用地面积持续扩张，1980—2005 年城镇建设用地扩展比较平缓；进入 2005 年以后，变化量和年均变化率大幅提高，呈现由南部向北部逐渐稀疏的形态，其中苏锡常都市圈城镇建设用地的扩展最为密集。在研究时段内 13 市的城镇建设用地面积都有了不同程度的增加，面积增加最多的是苏州市，随后依次是无锡市、南京市和徐州市，面积增加最少的是连云港市。连云港市增加的面积仅是苏州市增加面积的六分之一。变化速率方面，1980 年以来，苏州市的城镇建设用地的变动速率一直处在前列，2005 年以后，淮安市、泰州市的城镇扩展速率排在前两位。

表 8-1 1980—2015 年江苏城镇建设用地变化分市统计表

省、市	1980—1995 年		1995—2000 年		2000—2005 年		2005—2015 年	
	变化量/ km²	变化率/ %	变化量/ km²	变化率/ %	变化量/ km²	变化率/ %	变化量/ km²	变化率/ %
江苏省	663.088 0	2.23	188.312 7	1.42	307.960 3	2.17	4 472.672 2	28.47
南京市	82.642 5	2.38	35.535 1	2.26	104.896 1	6.00	375.456 3	16.52
南通市	43.378 5	2.37	6.518 0	0.79	−3.910 1	0.46	295.526 9	35.23
宿迁市	9.665 4	0.39	5.787 5	0.66	2.268 1	0.25	276.647 9	30.25
常州市	127.663 2	6.96	−18.055 1	1.44	20.895 5	1.80	246.048 5	19.47
徐州市	21.154 9	0.52	18.676 1	1.28	10.108 5	0.65	430.086 5	27.70
扬州市	24.409 1	1.44	−0.086 6	0.01	15.667 9	2.28	248.259 7	32.42

续表

省、市	1980—1995 年		1995—2000 年		2000—2005 年		2005—2015 年	
	变化量/km²	变化率/%	变化量/km²	变化率/%	变化量/km²	变化率/%	变化量/km²	变化率/%
无锡市	119.255 7	4.79	22.959 8	1.61	55.243 0	3.59	425.273 6	23.41
泰州市	9.759 3	0.80	18.933 4	4.14	10.900 0	1.98	238.250 7	39.31
淮安市	5.151 2	0.27	−0.571 5	0.09	−5.020 1	0.77	265.665 5	42.50
盐城市	5.308 7	0.27	6.251 8	0.92	11.784 3	1.66	275.054 5	35.81
苏州市	159.624 4	4.93	77.902 9	4.15	96.465 2	4.25	1 013.535 4	36.85
连云港市	6.093 8	0.26	0.713 4	0.09	−6.098 7	0.74	223.536 3	28.30

二、外部扩展与边缘间的填充交替进行

从1980—2015年江苏的城镇建设用地的分维度值（表8-2）变化来看，江苏的城镇建设用地持续增长，分维度值增大，说明城镇空间以外部扩展为主；分维度值减小，说明城镇建设面积的增加是以斑块边缘间的填充为主。城镇建设用地分维度值增大的城市有南通市、宿迁市、泰州市，主要表现为向外围扩展，其余10个城市的分维度值都有不同程度的减小，说明这些城市的扩张以斑块内部结构的调整为主；城镇建设用地空间形态相对简单的是常州市和南京市，空间形态相对较复杂的是宿迁市和淮安市。

表8-2　1980—2015年江苏城镇建设用地的分维度值

城市	1980 年	1995 年	2000 年	2005 年	2015 年
南京市	1.435 3	1.429 2	1.392 9	1.385 6	1.349 2
南通市	1.367 4	1.389 5	1.342	1.336 9	1.398 8
宿迁市	1.436 9	1.618 3	1.538 4	1.545 1	1.472 3
苏州市	1.462 9	1.496 7	1.346 9	1.435 1	1.366 8
泰州市	1.335	1.274	1.300 9	1.288 8	1.392 3
无锡市	1.403 7	1.407 3	1.414 9	1.414	1.376 1
徐州市	1.372 5	1.445 3	1.347 9	1.352	1.351 4
盐城市	1.397	1.389 7	1.377 9	1.353 8	1.352 7
扬州市	1.435 2	1.482 3	1.466 1	1.391 9	1.383 1
镇江市	1.409 3	1.391 4	1.330 9	1.329 9	1.382 1

续表

城市	1980年	1995年	2000年	2005年	2015年
常州市	1.417 9	1.425 2	1.413 2	1.400 7	1.348 6
连云港市	1.462 2	1.703	1.701 6	1.682 1	1.398 9
淮安市	1.457 2	1.486 9	1.480 9	1.460 1	1.421 5

第四节 农村地域演变特征

一、呈缓慢增长态势

1980—2015年，江苏农村建设用地缓慢增长（表8-3）。省域层面，2015年江苏农村建设用地比1980年增长约2 000km²，扩展了1.22倍。市域层面，在研究时段内13市的农村建设用地都有小幅增加，面积增加最多的是苏州市，面积增加最少的是连云港市。1980—1995年、2000—2005年各市农村建设用地全部增加，但在1995—2000年、2005—2015年分别有5个城市的农村建设用地减少。相对应城镇建设用地的剧烈变化，农村建设用地变化趋于平稳。长江以南的农村建设用地的扩展规模远远大于长江以北地区的农村。在这35年间农村建设用地减少，主要是由于城镇的扩张和吞并，以及新农村建设、建设集中居住小区，优化了农村用地结构，提高了农村用地效率，减少的农村建设用地大都出现在城镇建设用地的周边区域，多数转变为城镇建设用地。

表8-3 1980—2015年江苏农村建设用地变化分市统计表

省、市	1980—1995年		1995—2000年		2000—2005年		2005—2015年	
	变化量/km²	变化率/%	变化量/km²	变化率/%	变化量/km²	变化率/%	变化量/km²	变化率/%
江苏	1 335.654 8	0.99	64.544 2	0.12	568.402 6	1.09	31.226 2	0.06
南京市	15.090 3	0.18	76.174 7	2.58	51.065 6	1.53	−59.076 9	1.65
南通市	91.381 3	2.75	12.225 6	0.78	58.193 0	3.58	23.349 9	1.22
宿迁市	81.844 0	0.38	−10.277 6	0.13	3.904 9	0.05	19.068 9	0.25
常州市	79.510 7	2.44	56.885 5	3.84	59.845 1	3.39	−2.829 4	0.14
徐州市	67.579 6	0.28	82.555 5	0.97	54.239 3	0.64	−11.634 5	0.13

续表

省、市	1980—1995年		1995—2000年		2000—2005年		2005—2015年	
	变化量/km²	变化率/%	变化量/km²	变化率/%	变化量/km²	变化率/%	变化量/km²	变化率/%
扬州市	154.572 7	2.08	−58.187 6	1.79	14.136 1	0.48	26.252 4	0.87
无锡市	58.800 9	1.70	80.613 4	5.58	93.096 7	5.04	−54.058 0	2.34
泰州市	178.838 1	3.12	17.713 9	0.63	33.042 6	1.14	7.769 7	0.25
淮安市	139.029 6	0.63	−108.281 0	1.34	4.263 5	0.06	39.251 8	0.52
盐城市	216.141 0	1.61	−194.091 9	3.50	10.518 3	0.23	132.949 6	2.87
苏州市	111.633 3	2.27	92.999 7	4.23	202.104 3	7.59	−108.011	2.94
连云港市	47.086 8	0.35	−21.681 6	0.46	21.169 6	0.46	16.595 6	0.35

二、沿淮河地区密集分布

用核密度来揭示农村建设用地的空间分布格局（图8-2），江苏农村建设用地的密度分布具有较大的地域差异性。具有以下特征：江苏北部沿淮河地区农村建设用地分布较为密集，从沿淮河地区向北、向南依次呈阶梯状稀疏化分布；沿江地区逐渐形成农村建设用地的次级密集区，苏南地区农村建设用地密度不断增大，逐步形成散点分布的高密度区域。

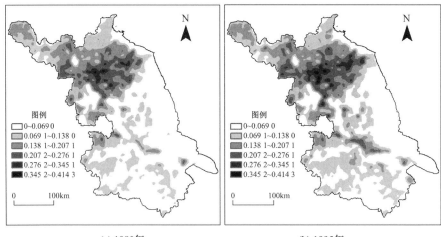

(a) 1980年　　　　　　　　　(b) 1995年

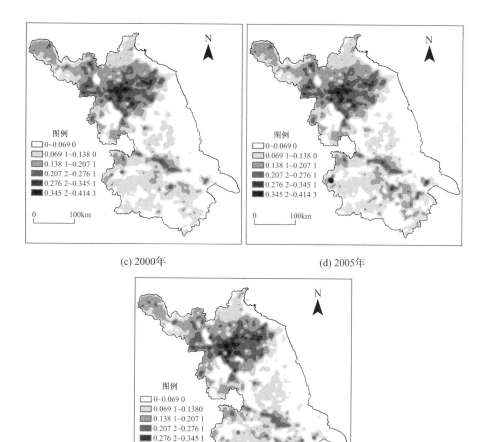

图8-2 江苏农村建设用地分布密度示意图(1980—2015年)

第五节 城乡空间黏合过程

 一、由离散扩展转向黏合扩展

在城乡建设用地快速扩展的过程中,首先是建设用地斑块间的离散扩展,当这种离散的增长到达一定程度后,用地斑块出现两个或两个以上的黏合现象。南京市、无锡市、苏州市3市在1980—2005年CONTAG值不断下降,但自 2005 年后 CONTAG 值上升,城镇、农村建设用地斑块开始过渡为黏合扩展(表 8-4)。其他 10 市 35 年来 CONTAG 值总体上变小,仍在不断地离散扩展,其中阶段性地出现融合扩散。1980 年,CONTAG 值最小的是无锡市,当时无锡市的城镇建设用地与农村建设用地相互分离的空间格局特征显著。2015 年,CONTAG 值最小的是常州市,此时常州市的城镇建设用地与农村建设用地相互分离的空间格局特征显著。1980—2015 年,CONTAG 值最大的一直都是淮安市,表明在农村建设用地缓慢发展时期,和城镇建设用地表现出相对黏合扩展关系。

表 8-4　1980—2015 年江苏城乡建设用地的 CONTAG 值

城市	1980 年	1995 年	2000 年	2005 年	2015 年
南京市	56.599 6	53.182 3	52.426 3	49.196 6	49.701 7
南通市	53.067 9	53.448 2	53.132 2	54.465 1	49.680 9
宿迁市	76.089 1	76.064 5	75.334 6	75.208 5	60.764 5
常州市	52.854 7	50.202 6	50.783 3	50.011 7	48.723 7
徐州市	70.438 8	69.894 7	69.439 5	69.436 7	55.727 3
扬州市	65.319 8	66.583 1	64.950 3	63.197 9	50.968 4
无锡市	50.899 8	49.899 9	49.601 2	47.654 9	51.958 8
泰州市	66.454 3	70.789 5	67.945	66.822 8	51.851 5
淮安市	80.015 7	80.648 8	79.778 9	80.126 9	63.440 7
盐城市	72.498 5	75.168 6	71.231 2	69.563 5	55.888 6
苏州市	51.459 0	50.182 7	48.647 4	47.441 3	54.975 7
连云港市	69.557 9	69.772 6	69.288 7	69.954 2	56.649 8
镇江市	58.965 5	56.898 2	55.795	55.355 1	49.259 0

二、城乡连通程度逐步提高

江苏的城乡建设用地内聚力指数在 5 个时间截面上呈现不断增长的趋势,稳定在 90 以上的高值区间,具有较好的连接性和稳定性(表 8-5)。35 年来,其中提高最多的是无锡市,其次是镇江市和常州市,说明城镇与农村之间的连通性改善最快。苏南地区城乡建设用地的内聚力指数普遍较高，几乎连绵分布，其中最高的是苏州市，而苏北、苏中地区城乡建设用地斑块的内聚力指数自西向东变化较大，苏北的徐州市、宿迁市的城乡建设用地斑块的连接程度高，但是在淮安市、盐城市、连云港市地区相对分散；苏中地区则呈现和南通市地区连续性强，泰州市、扬州市和镇江市地区连接性差的分布特征。

表8-5　1980—2015年江苏城乡建设用地的内聚力指数

城市	1980年	1995年	2000年	2005年	2015年
南京市	93.978 3	94.745 5	95.554 0	97.032 4	97.513 5
南通市	94.590 6	93.893 9	94.840 2	95.416 9	97.910 2
宿迁市	94.020 5	94.231 4	94.270 2	94.273 3	96.127 1
苏州市	93.997 0	94.878 8	95.541 1	97.259 9	98.880 0
泰州市	91.912 2	92.183 1	92.564 1	93.143 5	96.296 2
无锡市	92.901 5	95.478 2	95.266 3	96.497 1	98.507 0
徐州市	93.272 8	93.503 9	93.666 4	93.668 5	96.128 0
盐城市	91.737 4	91.319 1	91.854 5	92.130 2	94.993 0
扬州市	91.672 8	92.101 5	92.364 8	92.400 8	95.064 7
镇江市	91.211 1	92.721 8	93.138 8	94.157 1	96.269 2
常州市	93.168 4	95.114 7	95.213 7	96.199 4	98.084 2
连云港市	93.875 9	93.965 8	93.999 3	94.047 7	95.901 7
淮安市	92.588 5	92.812 4	92.724 3	92.809 7	94.868 9

第六节　城乡空间融合的演进机制

一、城乡空间融合的驱动因素

城乡空间的融合本质是城镇化、工业化、信息化和市场化共同作用的过程，受诸多因素影响，综合已有研究成果，结合江苏城乡发展实际，本研究将驱动江苏城乡空间融合的主要因素归纳为社会经济发展水平提高、乡镇企业发达、交通基础设施完善、新城新区建设4个方面。为了定量揭示以上4个因素与城乡空间融合的相关性，选取地区生产总值（经济发展水平）、规模以上企业个数（乡镇企业）、路网密度（交通基础设施）和建成区面积（新城新区建设）等指标与城乡空间融合程度的CONTAG值和

COHESION 值进行相关分析,发现以上 4 个因素指标与城乡空间扩展程度的相关系数都在 0.8 以上,相关系数为负值,表示呈较强负相关关系,与城乡空间连通程度呈较强的正相关关系,相关系数都在 0.9 以上。进而说明社会经济发展水平提高、乡镇企业发达、交通基础设施完善、新城新区建设是城乡空间融合的主要影响因素。

(一) 社会经济发展水平的快速提高

江苏社会经济高速发展是城乡融合的根本动力,社会生产力不断提高推动着城乡空间的演变。城镇的产生到发展,从初步城市化、郊区化到逆城市化,再到再城市化,都是与特定的社会经济发展水平密切联系的。改革开放以来,江苏经济持续快速发展,城市综合实力不断增强,城镇化水平持续提高。在多年乡村支持城市大力发展之后,现在城市有能力反哺农村发展。工业化和城镇化的共同作用,一方面使中心城市面积迅速膨胀,不断向四周扩展;另一方面使乡村土地迅速从以农业用地为主转为以非农业用地为主,大片农地被各类建筑所充填。随着土地和人口的快速城镇化,城乡之间的联系日益密切。

(二) 乡镇企业的高速发展

市场化是推动乡镇企业发展的重要推力。苏南地区乡镇政府出面组织土地、资本和劳动力等生产资料,出资办企业。这种组织方式将企业家和社会闲散资本结合起来,实现了苏南乡镇企业在全国的领先发展。苏南地区通过发展乡镇企业,使乡镇与城市经济辐射密切相关。一是苏南乡镇企业为配套城市经济建设,与城市形成各种形式的企业群体和企业集团,与科研机构和高校形成"产学研"联合体,依托城市,依托大企业和科研单位实现城乡经济一体化。二是苏南乡镇企业立足农村,企业的原始积累来自农业,其所有者和职工大多是农村村民,并且大多是兼业农民,企业也建在农村,从而形成苏南乡镇企业在农村经济中产生,反过来又繁荣农村经济的良性互动局面。

(三) 交通基础设施的不断完善

便利的交通是城镇与乡村紧密联系的基础条件。省域范围内的快速交通情况对城市间的联系至关重要,便捷的交通对城市的发展具有重要的支撑作用。目前,江苏境内有南京市、徐州市两大铁路枢纽,京沪、陇海铁路在徐州市交汇。而公路和公共交通是联通城镇与乡村的纽带,江苏以南京市为中心的高速公路呈放射状分布,其公路密度和长度都排在全国前列,省内多数城市公交站点覆盖率和运营线网密度高于全国水平。交通设施的改善,大大缩短了城镇与周边乡村之间的时空距离，为城乡融合发展奠定了基础。

（四）开发区和新城区的快速建设

工业企业的外迁，在开发区和工业园区集聚，开发区内产业逐渐壮大、土地迅速扩展，必然带动城市的扩张和人口集聚，从而使城市空间形态发生变化，城市的建设重心逐步由老城区向开发区转移。建设新城区是江苏城市拓展的主要体现。对于区域中心城市，随着城市新区成为重大项目的集聚地和区域经济发展的新增长极，城市建设采取多中心空间战略来缓解单中心蔓延产生的问题。对于其他地级市和中小城市而言，新城新区成为推进城市扩容、吸引项目、拉动投资的重要载体。开发区和新城区的建设必然带来大量乡村土地的非农转化，必然带动周边乡村的发展。

二、城乡空间融合的地域模式

江苏的三大区域，处在不同的经济发展水平和城镇化阶段，对城乡空间融合的形态和驱动因素进行分析，可以归纳出城乡空间融合的三种地域类型：枢纽链接模式、集聚吞并模式、融合扩展模式。

（一）枢纽链接模式

通过城市的交通枢纽地位，使城市经济得以快速发展，进而带动城市周边乡村的发展。由于枢纽型城市的交通设施比较发达，为城市与周边乡村的相互作用提供了便捷的通道，使各种物流、人流、信息流等能够快速地在城市与周边区域自由流动，进而使城市与周边区域相互作用领域拓宽。枢纽型城市不仅关系到周边区域各经济体的交流，更重要的是利用其枢纽功能实现与广大乡村腹地之间的物质和能量互换，带来区域发展所必须的物质、信息、资金和人才等。这种模式主要处在江苏的北部地区，以徐州市为典型代表。

（二）集聚吞并模式

集聚吞并指的是在城市的集聚效应主导作用下，周围乡村地区变为城市的过程。城市首位度高，具有要素、产业与职能的空间聚集优势。随着聚集与扩散效应不断增强，中心城市通过人口、产业及职能的空间扩散，不断疏解中心城市密度，周围腹地乡村接受来自中心城市的辐射而不断发展。城市与乡村的相互作用不断加强，形成了城乡融合的格局，这时中心城市出现典型的郊区化现象。这种模式主要处在江苏的中部地区，以省会城市南京市为典型代表。

(三) 融合扩展模式

在快速发展的基础上，乡村地区通过完善的交通设施，主动成为城市系统的有机组成部分，主要表现为两种形式：一是由于城市的不断发展，其发展空间受到很大限制，并引发了污染加剧、交通堵塞、地价上涨等一系列问题。于是，许多城市在远郊兴建工业园区、开发区和建设新城区，以此实现农村到城市的转变。二是经济发展较好的乡镇（村），在生活水平、公共服务和基础设施不断提高和优化的基础上，与城市的联系不断强化，积极与城市链接融合。苏南地区乡镇企业发达，县域经济雄厚，城乡差距较小，是典型的乡镇主动融合城市的模式。代表城市是苏州市、无锡市和常州市。

本章小结

本章就城乡空间融合是城镇与乡村发展关系的空间反映这一主题展开论述。首先，基于空间分析方法，分析江苏域范围内城镇和农村建设用地的面积、变化速率及格局变化特征；其次，基于景观分析方法，把城镇和乡村作为一个有机的整体系统，综合分析不同发展水平和发展阶段地区的城乡空间融合的形态演变过程和程度，并进行对比分析；最后，运用相关分析方法，探寻江苏城乡空间融合的主要驱动因素和动力机制，以及归纳不同类型的城乡空间融合模式。具体结论如下：

江苏城镇空间不断扩展，特别是2015—2020年来高速扩展，开始以外部扩展为主，然后进入斑块边缘间的填充扩展的循环过程，苏锡常都市圈城镇用地的扩展最为密集。上述变化发生的主要原因是随着城镇化的不断推进，城镇规模持续扩大，包括大规模的新城（区）建设、各级开发区、高新区的打造及撤县建区的实施。而农村地域空间小幅增加，长江以南的农村建设用地的扩展规模远远大于长江以北地区的农村。这主要是由于苏南地区乡镇企业发达，县域经济雄厚，集聚了大量人口，进而农村的生活条件、公共服务和基础设施不断完善而形成的。江苏城乡空间融合开始由离散扩展逐步向黏合扩展过渡，城乡连通程度逐步提高，有较好的连接性和稳定性。社会经济发展水平的快速提高、乡镇企业的高速发展、交通基础设施的不断完善、开发区和新城区的快速建设是江苏城乡融合发展的主要动力。对于处在不同经济发展水平和城镇化阶段的地区，其城乡空间融合的驱动因素不同，形成了交通区位优势驱动的枢纽链接模式、城镇化驱动的集聚吞并模式，以及乡镇经济驱动的融合扩展模式。

参考文献

[1] 金其铭. 聚落地理 [M]. 南京：南京师范大学出版社，1984：6-10.

[2] 霍华德. 明日的田园城市 [M]. 金经元，译. 北京：商务印书馆，2000：7-9.

[3] 康少邦，张宁. 城市社会学 [M]. 杭州：浙江人民出版社，1985：216.

[4] Mcgee T G. The emergence of desakota regions in Asia: expanding a hypothesis [J]. The Extended Metropolis: Settlement transition in Asia, 1991: 3-25.

[5] Douglass M. A regional network strategy for reciprocal rural-urban linkages: an agenda for policy research with reference to Indonesia [J]. Third World Planning Review, 1998, 20 (1): 1-33.

[6] Tacoli C. Rural-urban interactions: a guide to the literature [J]. Environment and Urbanisation, 1998, 10 (1): 147-166.

[7] Lynch K. Rural-urban interaction in the developing world [M]. Routledge Perspective on Development, 2005: 13-16.

[8] 修春亮，许大明，祝翔凌. 东北地区城乡一体化进程评估 [J]. 地理科学，2004，24 (3)：320-325.

[9] 曾磊，雷军，鲁奇. 我国城乡关联度评价指标体系构建及区域比较分析 [J]. 地理研究，2002，21 (6)：763-771.

[10] 漆莉莉. 中部地区城乡融合度的综合评价与分析 [J]. 江西财经大学学报，2007，52 (4)：10-13.

[11] Guo L, Chehata N, Mallet C, et al. Relevance of airborne lidar and multispectral image data for urban scene classification using Random Forests [J]. ISPRS Journal of Photogrammetry & Remote Sensing, 2011, 66 (1): 56-66.

[12] Durieux L, Lagabrielle E, Nelson A. A method for monitoring building construction in urban sprawl areas using object-based analysis of Spot 5 images and existing GIS data [J]. ISPRS Journal of Photogrammetry & Remote Sensing, 2008, 63 (4): 399-408.

[13] Herold M, Goldstein N C, Clarke K C. The spatiotemporal

form of urban growth:measurement, analysis and modeling [J]. Remote Sensing of Environment,2003,85(3):286-302.

[14] 李加林,许继琴,李伟芳,等. 长江三角洲地区城市用地增长的时空特征分析 [J]. 地理学报,2007,62(4):437-447.

[15] 雷军,张雪艳,吴世新,等. 新疆城乡建设用地动态变化的时空特征分析 [J]. 地理科学,2005,25(2):161-166.

[16] 李加林,朱晓华,张殿发. 群组型港口城市用地时空扩展特征及外部形态演变:以宁波为例 [J]. 地理研究,2008,27(2):275-284.

[17] 关兴良,方创琳,周敏,等. 武汉城市群城镇用地空间扩展时空特征分析 [J]. 自然资源学报,2012,27(9):1447-1459.

[18] 冯健. 杭州城市形态和土地利用结构的时空演化 [J]. 地理学报,2003,58(3):343-353.

[19] 马荣华,顾朝林,蒲英霞,等. 苏南沿江城镇扩展的空间模式及其测度 [J]. 地理学报,2007,62(10):1011-1022.

[20] 马晓冬,李全林,沈一. 江苏省乡村聚落的形态分异及地域类型 [J]. 地理学报,2012,67(4):516-525.

[21] 刘纪远,匡文慧,张增祥,等. 20世纪80年代末以来中国土地利用变化的基本特征与空间格局 [J]. 地理学报,2014,69(1):3-14.

[22] Labbé D, Musil C. Periurban land redevelopment in Vietnam under market socialism [J]. Urban Studies,2013,51(6):1146-1161.

[23] Bryant C R. The role of local actors in transforming the urban fringe [J]. Journal of Rural Studies,1995,11(3):255-267.

[24] Simmonds D, Coombe D. Transport effects of urban land-use change [J]. Traffic Engineering & Control,1997,38(12):660-665.

[25] Bittne C, Sofer M. Land use changes in the rural-urban fringe:an Israeli case study [J]. Land Use Policy,2013,33(4):11-19.

[26] 罗媞,刘耀林,孔雪松. 武汉市城乡建设用地时空演变及驱动机制研究:基于城乡统筹视角 [J]. 长江流域资源与环境,2014,23(4):461-467.

[27] 蔡芳芳,濮励杰. 南通市城乡建设用地演变时空特征与形成机理 [J]. 资源科学,2014,36(4):731-740.

[28] 姚士谋,陈爽,吴建楠,等. 中国大城市用地空间扩展若干规律的探索:以苏州市为例 [J]. 地理科学,2009,29(1):15-21.

第九章
江苏城乡空间开发的适宜性

何为资源环境承载能力和国土空间开发适宜性评价（简称"双评价"）？资源环境承载能力评价是对资源环境本底特征的综合评价，国土空间开发适宜性评价是对国土空间进行城镇建设、农业生产、生态保护适宜程度的评价；承载能力评价是适宜性评价的前提，适宜性评价是承载能力评价的延伸。随着中国城镇化步伐的不断加快，建设空间不断扩大，其内部结构布局不合理、集约利用水平低、生态环境恶化等问题普遍存在，区域可持续发展面临挑战。合理配置建设空间，达到较高的空间资源配置效率，是促进经济社会与生态环境相协调的关键。空间开发适宜性研究，强调通过自然、生态、经济、社会等多方面要素区域差异的综合分析，划分不同等级的空间开发适宜类型，是合理、高效地利用土地资源的基础。[1-5]研究根据开发适宜性与土地利用效率的空间协调关系，判断江苏县级单元的空间开发合理性状态；基于经济社会发展、交通可达和生态约束3方面因素评价江苏空间开发适宜性，运用数据包络模型测度江苏土地利用效率。本章以江苏为研究对象，在评价快速城镇化地区空间开发适宜性，测度其土地利用效率的基础上，通过将开发适宜性与土地利用效率格局进行对比分析，判断快速城镇化地区空间开发的合理程度，探讨各单元是否存在空间开发效率与其供给能力及保护要求不相匹配、空间开发过度或不足等问题，以期为江苏空间管治与协调发展提供科学依据。

第一节 城乡空间开发评价研究进展

适宜性评价最早由美国宾夕法尼亚大学 McHarg 提出，基于 GIS 技术的多因子叠加方法逐步成为国外该领域研究的主流。[6-9]随后，GIS 技术与多指标决策方法、模糊逻辑技术、神经网络方法、遗传算法、元胞自动机方法相结合[10-20]，提高了评价方法的精确性和动态性。国内研究更关注应用层面，主要从经济社会发展水平和生态环境约束两个方面进行开发适宜性评价。[21-29]发展水平方面的开发适宜性评价，一般围绕经济实力、公共服务设施、人民生活水平、综合交通条件等指标展开。生态约束方面，主要从地形、地貌、土地类型、水文气象、区位条件，以及反映环境容量和灾害性等方面来进行评价。影响因子的复杂多样和技术革新的支持促使空间适宜性评价走向定量化和多元化。适宜建设土地是刚性供给资源，目前在我国特别是经济发达的长江三角洲地区，高适宜开发空间开发强度都很高，为满足区域社会经济的可持续发展，提高土地利用效率是必由之路。利用数据包络分析（DEA）和随机生产函数等方法[30-32]来计量土地利用效率，避免了投入产出关系的具体表达和各指标权重确定所带来的主观性，直接处理多指标投入产出模型，能够得到清晰的投入产出相对效率评价。目前，开发适宜性与土地利用的协调关系分析，主要是通过探讨空间开发适宜性与建设用地配置规模的均衡程度[33-34]、空间开发适宜性与空间开发强度的匹配关系[35]，以及空间开发适宜性与空间开发潜力的对应关系[29]来进行研究的。现有研究较少考虑区域现有的资源环境和经济社会发展条件（适宜性）与土地利用效率格局是否协调，通过开发适宜性与土地利用效率的协调关系揭示区域空间开发的合理性。

第二节　数据来源与研究方法

2014年年底，江苏的土地空间开发强度为21%，经济发达的苏南部分地区，开发强度已超"30%"的国际警戒线（数据来源：江苏环境保护厅），沿江地区生态环境持续恶化，特大城镇城市病问题突显，城镇化仍有"摊大饼"、无序开发现象，局部地区不顾生态本底条件和资源环境承载能力，盲目推进开发建设，导致可持续发展能力下降。其空间开发模式亟须向集约、紧凑用地模式转型升级，且江苏的空间开发模式转型对于我国空间开发格局的优化具有举足轻重的推动作用。

一、数据来源

一是统计数据。包括人均 GDP、第三产业增加值比重、人均财政收入、人均社会消费品零售额、人均外商直接投资额、人均社会固定资产投资额、每万人医生数、交通路网密度、城镇居民人均可支配收入、农民人均纯收入、年末总人口、固定资产投资总额、第二和第三产业的生产总值、社会消费品总额等经济社会数据，主要来源于 2015 年江苏统计年鉴和部分地级市统计年鉴。

二是矢量数据。主要包括江苏县级行政区划矢量界线、DEM 数据、土地利用数据、铁路、高速公路、国道与省道路网数据、港口与航道分布和自然灾害等数据，来源于国家地球系统科学数据共享平台——长江三角洲科学数据中心，除土地利用数据为 2013 年的以外，其他数据年份均为 2014 年。

二、研究方法与处理过程

（一）适宜性评价模型

江苏空间开发适宜性评价模型包括发展潜力分析和发展约束分析。[27] 区域的发展潜力主要体现在区域的社会经济发展基础和经济区位两个方面。因此，根据江苏发展实际，发展潜力值可由县市（区）综合实力与其交通可达性计算得到。区域发展具有多种约束条件，但生态环境约束是最主要的，包括植被、水域、地形、自然灾害、耕地、建设用地等生态敏感性因子，进行因子叠置计算可以得到区域的发展约束值。发展潜力和发展约束运用损益分析法，计算得到江苏空间开发适宜性。最后，使用 ArcGIS 软件的重分类工具，得到空间开发适宜性等级类型。

（1）综合实力（I_i）

从经济发展、基础设施、人民生活 3 个方面，更多地考虑"以人的发展为核心"的社会方面的指标，构建县市（区）综合实力评价指标体系（表 9-1），并采用层次分析法，通过建立递阶层次结构，构建两两判别矩阵，然后进行层次排序与一致性检验，得到每个指标类和指标的权重值。对指标值进行极差标准化处理，最后加权求和得到江苏 59 个县市（区）单元的综合实力。

表 9-1　县市（区）综合实力评价指标体系

指标分类	指标
经济发展	人均 GDP、第三产业增加值比重、地方一般预算收入、人均财政收入、人均社会消费品零售额、人均外商直接投资额、人均社会固定资产投资额
基础设施	每万人医生数 交通路网密度
人民生活	城镇居民人均可支配收入 农民人均纯收入

（2）可达性（A_i）

可达性是指利用某种交通系统从某地到达指定活动地点的便捷程度，计算公式为：

式 9-1
$$A_i = \frac{1}{N}\sum_{j=1}^{n} T_{ij}$$

式中，A_i 为 i 县市（区）的平均旅行时间，值越小表示县市（区）的可达性越优；T_{ij} 表示 i 县市（区）通过交通网络中时间最短的路径到达 j 县市（区）的最短旅行时间；n 为县市（区）数量，$N = n - 1$。

（3）发展潜力（P）

计算公式为：

式 9-2
$$P_i = \frac{I_i}{\ln(A_i^2)}$$

式中，P_i 为 i 县市（区）的发展潜力；I_i 为 i 县市（区）的社会经济综合实力；A_i 为 i 县市（区）的空间可达性水平。最后，将所有县市（区）的空间发展潜力数据，按照取最大值的方法进行栅格计算，得到研究区域空间发展潜力 P。

（4）约束力（C）

由植被、水域、地形、耕地、自然灾害、建设用地 6 项因子进行分级赋值，叠加计算得到。各因子分级赋值采用常用的 5 分法（表 9-2）。极高敏感性：生态环境约束因子将承受永久性、不可恢复的影响；高敏感性：生态环境约束因子 10 年以上才可恢复，恢复困难且代价很高；中敏感性：生态环境约束因子 4—10 年才可恢复，恢复比较困难且代价较高；低敏感性：生态环境约束因子 4 年以内可恢复，且恢复较容易实现；极低敏感性：生态环境约束因子基本不受影响。

表 9-2 生态因子的属性值

约束因子	分类	分级赋值	约束等级
植被	自然保护区、风景名胜区	9	极高敏感性
	缓冲区 200m	7	高敏感性
	林地（$NDVI \geqslant 0.49$）	9	极高敏感性
	林地（$0.44 \leqslant NDVI < 0.49$）	7	高敏感性
	林地（$NDVI < 0.44$）	5	中敏感性
水域	大中型水库	9	极高敏感性
	缓冲区 300m	7	高敏感性
	主要河流水系	9	极高敏感性
	缓冲区 100m	7	高敏感性
地形	>25%	9	极高敏感性
	15%～25%	7	高敏感性
	10%～15%	5	中敏感性
	5%～10%	3	低敏感性
	0～5%	1	极低敏感性
自然灾害	矿产资源踩空区、塌陷区	7	高敏感性
	滑坡、泥石流易发区	7	高敏感性
耕地	—	5	中敏感性
建设用地	—	1	极低敏感性

（5）空间开发适宜性（S）

公式如下：

式 9-3
$$S = P - C$$

式中，P 为发展潜力值，C 为发展约束值。

（二）土地利用效率评价模型

DEA 模型根据多指标投入和多指标产出对相同类型的决策单元进行相对效益评价。在投入指标上选取各县级单元建设用地面积作为土地资源投入指标、选取年末总人口作为人力资源投入指标，选取固定资产投资总额作为资本投入指标。在产出指标上选取第二和第三产业的生产总值（反映开发的经济规模）、社会消费品总额（反映社会消费和生活水平）、园林绿地面积（反映环境建设状况和水平）作为 DEA 评价的产出项。模型假设有 n 个决策单元，每一个县市（区）都视为一个决策单元，每一个决策单元都有相应的效率评价指数 h_j（$h_j \leqslant 1$）

式 9-4
$$h_j = \frac{\sum_{r=1}^{s} u_r y_{rj}}{\sum_{i=1}^{m} v_i x_{ij}}$$

式中，x_{ij}（$x_{ij} > 0$）为第 j 个决策单元对第 i 种投入的总量；y_{rj}（$y_{rj} > 0$）为第 j 个决策单元对第 r 种产出的总量；v_i 为对第 i 种投入的权系数，u_r 为对第 r 种产出的权系数；$i = 1, 2, \cdots, m$；$r = 1, 2, \cdots, s$；$j = 1, 2, \cdots, n$。以第 j 个决策单元的效率指数为目标，以所有决策单元的效率指数为约束，该 CCR 模型为：

式 9-5
$$\begin{cases} \max h_j = \dfrac{\sum_{r=1}^{s} u_r y_{rj}}{\sum_{i=1}^{m} v_i x_{ij}} \\ \text{s.t.} \dfrac{\sum_{r=1}^{s} u_r y_{rj}}{\sum_{i=1}^{m} v_i x_{ij}} \leqslant 1 \\ u \geqslant 0,\ v \geqslant 0 \end{cases}$$

通过对 CCR 模型建立对偶模型得到：

式 9-6
$$\begin{cases} \min \theta \\ \text{s.t.} \sum_{j=1}^{n} x_j \lambda_j \leqslant \theta x_0 \\ \sum_{j=1}^{n} y_j \lambda_j \geqslant y_0 \\ \lambda_j \geqslant 0 \end{cases}$$

式中，x_j、y_j、θ 分别表示第 j 个县市（区）的收入、产出变量及相对效率值；$\min \theta$ 为目标函数；$s.t.$ 代表限制性条件；λ_j 为第 j 个县市（区）在某一指标上的权重变量；x_0 和 y_0 分别代表决策单元的原始投入和产出值。CCR 模型是在假设决策单元为固定规模收益的情况下得到的，计算得到的 θ 为决策单元的综合效率，包括技术效率和规模效率两部分。

第三节 适应性评价

一、开发潜力空间格局南北差异明显,长江的"切变"效应显著

1. 县市(区)综合实力

综合实力是指与区域内其他县市(区)在竞争某些相同资源时,所表现出来的竞争力的强弱程度。基于层次分析法计算得到江苏 59 个县市(区)的综合实力值(表 9-3),排在前 5 位的是昆山市、南京市区、苏州市区、无锡市区、江阴市,其中昆山市和江阴市,虽然它们经济总量落后于发达地级市的中心城区,但是在社会发展方面,特别是在人均指标方面,超过了大部分的县市(区),因此它们的综合实力排在了靠前的位置。总的来看,县市之间的发展差异,仍然是江苏南北发展不协调的主要体现。苏北绝大部分县市综合实力排名都较靠后,与苏南、苏中县市的发展水平存在较大差距。

表 9-3 江苏县市(区)综合实力

排名	县市(区)	综合实力	排名	县市(区)	综合实力	排名	县市(区)	综合实力
1	昆山市	71.01	15	宜兴市	42.68	29	淮安市区	29.88
2	南京市区	70.71	16	高淳区	42.44	30	连云港市区	29.41
3	苏州市区	68.70	17	泰州市区	41.99	31	如皋市	29.13
4	无锡市区	68.43	18	溧阳市	41.25	32	大丰市	28.54
5	江阴市	67.49	19	丹阳市	41.10	33	泰兴市	27.39
6	张家港市	65.41	20	徐州市区	40.43	34	东台市	25.49
7	常州市区	63.26	21	金坛市	39.89	35	如东县	25.16
8	常熟市	63.14	22	靖江市	39.10	36	金湖县	24.60
9	太仓市	61.56	23	海门市	38.81	37	洪泽县	23.87
10	镇江市区	56.64	24	海安县	34.60	38	建湖县	23.40
11	扬中市	53.62	25	启东市	33.29	39	新沂市	21.07
12	南通市区	50.88	26	仪征市	32.42	40	高邮市	20.45
13	溧水区	46.30	27	句容市	31.54	41	邳州市	19.80
14	扬州市区	44.43	28	盐城市区	31.04	42	盱眙县	19.31

续表

排名	县市（区）	综合实力	排名	县市（区）	综合实力	排名	县市（区）	综合实力
43	宿迁市区	19.25	49	沭阳县	14.40	55	泗洪县	11.76
44	兴化市	17.76	50	射阳县	14.21	56	睢宁县	11.74
45	宝应县	17.65	51	阜宁县	13.43	57	泗阳县	11.18
46	沛县	17.63	52	滨海县	13.43	58	丰县	10.35
47	涟水县	15.18	53	东海县	13.41	59	灌云县	9.49
48	响水县	14.72	54	灌南县	12.65			

2. 交通可达性

由式 9-1 计算得到江苏区域可达性的栅格结果（图 9-1）。可以看出，近年来，国家及江苏对基础设施建设的大力投入，推动了高铁、城际铁路、高速公路、航空等基础设施的快速发展，交通便捷程度得到极大提升。目前，江苏境内有南京市、徐州市两大铁路枢纽，高速公路则形成以南京市为中心的放射状分布，其公路密度和长度都排在全国前列，省内多数城市公交站点覆盖率和运营线网密度高于全国水平。然而，江苏内各区域的交通可达性存在差异，在空间上有明显的南高北低的特征。

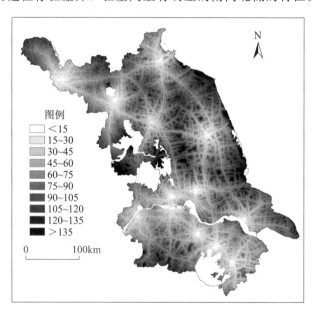

图 9-1 江苏区域可达性示意图

3. 发展潜力

由式 9-2 可计算得到 59 个县级单元的发展潜力，然后通过栅格计算得到省域范围区域发展潜力（图 9-2）。可以看出，江苏发展潜力空间格局集中度高，高值区主要分布在沿江地区，其发展优势突出，未来仍是区域发展的核心动力。苏北地区由于经济社会发展水平较低，区域交通可达性也较低，特别是长江作为江苏重要的自然地理界线，对地理事物的约束与阻挡作用显著，"切边"效应明显，形成了苏北地区发展潜力的全面落后。

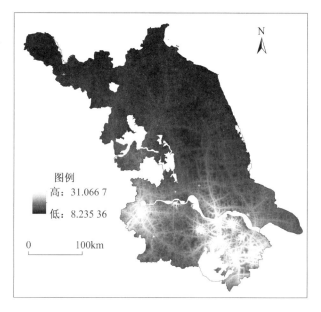

图 9-2 江苏区域发展潜力格局示意图

二、发展约束分布较为均衡，长江流域、太湖流域、东部沿海的生态约束较高

通过生态约束因子叠置计算得到江苏区域发展约束分布（图 9-3）。江苏跨江滨海，平原辽阔，水网密布，湖泊众多，具有良好的自然禀赋，但同时具有人口密度大、人均环境容量小、单位国土面积污染负荷高的现实情况。随着工业化、城镇化的加速推进，资源环境约束愈加明显。江苏的空间发展约束主要是由水域环境污染和地质灾害造成。长江江苏段生态系统遭到破坏，太湖流域的水体富营养化加剧，污染程度远超自身的水体

净化能力和环境承载容量。滑坡、崩塌灾害是江苏的主要地质灾害,主要分布在南京市区、镇江市区、连云港市区、宜兴、句容、邳州、金坛等低山丘陵地区。徐州市区为岩溶地面塌陷的易发区,南京市的江宁区和徐州市的贾汪区、铜山区、沛县等地是采空地面塌陷的易发区。国家级自然保护区3个、主要分布在苏北。因此,发展约束高值区主要分布在长江流域(江苏)、太湖流域、洪泽湖湿地;中敏感性区域分布最广,主要分布在乡村的农业用地上;而低敏感性和非敏感性区域主要分布在现有城市建设用地及其周边,在长江以北区域空间分布较为分散,在长江以南区域空间分布较为集中连绵。

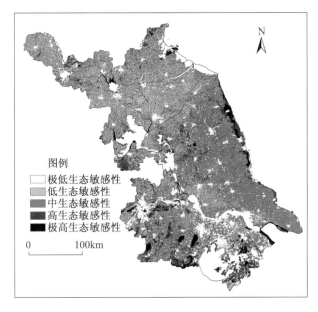

图 9 - 3 江苏区域发展约束类型示意图

 三、空间开发类型集聚分布,区域分异明显

利用自然间断裂点方法将空间开发适宜性划分为高适宜性、中适宜性和低适宜性3个等级,如图9-4所示。高适宜性区域具有较高的经济社会开发需求,同时受生态环境约束较低,适宜进行大规模的工业开发和城市建设,或者适合大力发展现代服务业,集聚城市人口,该区域主要分布在长江以南的苏锡常和南京市。中等适宜性区域是指具有较高的工业开发需求,但同时也受到一定的灾害风险影响的区域,在开发过程中应适度拓展发展空间,注意生态环境的保护,避免过度开发,主要包括苏中地区和苏北地级市县级市的城区。低适宜性区域主要指资源环境承载能力和发展潜力都不高的区域,主要分布于苏北欠发达的乡村地区,太湖上游的山地丘陵区。这种格局的形成,主要是由于综合实力较强、交通可达性好的区域都处于长江以南,虽然沿江地区太湖流域有一定的生态环境污染约束,但江苏整体的发展约束差异不大。

图 9-4 江苏适宜开发类型示意图

第四节 土地利用效率评价

一、综合效率区域差异较大

土地利用综合效率是城市土地利用投入和产出的相对量表,通过单位面积城市土地投入与所实现的物质产出或取得的有效成果衡量,是城市土地利用的社会效益、经济效益及生态环境效益的综合体现。从综合效率维度来看[图 9-5(a)],江苏的县市大致可以分为 5 种类型:① 有效性系数为 1.000,高效率县市共有 8 个:南京市区、溧水区、常熟市、昆山市、宜兴市、启东市、盱眙县、射阳县,该类型县市投入产出效率最高。② 集中在 0.7—1.0 的县市共有 20 个,多为经济发达的区域发展中心,该类型区域土地利用效率较高。③ 集中在 0.5—0.7 的县市共有 17 个,为长江三角洲城市群的边缘区域,土地利用效率相对一般。④ 集中在 0.3—0.5 的县市共有 13 个,经济发展滞后,土地利用效率相对较低。⑤ 小于 0.3 的县市共有 1 个响水县,综合利用效率最低。总体而言,江苏各县市的土地利用综合效率呈现南北差异较大的特征，高效率县市主要分布在长江以南，中效率县市位于江苏的中部地区，而低效率县市主要位于苏北地区。

二、规模递增仍是苏北苏中地区的主要特征

土地利用规模效率是指各决策单元城市土地利用过程中，资金、资源等规模要素是否处于有效状态，即从规模的角度来考察研究区在一定的规模投入水平上是否达到了土地利用相对最优的产出。从规模效率维度来看[图9-5（b）]，江苏的县市大致可以分为3种类型：① 规模不变的有9个县市，其中8个都是高效率区域。该类区域投入和产出处于均衡状态，增加投入并不会提高产出。② 规模递减的7个县市，苏北3个（邳州市、连云港市区、淮安市区），苏中1个（南通市区），苏南3个（苏州市区、无锡市区、常州市区），其中有6个是地级市的市区，该类区域要减少投入规模。③ 规模递增的43个县市，都位于苏北、苏中地区。该类县市可以通过增加投入，扩大产出。但是，在建设用地投入冗余的27个县市中，苏南仅3个（苏州市区、江阴市、太仓市）、苏中6个（兴化市、泰兴市、仪征市、扬州市区、高淳区、丹阳市），苏北则有18个，且冗余量超过100km²的11个县级单元，全部都在苏北：淮安市区（409）、沭阳县（392）、睢宁县（272）、泗阳县（270）、涟水县（245）、泗洪县（208）、灌云县（154）、东海县（153）、宿迁市区（140）、邳州市（129）、丰县（120），该类县市要减少建设用地的扩张。

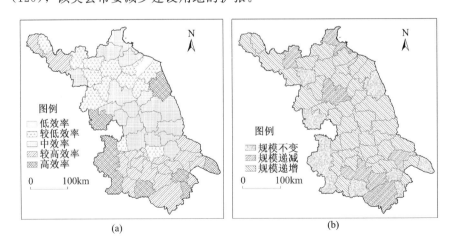

图9-5 江苏土地利用综合效率和规模效率示意图

第五节　空间开发适宜性与土地利用效率协调关系

利用分区统计方法，分别统计各县市（区）的空间开发适宜性的均值。利用自然间断裂点方法将空间开发适宜性和土地利用效率划分为三个等级：低（L）、中（M）、高（H），然后对各县市（区）的两个指标进行归类，划分出 8 种类型（图 9-6）。图例中，第一个字母代表空间开发适宜性的等级，第二个字母代表土地利用效率的等级。总体来看，江苏大部分县市（区）的空间开发适宜性和土地利用效率是基本协调的，但部分地区仍然存在开发过度和低效率的状态。

一、高适宜区域普遍具有较高的开发强度

随着江苏工业化、城镇化的快速推进，高适宜的开发空间，开发强度都非常高，2014 年年底，苏南的土地开发强度在 25% 以上，比较突出的无锡市达到 30% 以上。多年来，苏南的用地指标，已主要是从苏北调取。但经过十多年大规模的开发整理，苏北土地后备资源中开垦条件较好、易开发利用的地块已开发殆尽，后备资源总量急剧萎缩。目前，江苏建设用地的产出率为 1.93 亿元每平方千米，最高与最低投入产出比差距甚大。因此，通过提高土地产出率，实现集约用地，是转变空间开发模式的重要途径。

二、开发适宜性与利用效率格局基本一致

江苏县级单元的开发适宜性与利用效率协调类型以苏南地区的"HH"型、苏中地区的"MM、MH"型和苏北地区的"LL"型为主。"HH"型县市开发供给能力较强，但是作为全省城镇化和工业化发展的先导区域，资源环境的开发利用基本饱和，局部地区甚至已经超载。协调类型为"HL"型县市，具有高的开发适宜性，但利用效率很低，空间开发失衡，今后必须提高空间开发利用效率。协调类型为"ML"县市，生态重要性较低、资源保障条件好，开发供给能力较强，且现状开发强度较低，空间开发供给能力尚未得到充分发挥。协调类型为"LL"县市，集中在邳州、新沂和沭阳等沿淮河流域的县市，虽然这些地区的开发强度不高，但这些地区属于地质灾害易发区，生态环境较为敏感，交通可达性也比较差，空间开发供给能力有限，根据其空间开发适宜性等级，在提高开发强度的同时，尽量提升土地利用效率，从而合理提高江苏空间开发综合水平。

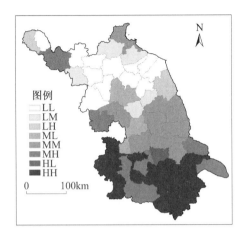

图 9-6 江苏各县市（区）开发适宜性与土地利用效率的协调类型示意图

本章小结

在对江苏空间开发适宜性、土地利用效率进行综合评价的基础上，通过两者的协调关系，揭示其县级单元空间开发转型发展的关键问题。研究县市（区）的发展潜力极不均衡，县域经济差异明显；总体上空间发展约束不高，生态约束较高区域为东部沿海、长江流域、太湖流域；空间开发高适宜区域主要分布在苏锡常和南京市，中适宜区域主要分布在苏中地区和苏北地级市县级市的城区，低适宜区域主要分布在苏北的乡村地区。土地利用效率方面，高效率县市（区）主要分布在长江以南，规模递增仍然是苏北苏中地区的主要特征，但其建设用地投入存在冗余现象。

开发适宜性与土地利用效率协调类型表明，江苏大部分县市（区）的空间开发适宜性和利用效率是正相关的，但部分地区仍然存在开发过度和土地利用效率低的问题。苏南地区普遍存在高适宜性、高开发强度、高土地利用效率的情况，甚至出现了过度开发的态势。该区域要节约集约利用开发空间，转变开发模式，以提高土地产出率和土地利用效率来突破建设空间限制的瓶颈。苏北沿淮海流域的县市存在低适宜性、低开发强度、低土地利用效率的情况，不仅要在生态环境承载允许的范围内适度增大开发强度，还要尽量提高土地利用效率。

基于空间开发适宜性与土地利用效率的协调分析能够较科学地刻画研究区用地的发展趋势和空间布局，为城市与区域规划提供科学依据，是实现区域"精明增长"与"精明保护"的有效途径。但对空间开发合理性的状态研究，仍可以在评价指标体系及更微观的土地占用等方面进行深入分析。

参考文献

[1] 樊杰. 我国主体功能区划的科学基础 [J]. 地理学报，2007，62 (4)：339-350.

[2] 顾朝林，张晓明，刘晋媛，等. 盐城开发空间区划及其思考 [J]. 地理学报，2007，62 (8)：387-398.

[3] 陆玉麒，林康，张莉. 市域空间发展类型区划分的方法探讨：以江苏仪征市为例 [J]. 地理学报，2007，62 (4)：352-363.

[4] 陈雯，孙伟，段学军，等. 苏州地域开发适宜性分区 [J]. 地理学报，2006，61 (8)：839-846.

[5] 朱传耿，仇方道，马晓冬，等. 地域主体功能区划理论与方法的初步研究 [J]. 地理科学，2007，27 (2)：136-141.

[6] McHarg I L. Design with nature [M]. New York：Natural History Press，1969：15-40.

[7] Xu K，Kong C，Li J，et al. Suitability evaluation of urban construction land based on geo-environmental factors of Hangzhou，China [J]. Computers and Geosciences，2011，37 (8)：992-1002.

[8] Malczewski J. GIS-based land-use suitability analysis：a critical overview [J]. Progress in Planning，2004，62 (1)：3-65.

[9] Marull J，Pino J，Mallarach J M，et al. A land suitability index for strategic environmental assessment in metropolitan areas [J]. Landscape and Urban Planning，2007，81 (3)：200-212.

[10] MacDougall E B. The accuracy of map overlay [J]. Landscape Planning，1975，(2)：23-30.

[11] Steinitz C，Parker P，Jordan L. Hand-drawn overlays：their

history and prospective uses [J]. Landscape Architecture,1976,(9):444-455.

[12] Carver S J. Integrating multi-criteria evaluation with geographical information system [J]. International Journal of Geographical Information System,1991,5(3):321-339.

[13] Banai R. Fuzziness in geographical information systems: contributions from the analytic hierarchy process [J]. International Journal of Geographical Information Systems,1993,7(4):315-329.

[14] Malczewski J. GIS and multi-criteria decision analysis [M]. New York:Wiley,1999.

[15] Openshaw S,Abrahart R J. Geo-computation [M]. London:Taylor & Francis,2000.

[16] Wang F,Brent Hall G,Subaryono. Fuzzy information representation and processing in conventional GIS software database design and applications [J]. International Journal of Geographical Information System,1990,4(3):261-283.

[17] Burrough P A,McDonnell R. Principles of geographical information systems [M]. New York:Oxford University Press,1998.

[18] Sui D. Integrating neural networks with GIS for spatial decision making [J]. Operational Geographer,1993,11(2):13-20.

[19] Krzanowski R,Raper J. Spatial evolutionary modeling [M]. New York:Oxford University Press,2001.

[20] Batty M,Xie Y. From cells to cities [J]. Environment and Planning B,1994,21(7):31-48.

[21] 唐常春,孙威. 长江流域国土空间开发适宜性综合评价[J]. 地理学报,2012,67(12):1587-1598.

[22] 何丹,金凤君,周璟. 资源型城市建设用地适宜性评价研究:以济宁市大运河生态经济区为例[J]. 地理研究,2011,30(4):655-666.

[23] 牛叔文,李景满,李升红,等. 基于地形复杂度的建设用地适宜性评价:以甘肃省天水市为例[J]. 资源科学,2014,36(10):2092-2102.

[24] 杨子生. 山区城镇建设用地适宜性评价方法及应用:以云南省

德宏州为例 [J]. 自然资源学报, 2016, 31 (1): 64-75.

[25] 尹海伟, 张琳琳, 孔繁花, 等. 基于层次分析和移动窗口方法的济南市建设用地适宜性评价 [J]. 资源科学, 2013, 35 (3): 530-535.

[26] 崔耀平, 吕可文, 何春玲, 等. 生态敏感性限制下的城市建设用地适宜性评价 [J]. 测绘科学, 2016, 41 (9): 47-53.

[27] 尹海伟, 孔繁花, 罗震东, 等. 基于潜力—约束模型的冀中南区域建设用地适宜性评价 [J]. 应用生态学报, 2013, 24 (8): 2274-2280.

[28] 王成金, 张岸. 基于交通优势度的建设用地适宜性评价与实证：以玉树地震灾区为例 [J]. 资源科学, 2012, 34 (9): 1688-1697.

[29] 孙伟. 太湖流域空间开发适宜性分区与失衡性评估 [J]. 湖泊科学, 2012, 24 (1): 9-16.

[30] 高永年, 鲍桂叶, 王静, 等. 江苏沿海地区可承载城乡建设用地能力及匹配性评价 [J]. 自然资源学报, 2015, 30 (8): 1278-1288.

[31] 王良健, 李辉, 石川. 中国城市土地利用效率及其溢出效应与影响因素 [J]. 地理学报, 2015, 70 (11): 1788-1799.

[32] 杨海泉, 胡毅, 王秋香. 2001—2012年中国三大城市群土地利用效率评价研究 [J]. 地理科学, 2015, 35 (9): 1095-1100.

[33] 陈诚, 陈雯, 吕卫国. 基于空间开发适宜性分区的城镇建设用地配置：以海安县为例 [J]. 地理科学进展, 2009, 28 (5): 775-781.

[34] 王晓, 路建国, 朱伟亚, 等. 基于空间开发适宜性评价的建设用地扩展配置研究 [J]. 山东农业大学学报（自然科学版）, 2014, 45 (2): 243-251.

[35] 陈雯, 孙伟, 赵海霞. 区域发展的空间失衡模式与状态评估：以江苏省为例 [J]. 地理学报, 2010, 65 (10): 1209-1217.

第十章
江苏区域发展格局优化

国家发展战略是区域发展格局形成的重要因素，而区域发展格局又是城乡体系的宏观抽象。区域发展战略和政策对城乡发展具有重要现实作用。因此，研究江苏区域发展格局优化，将对其城乡形态发展具有重要指导意义。本章通过分析国家战略对江苏空间发展的影响、评价区域性中心城市发展、探讨沿海与沿东陇海线互动发展、扬子江城市群融合发展，进而提出优化江苏区域发展格局的对策建议，为江苏城乡聚落形态发展趋势指明方向。

第一节 国家战略背景下江苏空间发展导向

伴随着周边地缘政治与地缘经济格局的变化及社会发展转型期的到来，我国当前经济社会发展表现出经济新常态、三期叠加与三期并存的典型特征。在此背景下，国家战略发生了重大转向。京津冀协同发展、"一带一路"、长江经济带建设确定为国家核心战略。新一轮国家战略的实施，显示国家发展的空间导向更加明显，通过科学的空间政策来调控和引导生产力空间布局的策略趋向强化。与此同时，区域发展的经济、政治、文化、社会、生态五位一体的整体布局基本形成，这将对我国经济社会活动及生产力组合方式进行重塑，区域发展格局和地区间的博弈状况将出现较大变化。

江苏作为"一带一路"与长江经济带的地理交汇区域，亟须全面对接"一带一路"，以获取新一轮区域发展机遇。对国家战略导向的准确把握及对自身发展状况的清晰判断是制定新一轮区域发展政策的前提。在"一带一路"建设导向下，当前江苏的区域发展还面临哪些突出问题？江苏如何完善当前的区域发展战略以实现其在全国地位的提升与自身发展效益的最大化？以上是江苏在空间发展层面亟须解决的问题。

一、国家战略的导向

（一）协同导向：区域功能协调与协同发展成为新趋势

1984年公布的"七五计划"，第一次把全国划分为"东中西"三大地带。"十一五"与"十二五"期间，国家进一步采取了东部、中部、西部、东北四大板块划分。三大地带与四大板块的划分反映了当时中国区域经济的发展水平、发展速度与对外开放水平的空间差异，各板块表现出显著的同质性特征。依托经济板块的划分，国家相继实施了东部沿海地区率先发展、西部大开发、东北振兴与中部崛起等国家战略，实现了国家战略在地域上的全覆盖。然而，经过将近30年的发展，这种空间战略表现出显著的局限性，与当前的社会发展阶段及要求不相适应。其局限性主要表现在切割了区域经济的横向联系，不利于区域经济的整合，从而促使东西部发展差距进一步扩大，同时造成了大区域环境治理难度加大与生态补偿的缺位。

当前，"一带一路"、京津冀协同发展、长江经济带建设等突显了以功能协调与区域协同为核心的转向。"一带一路"主要致力于提高对外开放与合作的水平，构建国际合作新模式。在地方对接"一带一路"的设计上，其区域协同主要体现在两个方面，一是充分发挥交通网络的运输协作功能，将新丝绸之路的门户区即新疆、内蒙古、黑龙江对外口岸与广大后方腹地相连接，推进地方对接新丝绸之路经济带；二是充分发挥沿海重要港口的协作功能，依托节点城市建立发达的海铁联运网络，推进后方腹地对接海上丝绸之路。长江经济带建设则顺应自然地理规律，注重流域经济的横向联系。其覆盖的空间范围与流域范围基本吻合，更有利于实现区域间经济、文化、生态等各类要素的关联与融合，便于流域整体功能的发挥。可见，当前国家战略已经迈向了区域功能协调与协同发展的新阶段。

（二）双向开放导向：陆海统筹发展新局面成形

由沿海逐步向内陆铺开的对外开放政策与沿海地区靠近国际市场的区位优势，使国家区域经济格局整体上呈现较明显的"核心—边缘"结构。其中，东部沿海发达地区是核心区，而与核心区距离的远近往往影响着区域的经济发展状况。因此，东部发达地区成为众多中西部地区空间对接的目标，形成"一江春水向东流"的典型现象。

"一带一路"倡议的实施扭转了东向开放为主导的单一局面,双向开放成为未来国家对外开放的主旋律与"全面提高开放型经济水平"的发力点。渝新欧、郑新欧、蓉新欧、汉新欧、长沙至俄罗斯、新疆至中亚、兰州至中亚、南昌至中亚、合肥市至中亚等班列开通之后,向西的国际物流大动脉被打通,中西部地区在地理距离上比东部地区更接近欧洲市场,西北、西南、东北的门户地区成为对中亚、欧洲贸易的前沿阵地,中部等腹心地带成为内陆门户区与沿海门户区之间的双向物流中转地带,同时其对外贸易区位优势度获得了明显提升。此外,新疆至宁波市、西安市至青岛市、贵州市至湛江等海铁联运班列的开通进一步优化了沿海港口的腹地结构与运作效率。国家原来的对外开放格局已经发生变化,陆海统筹发展新局面初步成形。

(三)生态导向:生态文明建设融入社会发展各方面

改革开放后的40多年间,工业化进程的快速推进与生态文明建设的总体滞后直接导致生态环境的恶化。资源环境已经成为制约经济社会可持续发展的关键因素,逐步引起国家与社会各界的高度关注。十七大正式提出建设生态文明的治国理念,生态文明建设被纳入全面建设小康社会的总体目标之中。2011年,《全国主体功能区规划》发布,明确识别了禁止开发区的空间范围,着力构建以"两屏三带"为主体的生态安全格局。十八大报告则将生态文明建设列入国家现代化建设"五位一体"总体布局,生态文明建设上升到前所未有的高度,融入社会发展各方面。2015年,国家生态文明建设专题部署的第一个文件《关于加快推进生态文明建设的意见》出台,标志着系统完整的生态文明制度体系逐步确立,生态文明建设进入全面高效实施的新阶段。在今后的区域发展中,生态文明建设融入社会发展各方面的导向已经十分清晰。

二、江苏空间发展所面临的问题

(一)江苏在当前国家战略中的影响力亟须加强

当前的国家战略对区域发展格局的影响已经显现。首先,在"一带一路"建设层面,新疆与福建分别被确定为丝绸之路经济带与21世纪海上丝绸之路的核心区,成为双向开放重点建设区域,二省在国家发展格局中的影响力显著上升。依托中欧班列的开通与自身发达的制造业能力,处于国家腹心地带的重庆市、成都市、郑州市、武汉市、长沙市等城市在对欧洲贸易的区位上获得明显提升，已经成为"一带一路"沿线的重要节点城市。宁波市、青岛市等拥有优良港口的沿海城市通过开通至西安市、甘肃、新疆、江西等地的海铁联运班列，进行了新一轮的腹地扩张与港口集疏运功能强化。其次，在长江经济带建设中，国家已明确重点建设上海、武汉、重庆三大航运中心，在城市群发展上，明确支持长三角、长江中游、成渝三大核心城市群的发展。国家战略的定位突显了上海、武汉、重庆的长江流域中心城市地位，提升了其在长江经济带建设中的城市影响力。江苏作为"一带一路"与长江经济带的地理交汇区域，同样需要抢抓国家战略的新机遇，提升自身的地位与影响力。从区域空间竞合视角来看，伴随着其他区域地位的上升，江苏面临外部竞争加剧与自身对外影响力有待强化的双重压力，其在国家发展格局中的地位面临被弱化的风险。

（二）沿海地区开发的腹地支撑空间亟须拓展

江苏沿海开发已于2009年上升为国家战略，江苏对接"一带一路"须与沿海开发一起统筹谋划与整体布局。从省内层面来看，江苏沿海开发的意义在于实现沿海的连云港市、盐城市、南通市三市快速崛起，以助推全省统筹发展。从国家层面来看，则有助于弥补国家沿海地带空间开发的完整性。然而，在"一带一路"建设下江苏的沿海开发仍面临三大问题：一是连云港市虽拥有新亚欧大陆桥桥头堡与"一带一路"交汇点的突出地理区位，但长期以来城市综合实力不强，并且孤立于省域交界地带，加之日照港的外部竞争，连云港市的腹地范围与港口地位仍须扩大与提升。二是通州湾的发展定位为"苏东门户"与长三角北翼的核心港口，目标之一是助力南通市在长三角北翼强力崛起，并和宁波市构成以上海为中心的"一体两翼"城市对称格局。当前，通州湾的港口基础设施建设目标已逐步实现，然而腹地是港口的生命线和发展的潜力源所在，面对上海港与宁波港的既有竞争优势，通州湾港口群的腹地支撑地带在哪里？三是大丰港、滨海港等港口当前的腹地范围主要局限在苏北地区，对所属中心城市发展的促进作用仍有待提升。以上问题均指向沿海港口腹地的拓展与沿海城市地位的提升，沿海地区如何成为"两带一路"导向下大区域商贸的汇流中心地带，已经成为影响沿海开发成效的重要因素。

（三）苏北发展需要纳入新的国家战略之中

长期以来，江苏的南北差距为社会各界所关注。近年来，苏北的经济社会发展水平获得了较大提升，然而，从社会、经济、文化建设诸多方面来看，苏北、苏中、苏南发展的不平衡问题仍未彻底解决。虽然江苏全省被纳入长三角区域发展国家战略之中，但苏北无论是在地理区位还是在社会经济方面均处于边缘化地位。近年来，苏北地区实施了淮海经济区打造、徐州市都市圈建设、沿海开发、淮安市中心城市建设等多个省级以上的开发战略。多重战略的实施给苏北带来政策叠加效应，但同时由于具体战略的分散，导致苏北发展的整体思路不够聚焦。因此，应进一步认识苏北的地理区位与经济社会发展特征，在考虑与其他省份协调合作的基础上，呼应当前国家战略导向，将苏北作为重要板块纳入新的国家战略之中，以实现苏北在发展水平与大区域地位上的双重崛起。

三、江苏空间发展的对策分析

相对于全国其他地区，江苏的地理优势在于毗邻上海、沿江与沿海，同时处于新亚欧大陆桥的桥头堡地带，该优势也是对接国家战略的出发点所在。从空间发展视角来看，江苏应进一步完善原有空间开发理念，重视以流域为载体的跨区域横向开发路径。将苏北地区的各具体战略统一到淮河流域协作开发的框架中来，重视沿海港口门户功能提升与腹地拓展，以沿海港城一体化地区与重要节点城市建设为支撑打造功能协调、区域联动的空间开发廊道，重点对接"一带一路"和长江经济带。从全省来看，应在全国层面上对不同类型的协作区域进行重点对接，以提升江苏在大区域发展中的地位与影响力。

（一）江苏空间开发理念的进一步完善

近代以来，上海的崛起对江苏的区域发展影响巨大。上海对江苏的空间作用强度主要受交通干线及地理空间距离等因素影响，因而江苏的空间开发呈现出显著的南北纵向开发特征，即以上海为起点，向北呈放射状拓展。其线路主要有三条：一是京沪铁路，二是大运河一线，三是沿204国道、沈海高速公路一线（沿海一线）。整体上，江苏所形成的自南向北的空间开发模式与苏南、苏中、苏北经济格局梯度差异具有高度的耦合性。当前江苏的区域发展空间结构的实质是以上海为核心，呈南北方向梯度扩散的"核心—边缘"结构。其中，上海与苏南处于核心层，苏中处于过渡层，苏北则沦为边缘区。"核心—边缘"结构理念下的梯度开发策略使江苏整体上获得巨大的空间效益，经济社会发展领先于全国。然而，苏北边缘区的特征不利于其实现区域地位与影响力的完全提升，在全面进入区域统筹发展阶段并压缩南北差距时，苏北问题的艰巨性就深刻地体现出来。

而以流域开发视角来看，江苏的区域发展空间结构就呈现另外一种局面。江苏位于淮河水系与长江的下游及入海口，这种典型的自然地理特征使江苏须同时重视沿流域东西方向的横向开发思路。流域视角下的空间开发，其重要优势之一是苏北在发展地位上可以一定程度摆脱边缘区的阴影，从而确立以苏北城市自身为中心的区域开发体系，有利于苏北摆脱边缘困境。在沿长江区域，由入海口的上海及长江段西部门户南京市两大中心城市作为极点，以长江为天然轴线，苏州市、无锡市、常州市、镇江市、扬州市、泰州市、南通市沿江南北两侧呈走廊分布，形成了"两级一线双廊道"的典型空间结构。而淮河流域区域内，可以形成以淮河入海水道、苏北灌溉总渠为载体的淮安—滨海开发轴带，以沭新河、盐河、灌河航道为载体的淮安—连云港开发轴带，以宝射河—黄沙港、宝射河—新洋港航道为载体的宝应—盐城开发轴带。同时，沿各轴带方向完善铁路、高速公路、国道等综合交通体系，实现与省外地区良好对接，则可形成以淮安市、盐城市、连云港市、徐州市为中心城市，以水陆复合交通体系为支撑的流域开发空间结构。综上分析，江苏应将自南而北的轴带开发理念与自东而西的流域开发理念统筹考虑，将流域开发理念下的空间发展结构作为当前"核心—边缘"空间结构的补充与完善，在此基础上寻找与当前国家战略的契合点，提升区域发展的影响力。

(二) 推进淮河流域全面协作，争取国家战略支持

1. 淮河流域生态环境重要性分析

淮河流域位于长江流域与黄河流域之间，横跨河南、安徽、江苏、山东、湖北等省份，是我国重要的南北方自然地理过渡地带，其在国家生态格局中的重要性主要体现在三个方面。第一，历史上黄河数次夺淮入海，造成淮河水系紊乱，加上流域内降水季节集中与降水量空间上的分布不均，旱涝灾害不断发生，形成"十年九旱一涝"的严峻局面，严重影响流域内群众的生命安全与生活水平提升。第二，近代以来，淮河流域人口迅速增加，成为我国重要的人口集聚区。淮河流域2015年人口数量将近一亿八千万人，占全国总人口的13.12%，人口密度则为全国的4.17倍。人口的快速膨胀使人地矛盾趋向尖锐，自然环境遭受较大破坏，生态系统逐步失衡，自然灾害更加频繁。第三，中华人民共和国成立以来，国家对淮河流域进行了大力治理，尤其是在遏制洪涝灾害方面效果明显，但随着城镇化与工业化进程的推进，水质污染问题又逐步突显，成为流域治理的棘手问题。在当前全面推进生态文明建设的新时期，淮河流域生态环境亟须

进一步治理，并且跨省域协作变得尤为重要。

2. 淮河流域县域经济与城镇发育的特殊性

以人均 GDP 为研究对象，以淮河流域相关省份县域为研究单元，借助 GIS 进行县域经济格局分析与空间相关性分析。从县域经济格局来看，淮河流域经济水平明显低于周边的长三角地区、山东半岛地区及豫西北地区，且流域内的高值区也分布在靠近以上地区的边界地带。淮河流域相关省份的县域经济空间集聚特征极为显著，热点区与次热点区高度集中在长三角地区、山东半岛地区与豫西北地区，淮河流域县域形成了连片的冷点区与次冷点区。由此可见，淮河流域的经济洼地特征极为明显，成为全面建成小康社会必须攻克的重点区域。

与其他大河流域相比，淮河流域当前没有形成独立的城镇体系，也没有出现公认的流域中心城市[7]。淮河流域周边分布着中原、山东半岛、长三角三个城市群，且从属于城市群的少数淮河流域城市均分布在支流的上游地带或流域末端，流域腹心地带反而沦为城市发育低谷区。淮河流域城镇分散的格局不利于整体城镇化水平的提高，且受行政区划分割等因素的影响，流域内不同板块城镇间空间联系较为松散。县域经济与城镇发育的特殊性亟须各省份统筹协作，加大对淮河流域城镇体系的引导和培育力度。

3. 以生态治理为先导建设淮河流域经济区

综上分析，淮河流域在国家发展格局中的重要性及其整体滞后的发展现状决定了其综合开发的紧迫性，实现淮河流域生态环境的恢复与流域崛起对国家统筹区域发展意义重大。2018 年 11 月，《淮河生态经济带发展规划》发布实施，标志着淮河流域经济区上升为国家战略。淮河流域下游地区地处江苏境内，拥有宝贵的入海港口条件，而江苏是淮河流域最为发达的省份，具有良好的经济与科技支撑条件。因此，淮河流域经济区的建设，将是江苏顺应国家战略导向充分释放大区域影响力，实现核心腹地扩张的重大机遇。江苏应充分与安徽、河南、山东等省份协作统筹，并在淮河流域综合开发中发挥引领作用。同时，应该明确两个方面，一是必须充分认识恢复生态环境的重要性与紧迫性，生态文明建设应是淮河流域协作开发的先导。二是充分发挥长期以来江苏在淮海经济区建设方面的经验优势，并将淮海经济区建设、淮安市中心城市建设、沿海开发等苏北振兴战略纳入到淮河流域协作框架中，确立江苏在淮河流域经济区建设中的龙头作用。

（三）打造对接国家战略的重要协作区域与综合开发廊道

1. 国家空间开发轴带现状

在当前国家战略下，国家层面上的空间开发开放网络已基本成形。纵向开发轴带主要有沿海开发轴带、京港开发轴带、二连浩特—北京—上海开发轴带、哈尔滨—北京开发轴带、西安—成渝—昆明开发轴带。横向开发轴带主要有新欧亚大陆桥（陇海开发轴带）、长江经济带主轴（沪汉蓉与沪昆开发轴带）、珠江—西江经济带主轴（广州—南宁—昆明开发轴带），以及面向蒙俄与东北亚的满洲里—哈尔滨—绥芬河开发轴带。此外，在西北—东南方向上，出现两条重要开发带，一是原有的新疆—西安—上海新亚欧大陆桥开发轴带，二是新形成的新疆—西安—武汉—南昌—福州—台北"一带一路"核心区的空间链接带，二者成为沟通西北门户与东南沿海地带的最重要的走廊地带。通过以上空间开发轴带、边疆门户区、沿海经济核心区、长江经济带、珠江—西江经济带等重要区域均实现了网络链接，具备对外开放与对内开发双重功能的国家骨干廊道网络已基本确立。与以往相比，以西安市为中心的关中地区、长江中游城市群、成渝城市群，以及边疆门户区等成为国家战略的重要枢纽区与支点区域，在国家发展格局中的战略地位明显提升。

2. 江苏对接"一带一路"建设的重点协作区域

江苏对接国家战略的重点协作区域可分为以下四个类型的区域。第一，构建以苏南为主体的高端集聚区域。苏南作为长三角城市群重要组成部分，应着力建设具有全球竞争力的城市群区域。同时，应提高各城市在城市群中的节点功能，注重创新功能与国际功能方面的培育，打造引领全国发展的高端产业，实现生产力要素的高端集聚。第二，构建以淮河流域与长江下游为主体的核心腹地区域。核心腹地区域的范围主要包括江苏、安徽、河南三省，总人口2.4亿人，经济总量12万亿元人民币，分别占全国的17.5%与19%左右。由分析可知，一方面江苏位于淮河流域下游，具备整合流域资源并向上中游地区释放影响力的天然优势，同时，淮河流域人口稠密，城镇众多，区域发展潜力巨大，加之当前生态问题突出与社会发展水平整体滞后，具有空间开发的迫切性，而在沿海开发战略的支持与苏南发达地区的引领下，江苏已具备和相关省份联合打造淮河流域综合开发廊道的条件。另一方面，河南与安徽的经济发展水平整体低于江苏，形成了显著的梯度互补条件，同时，连云港市港与通州湾等港口为河南、安徽二省的重要出海门户，皖江地区更是苏南的传统腹地，因此江苏已具备将河南、安徽纳入核心腹地的基本条件。第三，构建以关中地区、长江中游城市群、成渝地区为主体的支点协作区域。西安市是丝绸之路经济带的重要枢纽城市，也是以江苏为起点的淮河流域多条开发廊道的交汇点，因此，江苏应依托发达的交通体系，实现和关中地区的紧密合作，将其作为江苏对接丝绸之路经济带的重要支点。此外，长江中游城市群、成渝城市群是"一带一路"与长江经济带在国家腹心区的重要支撑区域，并拥有较好的经济基础，江苏应借助与长江中上游地区地缘相亲，并拥有长江黄金水道与快速铁路相连接的优势，加大与二者的经济合作。第四，以新疆为核心的西北门户区、以云南为核心的西南门户区，以及以黑龙江、内蒙古为主体的东北门户区对江苏双向开放战略的实施都有重要作用，因此，可依托通州湾、连云港市港、大丰港等港口门户，增强自身吸纳货源的能力，通过海铁联运加强与以上边疆门户的对接，以提高在"一带一路"贸易中的份额比例与影响力。

3. 以江苏沿海为龙头的淮河流域经济区综合开发廊道

交通基础设施建设是区域开发廊道构建的基础。淮河流域的交通网络呈现出显著的南北向发达，东西向较弱的特征，以沪宁沿线、京广沿线、运河沿线等纵向廊道的开发已经比较成熟。因此，须重点完善江苏、安徽、河南之间的东西向高速公路、铁路网络、通航河段，打通流域内的快速路网盲区，以江苏沿海为龙头重点打造五大横向综合开发廊道。根据各地区经济社会发展统计公报整理各廊道的经济社会概况，具体包括：新欧亚大陆桥，由连云港—徐州的北支与盐城—淮安—宿迁—徐州的南支开发廊道在徐州市交汇，然后接入陇海大通道，对接西北门户区。该廊道可强化东陇海走廊地区发展，同时南支可成为西北地区通过江苏沿海进入上海的新通道。宁西廊道，南通—泰州—扬州—南京—合肥—六安—信阳—南阳—西安开发轴带。宁西大通道拥有宁西铁路、沪陕高速公路、312国道等多种类型交通线，是连接东中西部的骨干交通廊道。尤其是宁西铁路与宁启铁路二线即将开通，南通市至西安市的客货大通道将形成，这对通州湾港口腹地的拓展极为有利，同时，该廊道沿线拥有较多的县级以上节点城市，沿线地区人口规模与经济规模均较大，有利于通州湾与苏南地区对其进行经济辐射和市场挖掘。宁洛廊道，南通—泰州—扬州—南京—淮南—阜阳—周口—漯河—平顶山—洛阳。该廊道使淮河流域的腹心地带接入苏南及通州湾地区，沿线地区人口达6 000万人，经济规模达3万亿元人民币，具有较强的区域经济后发潜力。淮干流廊道，信阳—固始—淮南—蚌埠—淮安—连云港—盐城开发轴带。一方面，该廊道沿淮河干流分布，保持了干流区域的完整性，有利于开发淮河干流的航运功能与生态治理的协调推进。另一方面，通过修建盐城—金湖—明光高速公路、淮安—蚌埠铁路及高速公路，彻底打通淮河中下游地区的东西向大通道，使淮南市、蚌埠市、淮安市等航运条件较好的干流城市实现联动发展。盐洛廊道，盐城—淮安—宿州—亳州—许昌—洛阳。该廊道主要依托高速公路实现盐城市、淮安市与淮河流域上游区域的联通，有利于盐城市、淮安市对外影响力的扩展。

第二节　区域性中心城市评价

住房和城乡建设部发布的《全国城镇体系规划纲要（2010—2020年）》明确提出国家中心城市和国家区域中心城市的概念。国家中心城市作为全国城镇体系金字塔的"塔尖"，是在全国具备引领、辐射、集散功能的城市；国家区域中心城市处于全国城镇体系的第二层级，是在全国所处地理大区具备引领带动功能的城市。而区域性中心城市作为全国城镇体系中的一个重要组成部分，是在一定区域范围内发挥集聚与辐射作用的城市。近年来各地都高度重视区域性中心城市建设，纷纷提出打造区域性中心城市，如徐州市提出"十三五"时期进一步巩固淮海经济区中心城市地位。然而，区域性中心城市建设的理论与实践存在许多有待探索的问题，特别是理论供给滞后于实践需求。

按照中心城市的尺度和重要性，城市一般可以划分为国家区域中心城市、区域性中心城市和地方中心城市。其中，国家区域中心城市影响范围至少包括两个以上的省级单元，区域性中心城市一般涉及两个以上地级城市范围，地方中心城市一般涉及两个以上的县级范围。区域性中心城市是个中间环节，其合理发展对全国城镇体系建设至关重要。

依据国务院印发的《关于调整城市规模等级划分标准的通知》，以城区常住人口为统计口径，将城市规模等级划分为五类七档：城区常住人口1 000万以上的城市为超大城市；城区常住人口500万以上1 000万以下的城市为特大城市；城区常住人口100万以上500万以下的城市为大城市，其中300万以上500万以下的城市为Ⅰ型大城市，100万以上300万以下的城市为Ⅱ型大城市；城区常住人口50万以上100万以下的城市为中等城市；城区常住人口50万以下的城市为小城市。相对所研究的区域而言，各种不同规模等级的城市都有可能成为中心城市。区域性中心城市是一定区域的政治、经济、科技、文化、教育的中心,在整个地域内的社会生活中具有主导和核心作用,对带动整个地区的经济发展、融入经济全球化大潮起着非常重要的作用。因此,未来区域性中心城市在国民经济发展中将继续发挥十分重要的作用。

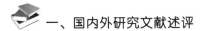

一、国内外研究文献述评

(一) 国外关于中心城市的界定

国外对中心城市的研究较早,一般认为德国经济地理学家克里斯泰勒的《德国南部中心地》首次提出中心地和中心性的概念,中心地理论开始形成。随后学者们越来越关注中心城市的研究,并且研究范围不断扩展。中心城市是一个相对的概念,是随着城市的发展过程而不断改变的动态认识,不同时期、不同学者或者官方对中心城市的界定都会有所不同。美国人口普查局对中心城市的界定是一个地区最大的城市始终是中心城市。[1] 美国城市经济学家沃纳·赫希对中心城市的界定是为郊区地带所环绕,还有一些较小城市分布在周围的主要城市。[2] 美国人口普查局界定中心城市是在每一个大都市统计区 (MSA) 和联合大都市区 (CMSA) 内的最大城市。[3] 随着全球化对世界经济的影响逐步扩大,城市间的相互作用和联系的尺度也扩展至全世界,城市体系的研究重心从层级向网络转变。随着经济全球化和信息化的发展,世界城市发展日新月异,世界城市组织结构越发复杂化。以 Taylor 为首的 "全球化与世界城市研究网络" 将研究的焦点从城市等级转换到城市网络,致力于探讨世界城市网络的形成与演化机制,网络结构与经济全球化之间的互动关系,以及对城市发展带来的影响等问题。在 "流动空间" 理论的基础上,逐渐建构起世界城市网络研究的理论基础。他们将城市视作网络中的节点,城市的作用取决于该城市节点在网络中与其他节点的相互作用,城市的地位更多地依赖于其在网络中与其他城市的关系情况。[4]

(二) 国内关于中心城市的研究

我国学者对中心城市的研究起步于 20 世纪 80 年代。随着城镇体系的发展与变化及区域经济的发展,区域性中心城市越来越受到学者们的关注,相关研究主要集中在区域性中心城市的内涵、区域性中心城市发展能力评价、区域性中心城市建设面临的问题等方面。

一般来说，区域性中心城市是指在一个较大区域范围内人口相对集中，综合实力相对强大，在政治、经济、文化等方面具有较强的吸引力、辐射能力和综合服务能力，经济发达，功能完善，能够渗透、带动、组织周边区域经济发展、城镇体系建设、文化进步和社会事业繁荣，影响力可以覆盖区域内其他城市的中心城市。[5]从空间尺度来看，它是在一定区域内居于社会经济中心地位的城市，是经济实力最雄厚、功能最完善、能够渗透和带动周边区域经济发展的统一体。从城市体系角度来看，它是在城市体系中规模大、职能专业化程度高、综合辐射吸引作用最强、影响范围最广的城市，区域性中心城市往往是经济区的中心和依托。从城市主导功能来看，中心城市可以分为政治中心城市、经济中心城市、文化中心城市及综合性中心城市；从城市影响范围来看，中心城市可以分为国际性城市、全国性城市、区域性城市和地方性城市。区域性中心城市与一般城市相比聚集程度包括人口、资本、消费、基础设施高，社会分工发达，科学技术先进，有明显的聚集性、辐射性和开放性。[8-15]发展能力评价研究。我国学者从城市的对外服务职能、辐射能力、综合竞争力、技术创新、区域增长贡献率等某一方面或综合角度，通过构建评价指标体系，采用主成分分析法、因子分析法、威尔逊空间相互作用模型等方法，对区域性中心城市进行竞争能力评价、可持续发展能力评价等研究。[16-26]发展的问题与对策研究。一是目前我国区域性中心城市发展普遍存在强调第二产业，第三产业发展滞后的情况，表现为对区域的服务能力不足。二是行政分割严重，市场机制发育不健全。区域性中心城市与其他城市均从本地利益出发进行建设，相互排斥、产业同构，部分行业过度投资和重复建设现象严重。以上区域性中心城市的发展问题，一方面是由于我国以工业化为主的发展阶段所形成的，另一方面是由于对城市发展规律的认识不足而造成的。基于以上发展问题，提出相应区域中心城市发展的分工合理、特色发展、产业结构升级、资源集约利用、空间布局优化等策略。[27-46]

综上，国内外对区域性中心城市进行了大量的研究，研究方法已相当成熟。具体来讲，国外对中心城市的研究侧重于基本理论的提出，国内对中心城市的研究更注重区域实证的应用研究。然而，我国的国土面积辽阔，国情特殊，不同的区域呈现出不一样的特征，因此研究对于不同区域中心城市的评价，以及分析不同中心城市建设路径得出的结论都有一定的差异。虽然国内对区域性中心城市的研究十分丰富，但在区域性中心城市构建方面的研究主要是从微观的角度针对某一个城市来进行，缺少从宏观角度对全国范围区域性中心城市的评价和一般发展规律研究，因此要强化对我国区域性中心城市的规律性研究。

 二、研究对象选择

我国地级以上城市 292 个，其中直辖市 4 个、副省级城市 15 个，以及其他 17 个省会城市，不作为研究对象，其余 256 个地级市中，选择具有一定规模的城市作为区域性中心城市，主要具备以下两个条件：

（1）地区生产总值超 2 000 亿元人民币的

包括以下城市：苏州市、无锡市、佛山市、唐山市、烟台市、东莞市、泉州市、南通市、徐州市、常州市、潍坊市、温州市、绍兴市、大庆市、鄂尔多斯市、淄博市、盐城市、济宁市、扬州市、包头市、临沂市、东营市、台州市、泰州市、嘉兴市、洛阳市、厦门市、镇江市、金华市、沧州市、宜昌市、襄阳市、邯郸市、保定市、泰安市、惠州市、榆林市、中山市、威海市、南阳市、岳阳市、德州市、聊城市、常德市、漳州市、淮安市、衡阳市、鞍山市、吉林市、茂名市、芜湖市、滨州市、湛江市、菏泽市、柳州市、廊坊市、株洲市、许昌市、江门市、咸阳市，共计 60 个城市，其中江苏 10 个城市。

（2）城区常住人口在 100 万以上的

包括以下城市：东莞市、苏州市、汕头市、无锡市、洛阳市、揭阳市、佛山市、临沂市、唐山市、温州市、包头市、珠海市、烟台市、徐州市、鞍山市、淄博市、柳州市、邯郸市、南阳市、南通市、惠州市、常州市、大庆市、绍兴市、淮安市、济宁市、江门市、抚顺市、芜湖市、吉林市、潍坊市、保定市、赣州市、大同市、泉州市、绵阳市、自贡市、泸州市、盐城市、衡阳市、扬州市、齐齐哈尔市、南充市、株洲市、淮南市、台州市、营口市、赤峰市、襄阳市、宝鸡市、天水市，共计 51 个城市，其中江苏 8 个城市。

按上述两个条件进行筛选。符合以上两个条件的城市共有 35 个：苏州市、无锡市、佛山市、唐山市、烟台市、东莞市、泉州市、南通市、徐州市、常州市、潍坊市、温州市、绍兴市、大庆市、淄博市、盐城市、济宁市、扬州市、包头市、临沂市、台州市、洛阳市、襄阳市、邯郸市、保定市、惠州市、南阳市、淮安市、衡阳市、鞍山市、吉林市、芜湖市、柳州市、株洲市、江门市。可以看出，这 35 个城市主要分布在我国中东部及东北地区，西部地区极少。考虑到我国区域发展的巨大差异，综合考量行政、区位、发展潜力及区域协调等因素，本研究增加了8个城市：大同市、淮南市、赣州市、绵阳市、南充市、自贡市、宝鸡市、天水市，共计43个地级城市纳入研究对象。

三、区域性中心城市发展能力评价

（一）评价指标体系构建

根据区域性中心城市概念及内涵，其发展能力评价体系应包含经济实力、社会发展、文化建设、城市宜居、空间联系等五个方面。经济职能是区域性中心城市的发展基础和核心职能，社会发展及文化建设是区域性中心城市建设的重要方面，对经济职能的作用和影响巨大，水土、绿地等自然资源及生态保护对区域性中心城市的宜居程度有重要影响，空间联系职能则是区域性中心城市与区内外其他城市相互联系形成的要素集聚与辐射功能。根据区域性中心城市内涵，结合数据的可获得性，本章设置了经济职能、社会职能、文化职能、宜居职能、联系职能5个一级指标和相应的52个二级指标（表10-1），具体如下：

（1）经济职能指标

经济职能是现阶段我国城市的首要职能，主要反映城市经济发展水平和质量效益等生产性能力，具体设计为地区生产总值、规模以上工业总产值、第三产业产值占地区生产总值比重、地方公共财政收入、固定资产投资总额、社会消费品零售总额、实际利用外资、进出口总额、人均GDP等项指标。考虑到超百亿级企业、经济密度对区域性中心城市经济发展的重要性，也将其纳入评价指标体系。

（2）社会职能指标

社会职能是城市的重要职能之一，主要反映区域性中心城市居民收入、就业、医疗、养老、社会治理等方面的发展能力，具体设计为职工平均工资、城镇居民人均可支配收入、农村居民人均可支配收入、城镇登记失业率、第三产业从业人员比重、城镇职工基本养老保险参保率、城镇职工基本医疗保险参保率、每千人拥有执业医生数等项指标。鉴于三级甲等医院对区域性中心城市社会发展的重要作用，也将其纳入评价指标体系。

（3）文化职能指标

文化职能反映城市在教育、科技及文化传承等方面的软实力，在一些历史文化名城中,文化职能的作用尤为突出,主要设计为高等学校数量、中等职业教育学校数量、每万人拥有中小学数量、每万人拥有专任教师数量、每百人公共图书馆藏书量等项指标。注意到 985、211 及省属高等学校、5A 级旅游景区对区域性中心城市文化传承与发展的重要性,也将其纳入评价指标体系。

（4）宜居职能指标

宜居职能反映的是城市人居环境状况,体现为自然条件、生态环境等方面所赋予的城市宜居性,可设计为人均国土面积、人均绿地面积、人均水资源量、一般工业固体废物综合利用率、工业烟（粉）尘去除量、污水处理厂集中处理率、生活垃圾无害化处理率等具体指标。考虑到国家生态园林城市对区域性中心城市宜居性的重要意义,也将其纳入评价指标体系。

（5）联系职能指标

联系职能主要反映城市上述四方面职能对区域内的影响和作用,表现为城市之间要素联系的空间流状况,这一职能可设计为客运量、货运量、人均城市道路面积、每万人拥有公共汽车数量、邮政业务总量、电信业务总量、每百人互联网宽带接入用户数等具体指标。鉴于高铁和旅游对区域性中心城市空间联系的重要意义,也将其纳入评价指标体系。

表 10-1 区域性中心城市发展能力评价指标体系

一级指标	二级指标	指标说明
经济职能	地区生产总值/亿元	
	规模以上工业总产值/亿元	
	第三产业产值占地区生产总值比例/%	
	地方公共财政收入/亿元	
	固定资产投资总额/亿元	
	社会消费品零售总额/亿元	
	实际利用外资/亿美元	
	进出口总额/亿美元	
	金融机构存款余额/亿元	
	超百亿级企业数量/个	
	人均地区生产总值/元	
	经济密度/万元·km^{-2}	地区生产总值/土地面积

续表

一级指标	二级指标	指标说明
社会职能	职工平均工资/元	
	城镇居民人均可支配收入/元	
	农村居民人均可支配收入/元	
	城镇登记失业率/%	100×城镇登记失业人员数/总人口数
	第三产业从业人员比重/%	100×第三产业从业人员数/总人口数
	失业保险参保率/%	100×失业保险参保人数/总人口数
	城镇职工基本养老保险参保率/%	100×城镇职工基本养老保险参保人数/总人口数
	城镇职工基本医疗保险参保率/%	100×城镇职工基本医疗保险参保人数/总人口数
	每千人拥有执业医生数/人	1 000×执业医生数/总人口数
	每千人拥有卫生机构床位数/张	1 000×医院、卫生院床位数/总人口数
	每万人拥有三级甲等医院数量/个	10 000×三级甲等医院数量/总人口数
文化职能	高等学校数量/所	
	985、211及省属高等学校数量/所	
	中等职业教育学校数量/所	
	每万人拥有中小学数量/所	10 000×中小学数量/总人口数
	每万人拥有专任教师数量/人	10 000×各级各类学校教师数量/总人口数
	每万人在校大学生数量/人	10 000×在校大学生数量/总人口数
	每百人公共图书馆藏书量/(册、件)	100×公共图书馆藏书量/总人口数
	每万人拥有剧场、影剧院数量/个	10 000×剧场、影剧院数量/总人口数
	5A级旅游景区数量/个	

续表

一级指标	二级指标	指标说明
宜居职能	人均国土面积/亩	土地面积/总人口数
	人均绿地面积/平方米	绿地面积/总人口数
	人均水资源量/吨	供水总量/总人口数
	国家生态园林城市	是与否分别按1和0.1赋值
	工业废水排放量/万吨	
	工业二氧化硫排放量/吨	
	工业烟（粉）尘去除量/吨	
	一般工业固体废物综合利用率/%	
	污水处理厂集中处理率/%	
	生活垃圾无害化处理率/%	
联系职能	客运量/万人	铁路、公路、水运、民用航空客运量总和
	货运量/万吨	铁路、公路、水运、民用航空货运量总和
	高铁线路数量/条	
	年接待旅游游客数量/万人	
	人均城市道路面积/平方米	
	每万人拥有公共汽车/辆	10 000×公共汽车数量/总人口数
	邮政业务总量/万元	
	电信业务总量/万元	
	每百人拥有电话（固定电话、移动电话）数量/部	100×(固定电话用户数＋移动电话用户数)/总人口数
	每百人互联网宽带接入用户数/户	100×互联网宽带接入用户数/总人口数

（二）评价方法及数据来源

（1）评价方法

鉴于评价指标的多样性，本研究把定性和定量方法有机结合起来，采用主成分分析和专家经验相结合的方法进行区域性中心城市发展能力评价。主成分分析充分考虑各指标之间的相互作用及相关影响,是一种较为成熟的确定指标权重的客观方法。在主成分分析方法基础上结合专家经验确定各指标权重,可有效避免指标权重中的某些失衡现象。本研究首先利用主成分分析法对各一级指标所对应的二级指标进行综合评价,按所得主成分因子的方差贡献率计算各一级指标评价得分,再根据专家经验确定各一级指标权重,最后根据一级指标评价得分及相应权重计算出区域性中心城市发展能力综合评价总得分。

(2) 数据来源

指标数据主要来源于《中国城市统计年鉴》、2015 年各省市统计年鉴及官方统计公报,对于统计年鉴和统计公报中缺失的部分数据则通过政府网站查询等方式获取。

(三) 评价过程与结果

1. 经济职能评价

经济职能是区域性中心城市的发展基础和核心职能。研究运用主成分分析法对遴选出的 43 个区域性中心城市的经济职能进行评价(表 10-2)。可以看出,经济职能得分为正(表示高于 43 个城市平均发展水平)的城市主要有苏州市、无锡市、佛山市、东莞市、潍坊市、烟台市、南通市、唐山市、常州市、徐州市、泉州市、绍兴市、温州市、淄博市、临沂市等 15 个城市,全部为东部城市;其中苏州市、无锡市、佛山市三市分别以 2.625 1、1.143 4 和 0.850 5 的得分位列前三。排序靠后的主要有南充市、大同市、自贡市、淮南市、天水市等城市,基本为中西部城市。

表 10-2 区域性中心城市经济职能得分及排序

城市	经济职能得分	排序	城市	经济职能得分	排序
苏州市	2.625 1	1	常州市	0.411 2	9
无锡市	1.143 4	2	徐州市	0.266 6	10
佛山市	0.850 5	3	泉州市	0.258 7	11
东莞市	0.665 7	4	绍兴市	0.213 2	12
潍坊市	0.649 9	5	温州市	0.186 7	13
烟台市	0.595 0	6	淄博市	0.062 6	14
南通市	0.523 7	7	临沂市	0.019 1	15
唐山市	0.425 6	8	洛阳市	-0.031 0	16

续表

城市	经济职能得分	排序	城市	经济职能得分	排序
济宁市	-0.0313	17	鞍山市	-0.2984	31
扬州市	-0.0351	18	株洲市	-0.3795	32
盐城市	-0.0514	19	江门市	-0.3848	33
邯郸市	-0.1011	20	柳州市	-0.3874	34
惠州市	-0.1137	21	衡阳市	-0.4067	35
台州市	-0.1438	22	赣州市	-0.4257	36
保定市	-0.1622	23	宝鸡市	-0.4490	37
包头市	-0.1696	24	绵阳市	-0.5012	38
芜湖市	-0.2269	25	南充市	-0.5380	39
襄阳市	-0.2461	26	大同市	-0.6289	40
南阳市	-0.2680	27	自贡市	-0.6341	41
淮安市	-0.2789	28	淮南市	-0.6567	42
吉林市	-0.2897	29	天水市	-0.7668	43
大庆市	-0.2909	30			

2. 社会职能评价

社会发展是区域性中心城市发展的重要内容。研究运用主成分分析法对遴选出的43个区域性中心城市的社会职能进行评价（表10-3）。可以看出，社会职能得分为正（表示高于43个城市平均发展水平）的城市主要有东莞市、苏州市、佛山市、无锡市、绍兴市、常州市、包头市、大庆市、惠州市、淄博市、烟台市、温州市、南通市、台州市、扬州市等15个城市，基本为东部和中部城市；其中东莞市、苏州市、佛山市三市分别以1.2968、1.1423和0.9488的得分位列前三。排序靠后的主要有保定市、南阳市、赣州市、南充市、天水市等城市，主要为中西部城市。

表 10-3 区域性中心城市社会职能得分及排序

城市	社会职能得分	排序	城市	社会职能得分	排序
东莞市	1.2968	1	泉州市	-0.1196	23
苏州市	1.1423	2	株洲市	-0.1340	24
佛山市	0.9488	3	绵阳市	-0.1402	25
无锡市	0.8868	4	济宁市	-0.1488	26
绍兴市	0.7254	5	柳州市	-0.1551	27
常州市	0.6451	6	鞍山市	-0.1579	28
包头市	0.6374	7	淮安市	-0.2403	29
大庆市	0.3987	8	盐城市	-0.2515	30
惠州市	0.3064	9	徐州市	-0.2897	31
淄博市	0.2799	10	临沂市	-0.2927	32
烟台市	0.2401	11	洛阳市	-0.3023	33
温州市	0.2164	12	襄阳市	-0.3052	34
南通市	0.1942	13	宝鸡市	-0.3090	35
台州市	0.1538	14	自贡市	-0.3693	36
扬州市	0.0973	15	衡阳市	-0.4009	37
芜湖市	-0.0159	16	邯郸市	-0.5413	38
淮南市	-0.0470	17	保定市	-0.5948	39
江门市	-0.0733	18	南阳市	-0.6408	40
大同市	-0.1034	19	赣州市	-0.6467	41
吉林市	-0.1082	20	南充市	-0.6734	42
潍坊市	-0.1103	21	天水市	-0.8791	43
唐山市	-0.1190	22			

3. 文化职能评价

随着人民生活水平的日益提高和对文化需求的快速增长，文化建设已经成为区域性中心城市发展的重要内核，特别是历史文化名城表现尤甚。运用主成分分析法对遴选出的 43 个区域性中心城市的文化职能进行评价（表 10-4）。可以看出，文化职能得分为正（表示高于 43 个城市平均发展水平）的城市主要有东莞市、苏州市、保定市、洛阳市、无锡市、泉州市、烟台市、佛山市、芜湖市、徐州市、唐山市、南阳市、赣州市等19个城市，基本为东部和中部城市；其中东莞市、苏州市、保定市三市分别以1.4704、0.9539和0.8110的得分位列前三。排序靠后的主要有淮安市、江门市、襄阳市、盐城市、自贡市等城市，主要为中东部城市。

表10-4　区域性中心城市文化职能得分及排序

城市	文化职能得分	排序	城市	文化职能得分	排序
东莞市	1.4704	1	绵阳市	-0.0695	23
苏州市	0.9539	2	邯郸市	-0.1103	24
保定市	0.8110	3	宝鸡市	-0.1311	25
洛阳市	0.5569	4	惠州市	-0.1429	26
无锡市	0.4454	5	淮南市	-0.1434	27
泉州市	0.4178	6	大同市	-0.1746	28
烟台市	0.3953	7	淄博市	-0.2279	29
佛山市	0.3761	8	柳州市	-0.2484	30
芜湖市	0.2124	9	南充市	-0.2900	31
徐州市	0.1896	10	扬州市	-0.2930	32
唐山市	0.1177	11	台州市	-0.2941	33
南阳市	0.1153	12	株洲市	-0.2942	34
赣州市	0.0910	13	济宁市	-0.3115	35
潍坊市	0.0796	14	鞍山市	-0.3176	36
温州市	0.0601	15	南通市	-0.3500	37
大庆市	0.0459	16	临沂市	-0.3541	38
绍兴市	0.0425	17	淮安市	-0.4303	39
包头市	0.0284	18	江门市	-0.4891	40
天水市	0.0140	19	襄阳市	-0.4988	41
常州市	-0.0065	20	盐城市	-0.5242	42
吉林市	-0.0110	21	自贡市	-0.6866	43
衡阳市	-0.0241	22			

4. 宜居职能评价

城市的宜居性因其对资金、技术特别是人才的吸引力越来越成为区域性中心城市可持续发展的重要推动力量。运用主成分分析法对遴选出的43个区域性中心城市的宜居职能进行评价（表10-5）。可以看出，宜居职能得分为正（表示高于43个城市平均发展水平）的城市主要有苏州市、无锡市、淄博市、徐州市、常州市、惠州市、唐山市、芜湖市、佛山市、大庆市、江门市、扬州市、绍兴市、淮南市、烟台市、东莞市、邯郸市等22个城市，以东部和中部城市为主；其中苏州市、无锡市、淄博市三市分别以0.9469、0.6776和0.5111的得分位列前三。排序靠后的主要有保定市、南充市、南阳市、天水市、赣州市等城市，主要为中西部城市。

表10-5 区域性中心城市宜居职能得分及排序

城市	宜居职能得分	排序	城市	宜居职能得分	排序
苏州市	0.9469	1	南通市	0.1176	19
无锡市	0.6776	2	潍坊市	0.0513	20
淄博市	0.5111	3	临沂市	0.0409	21
徐州市	0.3401	4	株洲市	0.0263	22
常州市	0.3117	5	包头市	-0.0193	23
惠州市	0.3014	6	宝鸡市	-0.0251	24
唐山市	0.2939	7	鞍山市	-0.0402	25
芜湖市	0.2800	8	泉州市	-0.0504	26
佛山市	0.2586	9	温州市	-0.0557	27
大庆市	0.2267	10	台州市	-0.0716	28
江门市	0.2124	11	大同市	-0.1063	29
扬州市	0.2094	12	洛阳市	-0.1575	30
绍兴市	0.2058	13	柳州市	-0.1690	31
淮南市	0.1500	14	自贡市	-0.1831	32
烟台市	0.1487	15	淮安市	-0.2079	33
东莞市	0.1433	16	襄阳市	-0.2109	34
邯郸市	0.1391	17	绵阳市	-0.2453	35
济宁市	0.1291	18	盐城市	-0.3079	36

续表

城市	宜居职能得分	排序	城市	宜居职能得分	排序
吉林市	−0.335 3	37	南阳市	−0.494 7	41
衡阳市	−0.344 4	38	天水市	−0.943 3	42
保定市	−0.354 7	39	赣州市	−1.007 5	43
南充市	−0.391 6	40			

5. 联系职能评价

实体空间和虚拟空间联系是区域性中心城市发展的重要推动力量。研究运用主成分分析法对遴选出的43个区域性中心城市的联系职能进行评价（表10-6）。可以看出，联系职能得分为正（表示高于43个城市平均发展水平）的城市主要有苏州市、东莞市、无锡市、温州市、佛山市、泉州市、保定市、常州市、洛阳市、潍坊市、惠州市、徐州市、芜湖市、台州市、济宁市、烟台市等19个城市，基本为东部和中部城市；其中苏州市、东莞市、无锡市三市分别以1.651 4、1.300 9和0.635 4的得分位列前三。排序靠后的主要有淮南市、淮安市、南充市、自贡市、天水市等城市，主要为中西部城市。

表10-6 区域性中心城市联系职能得分及排序

城市	联系职能得分	排序	城市	联系职能得分	排序
苏州市	1.651 4	1	芜湖市	0.134 1	13
东莞市	1.300 9	2	台州市	0.116 2	14
无锡市	0.635 4	3	济宁市	0.110 6	15
温州市	0.631 7	4	烟台市	0.097 2	16
佛山市	0.448 8	5	衡阳市	0.094 3	17
泉州市	0.377 0	6	绍兴市	0.087 8	18
保定市	0.293 7	7	邯郸市	0.035 1	19
常州市	0.292 5	8	南通市	−0.068 2	20
洛阳市	0.242 9	9	鞍山市	−0.073 0	21
潍坊市	0.215 8	10	株洲市	−0.074 5	22
惠州市	0.186 3	11	唐山市	−0.082 8	23
徐州市	0.172 0	12	江门市	−0.089 4	24

续表

城市	联系职能得分	排序	城市	联系职能得分	排序
包头市	−0.1877	25	大庆市	−0.3363	35
临沂市	−0.1993	26	南阳市	−0.3377	36
柳州市	−0.2493	27	赣州市	−0.3614	37
淄博市	−0.2535	28	大同市	−0.4359	38
宝鸡市	−0.2547	29	淮南市	−0.4390	39
吉林市	−0.2755	30	淮安市	−0.4599	40
扬州市	−0.2785	31	南充市	−0.4873	41
盐城市	−0.3242	32	自贡市	−0.5463	42
绵阳市	−0.3354	33	天水市	−0.6384	43
襄阳市	−0.3357	34			

6. 综合评价

在区域性中心城市经济、社会、文化、宜居及联系职能评价基础上，结合主成分分析及专家经验，分别赋予经济职能、社会职能、文化职能、宜居职能、联系职能5个一级指标0.26、0.16、0.16、0.16、0.26的权重，根据一级指标评价得分及相应权重计算出区域性中心城市发展能力综合评价总分（表10-7）。可以看出，综合得分为正（表示高于43个城市平均发展水平）的城市主要有苏州市、东莞市、无锡市、佛山市、常州市、烟台市、温州市、绍兴市、潍坊市、泉州市、徐州市、唐山市、南通市、惠州市、洛阳市、芜湖市、淄博市、保定市、包头市等19个城市，除洛阳市、芜湖市和包头市属中部城市外其余全部为东部城市；其中苏州市、东莞市、无锡市三市分别以1.5988、0.9770和0.7841的得分位列前三。排序靠后的主要有大同市、赣州市、南充市、自贡市、天水市等城市，主要为中西部城市。综合看，东部城市综合得分总体较高，而中西部及东北城市综合得分总体偏低。这与东部地区作为我国经济发展的主体是基本一致的，但中西部及东北地区中心城市发展能力滞后，势必影响我国区域经济的总体协调和均衡发展。

表 10-7　区域性中心城市综合得分及排序

城市	综合得分	排序	城市	综合得分	排序
苏州市	1.598 8	1	扬州市	-0.079 3	23
东莞市	0.977 0	2	邯郸市	-0.099 2	24
无锡市	0.784 1	3	临沂市	-0.143 8	25
佛山市	0.591 2	4	鞍山市	-0.179 1	26
常州市	0.335 0	5	江门市	-0.179 3	27
烟台市	0.305 4	6	株洲市	-0.182 3	28
温州市	0.248 1	7	衡阳市	-0.204 3	29
绍兴市	0.234 1	8	吉林市	-0.219 7	30
潍坊市	0.228 4	9	柳州市	-0.257 2	31
泉州市	0.204 9	10	宝鸡市	-0.257 4	32
徐州市	0.152 4	11	盐城市	-0.271 0	33
唐山市	0.135 9	12	绵阳市	-0.290 3	34
南通市	0.112 3	13	淮南市	-0.291 3	35
惠州市	0.093 3	14	襄阳市	-0.313 7	36
洛阳市	0.070 6	15	南阳市	-0.320 7	37
芜湖市	0.052 1	16	淮安市	-0.332 6	38
淄博市	0.040 4	17	大同市	-0.338 4	39
保定市	0.012 0	18	赣州市	-0.454 8	40
包头市	0.010 5	19	南充市	-0.483 4	41
济宁市	-0.032 4	20	自贡市	-0.505 1	42
台州市	-0.041 1	21	天水市	-0.654 7	43
大庆市	-0.055 7	22			

四、区域性中心城市分类及发展面临的短板因素

把 43 个地级城市纳入我国区域性中心城市建设基本框架，基于区域性中心城市发展能力评价结果，并以城市综合得分分别位于 0.3～1.6、0.1～0.3、0～0.1、-0.7～0 为标准划分为四类，分别是：Ⅰ型、Ⅱ型、

Ⅲ型、Ⅳ型区域性中心城市（表10-8）。

表10-8 区域性中心城市分类及评价得分

中心城市类型	城市	经济职能得分	社会职能得分	文化职能得分	宜居职能得分	联系职能得分	城市综合得分
Ⅰ型区域性中心城市	苏州市	2.625 1	1.142 3	0.953 9	0.946 9	1.651 4	1.598 8
	东莞市	0.665 7	1.296 8	1.470 4	0.143 3	1.300 9	0.977 0
	无锡市	1.143 4	0.886 8	0.445 4	0.677 6	0.635 4	0.784 1
	佛山市	0.850 5	0.948 8	0.376 1	0.258 6	0.448 8	0.591 2
	常州市	0.411 2	0.645 1	−0.006 5	0.311 7	0.292 5	0.335 0
	烟台市	0.595 0	0.240 1	0.395 3	0.148 7	0.097 1	0.305 4
Ⅱ型区域性中心城市	温州市	0.186 7	0.216 4	0.060 1	−0.055 7	0.631 7	0.248 1
	绍兴市	0.213 2	0.725 4	0.042 5	0.205 8	0.087 8	0.234 1
	潍坊市	0.649 9	−0.110 3	0.079 6	0.051 3	0.215 8	0.228 4
	泉州市	0.258 7	−0.119 6	0.417 8	−0.050 4	0.377 0	0.204 9
	徐州市	0.266 6	−0.289 7	0.189 6	0.340 1	0.172 0	0.152 4
	唐山市	0.425 6	−0.119 0	0.117 7	0.293 9	−0.082 8	0.135 9
	南通市	0.523 7	0.194 2	−0.350 0	0.117 6	−0.068 2	0.112 3
Ⅲ型区域性中心城市	惠州市	−0.113 7	0.306 4	−0.142 9	0.301 4	0.186 3	0.093 3
	洛阳市	−0.031 0	−0.302 3	0.556 9	−0.157 5	0.242 9	0.070 6
	芜湖市	−0.226 9	−0.015 9	0.212 4	0.280 0	0.134 1	0.052 1
	淄博市	0.062 6	0.279 9	−0.227 9	0.511 1	−0.253 5	0.040 4
	保定市	−0.162 2	−0.594 8	0.811 0	−0.354 7	0.293 7	0.012 0
	包头市	−0.169 6	0.637 4	0.028 4	−0.019 3	−0.187 7	0.010 5
Ⅳ型区域性中心城市	济宁市	−0.031 3	−0.148 8	−0.311 5	0.129 1	0.110 6	−0.032 4
	台州市	−0.143 8	0.153 8	−0.294 1	−0.071 6	0.116 2	−0.041 1
	大庆市	−0.290 9	0.398 7	0.045 9	0.226 7	−0.336 3	−0.055 7
	扬州市	−0.035 1	0.097 3	−0.293 0	0.209 4	−0.278 5	−0.079 3
	邯郸市	−0.101 1	−0.541 3	−0.110 3	0.139 1	0.035 1	−0.099 2
	临沂市	0.019 1	−0.292 7	−0.354 1	0.040 9	−0.199 3	−0.143 8

续表

中心城市类型	城市	经济职能得分	社会职能得分	文化职能得分	宜居职能得分	联系职能得分	城市综合得分
Ⅳ型区域性中心城市	鞍山市	−0.298 4	−0.157 9	−0.317 6	−0.040 2	−0.073 0	−0.179 1
	江门市	−0.384 8	−0.073 3	−0.489 1	0.212 4	−0.089 4	−0.179 3
	株洲市	−0.379 5	−0.134 0	−0.294 2	0.026 3	−0.074 5	−0.182 3
	衡阳市	−0.406 7	−0.400 9	−0.024 1	−0.344 4	0.094 3	−0.204 3
	吉林市	−0.289 7	−0.108 2	−0.011 0	−0.335 3	−0.275 5	−0.219 7
	柳州市	−0.387 4	−0.155 1	−0.248 4	−0.169 0	−0.249 3	−0.257 2
	宝鸡市	−0.449 0	−0.309 0	−0.131 1	−0.025 1	−0.254 7	−0.257 4
	盐城市	−0.051 4	−0.251 5	−0.524 2	−0.307 9	−0.324 2	−0.271 0
	绵阳市	−0.501 2	−0.140 2	−0.069 5	−0.245 3	−0.335 4	−0.290 3
	淮南市	−0.656 7	−0.047 0	−0.143 4	0.150 0	−0.439 0	−0.291 3
	襄阳市	−0.246 1	−0.305 2	−0.498 8	−0.210 9	−0.335 7	−0.313 7
	南阳市	−0.268 0	−0.640 8	0.115 3	−0.494 7	−0.337 7	−0.320 7
	淮安市	−0.278 9	−0.240 3	−0.430 3	−0.207 9	−0.459 9	−0.332 6
	大同市	−0.628 9	−0.103 4	−0.174 6	−0.106 3	−0.435 9	−0.338 4
	赣州市	−0.425 7	−0.646 7	0.091 0	−1.007 5	−0.361 4	−0.454 8
	南充市	−0.538 0	−0.673 4	−0.290 0	−0.391 6	−0.487 3	−0.483 4
	自贡市	−0.634 1	−0.369 3	−0.686 6	−0.183 1	−0.546 3	−0.505 1
	天水市	−0.766 8	−0.879 1	0.014 0	−0.943 3	−0.638 4	−0.654 7

Ⅰ型区域性中心城市主要包括苏州市、东莞市、无锡市、佛山市、常州市、烟台市共 6 个城市；Ⅱ型区域性中心城市主要包括温州市、绍兴市、潍坊市、泉州市、徐州市、唐山市、南通市共 7 个城市；Ⅲ型区域性中心城市主要包括惠州市、洛阳市、芜湖市、淄博市、保定市、包头市共 6 个城市；Ⅳ型区域性中心城市为济宁市、台州市、大庆市、扬州市等其余的 24 个城市。

根据其五方面职能得分情况，各类区域性中心城市存在的短板因素如下：

(1) Ⅰ型区域性中心城市

这类城市主要分布在东部地区，经济发展水平较高，但也面临经济、社会、文化、宜居及联系职能发展不协调问题。如苏州市的文化及宜居职能得分相对落后于其他职能，东莞市的经济及宜居职能得分相对落后，无锡市的文化职能得分相对落后，佛山市的文化及宜居职能得分相对落后，常州市的文化及联系职能得分相对落后，烟台市的宜居及联系职能得分相对落后。

(2) Ⅱ型区域性中心城市

这类城市发展能力处于中间水平，除面临Ⅰ型区域性中心城市存在的五大职能不协调问题外，还特别存在某些制约发展的短板。如温州市的文化及宜居职能得分明显落后，绍兴市的文化及联系职能得分明显落后，潍坊市的社会、文化及宜居职能得分明显落后，泉州市的社会及宜居职能得分明显落后，徐州市的社会职能得分明显落后，唐山市的社会及联系职能得分明显落后，南通市的文化及联系职能得分明显落后。

(3) Ⅲ型区域性中心城市

这类城市发展能力略高于平均水平，除面临Ⅰ型区域性中心城市存在的五大职能不协调问题外，面临的短板也比Ⅱ型区域性中心城市建设更多。如惠州市面临经济及文化职能的制约，洛阳市、保定市均面临经济、社会及宜居职能的制约，芜湖市面临经济及社会职能的制约，淄博市面临经济职能特别是文化及联系职能的制约，包头市面临经济、宜居及联系职能的制约。

(4) Ⅳ型区域性中心城市建设

这类城市发展能力居于平均水平之下，以中西部及东北城市为主，也包括济宁市、台州市、扬州市、临沂市、盐城市、淮安市等部分东部城市。其面临的主要障碍有：一是经济、社会、文化、宜居及联系职能普遍发展水平偏低，特别是经济职能较为薄弱，往往导致社会发展、文化建设、城市宜居、空间联系等发展滞后；二是五大职能发展不协调，如济宁市的城市宜居及空间联系职能较好但经济、社会及文化职能明显滞后，台州市的社会、联系职能较好但经济、文化职能明显滞后，大庆市的社会、宜居职能较好但经济、联系职能明显滞后，扬州市的社会、宜居职能较好但经济、文化及联系职能明显滞后。

五、区域性中心城市优化的对策建议

（一）优化区域性中心城市空间布局

西部地区几乎没有区域性中心城市，而中部和东北地区的区域性中心城市数量也很少，且综合排名都很低，影响我国区域性中心城市的合理布局和协调发展，迫切需要加以改善和提升。主要从两方面着手：一是在全国层面，加快中西部和东北地区区域性中心城市的培育和发展，使其成为带动区域经济发展重要的增长极和发动机，促进区域性中心城市在全国的优化布局和协调发展；二是在区域性中心城市内部发展层面，应促进经济、社会、文化、宜居、联系五大职能的协调发展，重点弥补经济职能和联系职能两大短板，进而带动其他职能发展，使其尽快成长为真正意义上的区域性中心城市。

（二）提升城市综合经济实力

作为区域性中心城市，其 GDP 和人均 GDP 应高于区域平均水平，这是区域性中心城市最基本的经济特征，也是发挥其辐射带动的基础。从分析结果来看，大多数区域性中心城市已经是区域内的首位城市，但由于经济综合实力不强（特别是Ⅲ型、Ⅳ型城市），导致其辐射带动能力不足。当前的首要任务是，在国家加快"一带一路"建设和推进供给侧结构性改革的战略背景下，发挥区域性中心城市独特的地域、区位和要素禀赋优势，加大产业结构调整力度，加快构筑现代产业体系，全力做大经济总量，提升城市能级，增强中心城市的聚集与辐射功能。

（三）提升城市社会发展能力

发展社会事业是建设区域性中心城市的重要内容，是改善民生、提高人民群众生活质量的重要任务。从评价结果来看，社会职能滞后不仅是多数中西部和东北城市面临的短板因素，也是部分东部城市发展的短板。一是要根据各类城市社会职能现状，稳步推进社会事业建设，大力提高基本公共服务水平，促进经济与社会协调发展；二是要顺应中心城市大型化、专业化的发展趋势，全力加快城市基础设施和公共服务设施建设；三是要不断完善体制、就业、医疗、法律等发展支撑条件，加快打造城市核心产业，健全城市社会保障能力。

（四）加强城市文化职能建设

城市文化是城市的软实力，是城市的灵魂。从评价结果来看，我国东

中西及东北城市均不同程度地存在文化职能的短板制约，中西部城市表现尤甚。一是要针对不同城市文化职能现状，大力发展文化事业，提升高校、中等职业学校及中小学的质量和规模，建设好图书馆、科技馆、博物馆、影剧院、A级旅游景区等公共文化设施，丰富市民文化生活，提升城市文化内涵；二是要加快发展文化创意产业，大力培育具有城市和区域特色的文化产业，造就一批文化产业方面的知名品牌，增强城市文化魅力；三是要培育城市精神，加大对教育的投入力度，不断提高城市居民综合素质，特别是文化、文明素质，推进城市文明创建活动，争创全国文明城市。

（五）增强城市宜居功能

目前，许多中心城市仍以劳动和资本密集型制造业为主，金融保险、科技服务、信息服务等现代服务业发展滞后，产业结构的低端徘徊加剧了环境污染及生态脆弱性，降低了城市的宜居性，特别是中西部及东北城市表现突出，不利于吸引科技、人才等高级要素资源。要以环境保护和生态园林城市创建为抓手，主动淘汰污染严重、经济效益低的落后产业，优先发展资源消耗低、环境污染少的产业，走资源节约型、环境友好型的发展路子，加强高端要素资源集聚与宜居宜业建设，提升城市宜居性。

（六）强化城市对外联系能力

区域性中心城市的基础和关键作用在于区域性，这必然要求加强中心城市与其区域内其他城市的联系或交往，发挥和增强其集聚、辐射、带动、示范等作用。研究发现，我国多数中西部及东北城市联系职能偏弱，要进一步强化与周边城市及区域的交流与合作，利用区域资源整合的优势，建立完善与周边城市及区域交流合作的体制机制，最大限度地降低城市及区域合作的行政阻隔，促进资源要素的自由流动和优化配置。要加快区域性中心城市对外交通建设，着力构建"安全、便捷、高效、绿色"的现代综合交通体系，不断拓展区域性中心城市的辐射能力。要顺应新型城镇化、城市群主体形态发展规律，加强区域性中心城市与城市群内其他城市和城镇之间的相互协作、紧密联系，在城镇功能定位和产业经济发展方面实现合作共赢，在公共服务和基础设施体系建设方面实现共建共享，在资源开发利用和生态环境建设方面实现统筹协调，把城市群建设成为我国在全球化网络中具有竞争力的核心节点区域，促进区域性中心城市与城市群的协同创新发展。

总结以上分析，对不同类型的区域性中心城市，应针对其短板因素，采取分类推进的策略，因城市而施略，其培育和发展的目标、重点、途径等应有所不同。区域性中心城市科学发展问题，要遵循城市发展规律，加强理论研究，为其发展提供更加科学合理的理论支撑。

第三节　沿海和沿东陇海线经济带互动发展

江苏沿海与沿东陇海线地区同为欠发达地区，是"一带一路"在江苏内的投影。沿东陇海线地区是江苏"南北轴向"发展的"洼地"，普遍认为是形成江苏区域发展差距格局的主要因素。同样，江苏沿海与我国其他沿海地区不同，江苏沿海城市发展明显落后江苏内陆区域中心城市，是江苏"东西轴向"发展的"洼地"。江苏区域协调发展的关键在于加快沿东陇海线地区与沿海地区的发展。随着江苏沿海开发上升为国家战略，沿海地区有了国家政策支持，但是沿海地区的快速崛起离不开内陆地区的支撑和互动。

习近平总书记在江苏考察时明确指出，江苏处于丝绸之路经济带和21世纪海上丝绸之路的交汇点上，"一带一路"在江苏内的空间投影是沿东陇海线地区和沿海地区。江苏地缘优势独特，人文底蕴深厚，发展基础良好，对外开放度高，与"一带一路"沿线国家和地区各领域的合作潜力巨大，都意味着"一带一路"建设必将对江苏未来发展产生深远影响。

一、江苏区域发展格局的问题与现状

（一）江苏沿海地区和沿东陇海线地区发展水平与其战略地位不符

沿海轴线一直是我国空间布局方案的一级发展轴线，同样在江苏沿海地区与沿江地区是主要开发轴线。陇海发展轴线在我国不同时期，例如"T"开发模式、"π"开发模式中，都是仅次于沿海、沿江轴线的二级发展轴线，在"两横三纵"发展格局中，更是成为一级发展轴线。沿海、沿陇海线在全国发展战略格局中具有重要的地位。但是，全国范围内，沿陇海线地区经济发展水平要远远落后于沿海、沿江地区。

在江苏内的沿东陇海线地区更是这样一个缩影。江苏沿江地区无论是人口规模还是地区生产总值占全省的比重都要远远超过沿东陇海线地区和沿海地区（表10-9）。在人均GDP和路网密度方面，沿江地区的104 251元、1.68km/km² 高于全省平均水平的 81 874 元、1.47km/km²，沿东陇海线

地区的 62 991 元、1.46km/km² 和沿海地区的 60 415 元、1.40km/km² 都要低于全省平均水平。沿东陇海线地区和沿海在国家层面、江苏层面都具有重要的战略地位，但其发展水平达不到战略地位的要求。

表 10-9 江苏沿江、沿海和沿东陇海线地区发展水平比较

地区	地区生产总值/亿元	工业总产值/亿元	固定资产投资/亿元	社会消费品零售总额/亿元	进出口总额/亿美元	公路里程/km
全省	65 088.32	143 016.94	41 552.75	23 458.07	5 637.62	157 521
沿江地区	51 662.75	107 866.48	30 058.32	17 877.18	5 343.66	85 874
沿海地区	11 454.20	24 602.72	8 364.32	4 218.19	471.94	49 264
沿东陇海线地区	5 382.62	12 479.50	4 186.81	2 219.33	126.12	17 231

（二）江苏沿海与内陆突显的"西高东低"现象

江苏沿海地区得天独厚的区位优势，一是港口资源优势，江苏与我国其他沿海省份的最大差距，主要体现在没有充分利用海港资源。二是全国沿海只有江苏和上海位于江海交汇处，江苏沿海段应是全国沿海区位优势最好的一段。三是江苏沿海位于大陆桥通道的龙头和长江通道的龙头之间，这在全国也绝无仅有。

由于江苏沿海地区的区位与资源优势还没有充分利用，其潜力没有充分发挥，造成江苏沿海地区没有发展起来，产生了"西高东低"现象，即沿海门户城市连云港市、盐城市、南通市分别落后于内陆区域中心城市徐州市、淮安市、南京市。对江苏来说，位于内陆的城市水平总体上都要高于位于沿海的城市水平，呈现出西高东低的分布格局（表 10-10）。

表 10-10 江苏内陆区域中心城市和沿海门户城市发展水平比较

内陆区域中心城市	市区人口/万人	地区生产总值/亿元	沿海门户城市	市区人口/万人	地区生产总值/亿元
徐州市区	331.46	2 792.94	连云港市区	219.07	1 072.34
淮安市区	291.49	1 462.04	盐城市区	169.31	1 095.68
南京市区	648.72	8 820.75	南通市区	212.83	2 093.78

（三）沿东陇海线地区的边缘化格局并未改变

近年来，沿东陇海线地区实施了东陇海产业带建设、徐州市都市圈建设、沿海开发、淮安市中心城市建设等多个省级以上的开发战略，该地区的经济社会发展水平获得了较大提升，然而，从社会、经济、文化建设诸多方面来看，江苏三大区域发展不平衡的问题仍然存在。虽然江苏全省被纳入长三角区域发展战略、长江经济带战略之中，但沿东陇海线地区无论是在地理区位还是在社会经济方面均处于边缘化地位。因此，需要在考虑与周边其他区域协调合作的基础上，将沿东陇海线地区作为重要板块纳入"一带一路"的国家战略之中，以实现沿东陇海线地区在发展水平与大区域地位上的双重崛起。

二、沿海与沿东陇海线地区互动发展的模式选择

（一）发展思路

充分放大江苏沿海开发作为国家战略的效应，针对苏北沿海资源尚未充分利用的现实，以构建区域内便捷快速的交通体系为着力点，腹地城市需要更加积极主动地与沿海城市对接，错位发展，依靠快速交通、出海通道形成产业走廊，真正实现腹地城市与沿海城市的"血脉"相连。

依靠苏北腹地的产业、人才优势和沿海滩涂、湿地资源，以及"东方桥头堡"和"东中西合作示范区"的战略优势，通过产业走廊进行融会贯通，加快5市间的融合发展水平，形成沿海开放、腹地支撑的良性互动，构筑现代产业带和城市群。发挥区域规模发展效应，在江苏"两个率先"大局中做出新的更大贡献，建设成为中国沿海开发的新亮点和新引擎。

以创新的思维和可行的措施，在政府、企业和社会总体环境等多个层面上，有效促进苏北沿海与腹地的互动合作，以先进带动一般，以示范带动全局，以市场培育主体，打造具有特色品牌的海洋经济，全面提升苏北经济发展的质量和能级，促进形成产业联动、城市互动、区域一体的新局面。

（二）发展模式

1. 交通带联动——走廊模式

依托陇海铁路、连霍高速公路、航空、水运等交通通道，苏北沿海与腹地已经基本形成现代化的立体交通网络，为构建互动发展走廊模式奠定了良好基础，这是互动发展的初期阶段。随着高速铁路、轨道交通等新的

交通方式发展,使人才、信息、技术、资金等关键要素加速在沿东陇海产业带和沿海经济带流动,将进一步强化"走廊效应",从而助推苏北沿海与腹地互动发展转型升级。

2. 核心城市互动——双核模式

根据徐州市、连云港市两市的各自优势和功能,徐州市应当着力打造淮海经济区中心城市,承担起该区域经济发展引擎的重任,其城市规模和实力还有待增强,区域性中心城市的带动和辐射作用还须强化;连云港市应当着力打造国际化港口城市,加快发展临港产业和完善城市功能,尽快改变规模偏小、产业结构偏重、综合竞争力不强等问题。同时,当前苏北5市发展还都面临着经济、社会、文化、空间、生态和环境六大转型的严峻挑战。解决这些问题,需要把坚持走双核互动发展模式作为重要的路径选择。应当进一步明确沿海与腹地的各自功能,深化港口分工和互动层次,提升沿海经济发展水平,在巩固提升一级双核"连云港市与徐州市"的同时,积极培育发展次级双核"盐城市与淮安市",逐渐形成两组"双核模式"城市群。

3. 都市圈辐射带动——同城模式

围绕构建徐州市都市圈,发挥核心城市的极化与扩散效应,提升苏北沿海与腹地的互动发展水平。徐州市都市圈是江苏三大都市圈之一,从地理位置上看,徐州市处于淮海经济区的中心,拥有作为大都市的基础和有利条件。同城模式的主要内容包括:交通同城化、信息同城化、金融同城化以及教育、卫生、医疗同城化、市民待遇同城化。

4. 城市群融合——网络模式

随着城市功能和"走廊""通道"的不断完善,快速高效的交通和通信设施连接成网络,深化苏北各市之间的交流与合作,对形成富有创造力的网络状城市群产生重要的推动作用。网络模式是苏北沿海与腹地互动发展的高级形态,是区域一体化发展的具体表现。

以上四种互动发展模式,反映了沿海与沿东陇海线地区由低级到高级的演进过程。但四种模式并不各自独立,更不相互排斥,同一时期可能同生共存,只不过某一发展阶段可能以某一种互动模式为主。首先,实现苏北沿海与腹地互动发展,通常需要首先打造便捷的交通走廊,然后形成产业带,从而不断增强沿海与腹地的经济联系。随着交通走廊的不断完善,构成交通网络,使沿海与腹地形成一个密切联系的集合体。此时,沿海与腹地互动发展便进入第二阶段,出现双核互动模式,城市功能不断增强,且分工越来越明晰,逐渐形成错位发展的产业体系,促进沿海港口城市形成门户城市,发挥开放效应,海洋产业的优势逐渐显现;腹地城市形成区域性中心城市,并辐射带动周边地区。这样,沿海与腹地互动发展进入完善阶段,出现同城模式,沿海与腹地在产业定位、基础设施建设、土地开发和政府管理上形成高度协调和统一的机制,不同城市的市民可以享受同样的待遇。最后,则是沿海与腹地互动发展的高级阶段,出现城市群网络模式,沿海与腹地逐渐实现空间、产业、政策、基本公共服务等多领域、多层次的互动发展,最终形成区域一体化发展格局。

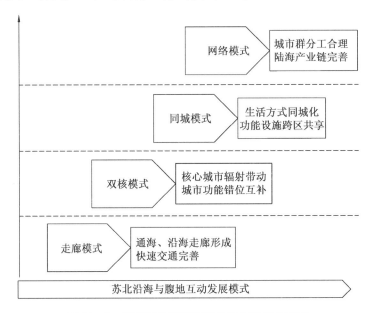

图 10-1　沿海与沿东陇海线地区互动发展模式

三、互动发展的对策建议

（一）注重流域开发模式,摆脱沿东陇海线地区的边缘困境

当前,江苏区域发展的空间结构实质是以上海为核心,呈南北方向梯度扩散的核心—边缘结构。其中,上海与苏南处于核心层,苏中处于过渡层、沿东陇海线地区则沦为边缘区。核心—边缘结构理念下的梯度开发策略使江苏整体上获得巨大的空间效益,社会经济发展领先于全国。然而,沿东陇海线地区边缘区的特征不利于其实现区域地位与影响力的完全提升,在全面进入区域协调发展阶段并压缩南北差距时,沿东陇海线地区问

题的艰巨性就深刻地体现出来。

以流域开发视角来看，江苏位于淮河水系与长江的下游及入海口，这种典型的自然地理特征使江苏须同时重视沿流域东西方向的横向开发思路。流域视角下的空间开发，其重要优势之一是沿东陇海线地区在发展地位上可以一定程度摆脱边缘区的阴影，从而确立以沿东陇海线地区城市自身为中心的区域开发体系，有利于其摆脱边缘困境。江苏应将自南而北的轴带开发理念与自东而西的流域开发理念统筹考虑，将流域开发理念下的空间发展结构作为当前核心—边缘空间结构的补充与完善，国家"一带一路"倡议正是这两种开发理念融合的契合点。

(二) 强化双核发展模式，发挥陆桥通道资源与沿海港口资源优势

根据徐州市、连云港市两市的各自优势和功能，徐州市应当着力打造淮海经济区中心城市，承担起该区域经济发展引擎的重任，其城市规模和实力还有待增强，区域性中心城市的带动和辐射作用还须强化；连云港市应当着力打造国际化港口城市，加快发展临港产业和完善城市功能，尽快改变规模偏小、产业结构偏重、综合竞争力不强等问题。同时，当前沿东陇海线地区和沿海地区的6市发展还都面临着经济、社会、文化、空间、生态和环境六大转型的严峻挑战。解决这些问题，需要把坚持走双核互动发展模式作为重要的路径选择。应当进一步明确沿海与内陆腹地的各自功能，深化港口分工和互动层次，提升沿海经济发展水平，在巩固提升一级双核"徐州市与连云港市"的同时，积极培育发展次级双核"淮安市与盐城市"，逐渐形成两组"双核模式"。

依托江苏沿海与沿东陇海线地区实施产业、城镇的集聚布局和基础设施的集中建设，加强各级行政区域、各类空间载体之间的信息化、智能化和生态化建设，推进形成各具特点、主体功能明确的不同空间单元，处理好不同产业与不同功能区的空间配置关系。沿东陇海线地区大力发展对外贸易，积极发展劳动密集型产业，着力建设资源加工产业带，充分利用路桥通道资源；沿海地区大力加强基础设施建设，积极发展基础产业，着力建成与生态保护相协调的新兴临港产业和海洋经济带，充分发挥沿海港口资源。

(三) 形成基础设施互联互通，构建横向综合开发廊道

交通基础设施建设是区域开发廊道构建的基础。江苏的交通网络呈现出的南北向发达，东西向较弱的特征，尤其是沿东陇海线地区。以沪宁沿线、京广沿线、运河沿线等纵向廊道的开发已经比较成熟。因此，需要重

点完善沿东陇海线地区内部的东西向高速公路、铁路网络、通航河段，打通淮河流域内的快速路网盲区，以江苏沿海为龙头重点打造横向综合开发廊道。由连云港—徐州的北支与盐城—淮安—宿迁—徐州的南支开发廊道在徐州市交汇，然后接入陇海大通道，对接我国内陆西北门户区。该廊道可强化东陇海走廊地区发展，同时南支可成为西北地区通过江苏沿海进入上海的新通道。

结合江苏全省生产力布局，构建以铁路、高速公路为骨干，以国省干道为基础的省域综合交通网络。围绕徐州市、连云港市两大国家级综合交通枢纽，建设以铁路、机场、港口等为主的综合交通枢纽，服务更大范围人员和物资运输需求。以强化港口航道功能、构建快速便捷铁路通道、扩大国际集装箱班列业务、完善公路网络体系，推动航空提档升级为重点构建综合立体交通网络，增强区域内外通行能力。进一步强化口岸建设，徐圩、赣榆、灌河港区尽快实现正式开放。加快连盐铁路、连青铁路建设，开工建设徐连客运专线，构筑丝绸之路东端陆桥"T"形高铁格局。

（四）完善陆海统筹机制，推进江苏沿海与沿东陇海线地区相互对接

协调的政策体系是实现江苏沿海与沿东陇海线地区互动发展的制度保障。要优化整合沿海、沿东陇海线地区各市规划。适应各市发展的新特点和新要求，进一步优化"一市一策"，完善差别化的区域政策；深化"一事一议"，加大政策优化组合力度。一方面，进一步发挥江苏委省政府支持沿海、沿东陇海线地区加快发展的各种平台作用，重点协调有关沿海、沿东陇海线地区经济合作的政策法规、重大事项支持、市场准入等，为区域互动发展搭建框架，处理好沿海与沿东陇海线地区竞争和合作关系；另一方面，充分发挥各地方政府的积极性，形成多层次的互动发展平台，在沿海港口、口岸与腹地基础设施对接、产业布局空间拓展、企业跨区域联合发展、生产要素流动平台共建共享等方面开展实质性合作，形成有利于区域协调发展的政策框架。

徐州市、宿迁市、淮安市3市是连云港市、盐城市、南通市3市的直接腹地，应当打破行政区划的束缚，加大海洋经济向腹地经济渗透的力度。同时，还要全面提升内陆对沿海开发的辐射和支撑，实行资源要素统筹配置、优势产业统筹培育、基础设施统筹建设、生态环境统筹整治，统筹兼顾腹地、沿海、海洋三者之间的发展关系。本着互补联动、同构调整和延伸提升的原则，按照配套对接、错位对接和高端对接的思路，加快江苏沿海与沿东陇海线地区相互对接。充分发挥内陆城市的自身优势，依托

沿海与内陆之间便捷交通网络在优化生产要素配置中的积极作用,把沿海城市的港口、开放优势与沿东陇海线城市的交通、通道优势相融合,尽快转变为产业优势、经济优势和价值链优势。

第四节 扬子江城市群跨江融合发展

随着《长江经济带发展规划纲要》的正式印发和实施,修复长江生态环境摆在了压倒性位置。在此背景下,江苏委省政府提出:"在保护好生态的前提下,推动沿江地区绿色发展。要认真谋划沿江两岸城镇体系建设,围绕资源共享、优势互补,加大融合发展力度,突出一体化发展,共建扬子江城市群,使沿江八市成为未来江苏协同发展最重要的增长极。"江苏扬子江城市群位于长江经济带的最东部,包括分布在沿长江(江苏内)两岸的8个地级市。

江苏扬子江城市群地处我国沿海与沿江生产力布局主轴线的结合部,是长江经济带和长三角城市群的叠加区域,也是江苏经济发展的先发地区和核心地带。在国家重点实施"一带一路"和长江经济带战略的背景下,其在我国区域发展总体格局中具有重要战略地位,但在江苏沿江地区内部南北城市存在的较大发展差异,已经成为区域经济社会协调发展的障碍。目前,我国城市群普遍存在重形态建设、轻实质发展的问题,提升城市群的质量是经济带建设和区域发展的关键。因此,在"共抓大保护、不搞大开发"的思路下,探讨江苏扬子江城市群跨江融合发展的路径,对于推动长江经济带发展走生态优先、绿色发展之路具有重要意义。

 一、扬子江城市群跨江融合发展的主要障碍

(一)经济联系的割裂性

经济发展上,"同为一江水,两岸各不同",主要表现为:一是经济水平的梯度差异(表10-11)。江南地区GDP是江北地区的3.06倍,人均GDP是1.52倍,工业产值是3.12倍;二是产业结构合理化程度的差异。两地均以工业为主,第二产业比重均在一半以上。整体上看,江南地区的产业高级化程度远高于江北地区,其服务经济发展尤高;三是经济外向度的显著差异。进出口总额江北仅占江南的1/9,实际外商直接投资江北仅占江南的1/4,仅仅一江之隔,两地的对外经济联系程度却差距甚大,江南地区的经济外向度明显高于江北地区。江南地区社会消费品零售总额是江北地区的 3.25 倍，说明江南地区人民的购买力较强，需求旺盛，市场容量大，为企业发展提供了较好的市场环境。

表 10-11　江苏江南和江北两地经济发展水平比较

主要指标	江南	江北	主要指标	江南	江北
年末总人口/万人	3 310	1 640	社会消费品零售总额/亿元	13 679	4 197
地区生产总值/亿元	38 941	12 721	固定资产投资总额/亿元	21 547	8 510
人均地区生产总值/元	117 618	77 562	实际利用外资/亿美元	180	46
工业产值/亿元	16 895	5 404	进出口总额/亿美元	4 818	525

（二）产业布局的趋同性

江苏在沿江地区布局重化工业一直是理所当然的选择，这种选择随着沿江大开发战略的一轮轮推动而得以加强。2001 年 6 月，江苏启动新一轮沿江大开发战略，明确提出重点发展装备制造、化工、冶金和现代物流四大产业。此后 5 年，中央、江苏陆续发布《长江三角洲地区区域规划》《江苏"十二五"规划纲要》等重要文件，均明确将石化化工作为重点产业加以打造，江苏沿江已成为石化产业发展的重要集聚区。据统计，从南京市到苏州市的 300 余公里地带内，长江沿岸就布局 30 余个较大型的化工园区，几十家大型火电厂、钢铁厂和有色金属加工等企业，还有密集布局的港口码头、塔吊造船厂和储罐设施等上下游产业，产业同质化现象非常严重。

（三）城镇化的差异性

扬子江城市群城镇化平均水平已经高于 65%，其城镇化发展阶段正在从加速发展期向稳定期过渡（转型期）。各市城镇化发展存在差异，江北的扬州市、泰州市、南通市 3 市城镇化率为 60% 左右，提高速度较快，而江南 5 市的城镇化率大多高于 70%，提高速度较慢，说明江南江北城镇化发展处在不同的阶段，因长江阻隔呈现比较明显的南高北低的断裂性特征。从城镇化质量来看，近年来伴随着新型城镇化的推进，特别是苏南现代化示范区的建设，江南地区城镇化质量大大改善，特别是在城乡统筹、农民市民化、基本公共服务设施建设等方面取得较大成效。

(四) 基础建设的切变性

长江作为沿江地区重要的自然地理界线，对沿江地区地理事物的约束与阻挡作用，称为"切变"效应。突破长江约束就会使沿江地区空间联系与经济要素流动发生质变。具体而言，长江的切变效应主要表现为：一是基础设施的"切变"。铁路、公路等交通基础设施是商品流、人才流、资金流、技术流、信息流、能源流等不可或缺的物质载体或媒介。长江的切变作用阻碍了基础设施的跨江合作与共享。二是经济要素的"切变"。资金、信息、人才、技术等经济要素具有较强的流动性，且总是从经济活动的高密度区流向低密度区。长江对经济要素的"切变"效应体现于沿江两侧地区积极构建政策洼地，通过市场"无形的手"聚集经济要素，同时阻碍着经济要素的跨江流动，使经济要素仅在一侧"贮存"。

(五) 资源环境的约束性

长江流域整体生态环境已出现不容忽视的负面趋势性变化，主要表现在水量减少、形态转变、环境容量降低、水生生物种群和数量减少等方面。长江江苏段有400多公里，沿江有8个地级市，83家省级以上开发区和37家化工园区。这些能源重化工业与长江众多支流衍生连接的各类化学工业园混成一片，每天产生的各类工业废水有的稍加处理，有的未经处理便直接偷排入江，混杂着生活污水及航运激增带来的船舶污染，长江生态系统遭到破坏，水体富营养化加剧，污染程度远超自身的水体净化能力和环境承载容量。因此，生态环境保护与修复处在了长江经济带建设的首要位置，涉及长江的一切经济活动都要以不破坏生态环境为前提。

二、扬子江城市群跨江融合发展的作用

(一) 突破长江天堑的阻隔

通过跨江交通基础设施的建设和运行，连通沿江两岸的城市，打通沿江经济发展脉络，增强跨江融合发展的通达性，实现沿江南北地域间的缝合，以此来寻求增速更快、质量更高、动力更强的发展目标。区域内过江通道的建设在连接沿江两岸城市的同时，加快了人口流动速度与资源流通效率，突破原有的隔江发展格局并实现跨江合作，实现沿江南北城市经济发展的联系对接。因此，在城市跨江发展的缝合作用下，扬子江城市群将会形成以长江为发展轴线，南北城市遥相呼应一体发展的新格局。

(二)跨江配置要素资源

一是要素资源整合,将苏南城市的优势产业、人才、资金、成功的开发管理经验、发展成熟的市场与苏中城市丰富的土地资源、优良的沿江岸线、较低的劳动力成本、巨大的投资潜力进行有机整合,从而使得扬子江城市群有限的长江自然资源、政府间的行政资源、市场运行带来的经济资源及社会发展带来的社会事业资源得到充分利用。二是市场整合,跨江融合发展将促进沿江地区共同的商品市场、要素市场建设,形成一体化的市场体系,促进沿江地区商品、劳动力、投资、融资、技术等要素根据区域的相对优势与区域的不同需求跨江自由流动,促成资源的优化配置,提升市场经济运行的总体效率和效益,实现沿江发展的空间共荣。跨江融合发展所带来的要素资源整合与市场整合,将推动市场环境由重复性开发走向一体化发展,从而实现沿江地区经济系统由合作中冲突走向合作中共谋。

(三)协调发展规划、政策

跨江融合发展指冲破原有地区间的行政约束,不断增强两岸城市的协同合作能力,建立并完善沟通协调管理机制,实现沿江两岸城市的联动发展。一是沿江城市规划的联动与整合,在基础设施、产业、生态环境、区域管治等方面进行统一规划、统一建设,也就是城市发展战略的协调一致;二是沿江城市发展政策的联动与协调,围绕沿江地区产业集聚、环境整治等领域在产业政策、土地政策、环境政策、投资政策等领域,建立统一的政策调控体系,实现沿江地区城市发展政策的匹配效应、集聚效应、学习效应与分享效应。实质就是充分挖掘沿江城市间的比较优势,并依据各市的资源禀赋,共同合作开发,培育和扩大产业集聚圈,进而完善产业结构,实现功能互补,协同发展,为沿江城市群的可持续发展提供沟通协调的保障机制。

三、跨江融合发展的对策建议

(一)基础设施共建共享

建设过江大桥、汽渡、隧道等过江通道可以有效解决"天堑"难题。目前,长江流域江苏段上已经有22个过江通道,另外还有规划在建的过江通道17个。这些过江通道的建设为扬子江城市群跨江融合发展提供了基础条件支撑,同时过江通道不仅仅从地域上拉近了江南和江北的距离,更从经济上紧密了江南和江北的联系。

以满足同城化、一体化发展为目标，建设以高速铁路、城际铁路、高速公路和长江黄金水道为主通道，以普通公路为基础，形成高效衔接城市群内的大中小城市和城镇的多层次快速交通网络。增强京沪高铁、沪宁城际、宁启铁路等既有铁路城际客货运功能，推进连淮扬镇铁路、沪通铁路和宁启铁路2期等主要骨干城际通道建设，提高城际铁路对5万以上人口城镇的覆盖水平。强化南京市、苏州市、无锡市城市轨道交通网，推进常州市、南通市等城市轨道交通主骨架建设。提供同城化交通服务，推行不同客运方式客票一体联程。强化信息资源整合，实现城市群交通信息互通共享。优化整合沿江港口，形成分工合理、协同发展、军民融合的现代化港口群。提升南京市等枢纽机场能力，实现扬子江城市群航线网络覆盖全球各大区域的主要国家和城市，连通国内省会城市、重要枢纽及干支线民用运输机场。

(二) 产业发展优化布局

突出产业特色与集聚，打造高端智能装备产业集群。在生产组织区域化、地区经济专业化的基础上，按照各地自然、经济、社会诸要素组合的不同特点，加快各地特色产业发展。重点选择对原材料和资源能源依赖较小的资本技术密集型产业，而石化类产业则应该在高起点的环保法令下，进行最严厉的控制。资源开发与效能提升并重，建设节约型资源开发体系。沿江开发所需的大量土地和岸线资源，都是供给绝对刚性的不可再生资源，剩余量已非常有限。产业布局必须根据区域资源总量和环境承载能力综合考虑，优先发展低消耗、高产出的产业，优化资源配置，提高工业用地和岸线使用的投资强度及产出效率，确保高效益开发。将能源重化产业向沿海适度转移，将一般性制造业往中上游转移，扬子江城市群未来要成为总部经济区域，以服务经济为主体，打造长江经济带江苏升级版，构建长江下游的服贸融高地和总部经济基地。

跨江融合发展强调充分发挥市场配置资源的决定性作用和政府规划的引导作用，加强区域内各城市之间的产业联系与合作，在沿江地区形成合理的产业分工，促进各城市优势产业发展，优化跨江地区整体的产业布局，以实现优势互补，协同发展。跨江融合发展趋势下的区域产业合作可以在以下3个层面开展：① 各市政府在产业发展规划层面的合作。根据城市的相对优势产业及技术状况确定产业发展重点，通过政府间协调形成各城市资源、技术、产业互补共进的产业发展规划；② 各城市在产业投资方面的合作。通过各城市投资便利化统筹安排，促使有限的资金、人才、资源投向对沿江城市群发展起关键作用,而且效益最高、辐射最强、区域带动力最大的龙头产业,以实现互利互惠的产业投资合作;③ 企业间跨地区、跨部门、跨所有制的产权型合作。通过企业兼并、收购和联合形成的大型企业集群,通过企业内部机制把跨江的生产、流通、科研、金融等要素联结起来,以产权或协作方式带动周围相关企业进行集聚。

(三) 城镇格局均衡合理

江苏沿江地区8市中,南京市和苏州市为特大城市,无锡市、常州市、镇江市、扬州市、南通市、泰州市为大城市。总的来说,特大城市边界扩张速度过快,主城区人口压力偏大,与资源环境承载能力的矛盾逐步加剧。而中小城市和小城镇产业和人口集聚能力较弱,潜力尚未充分发掘。并且8市普遍提出重点发展先进制造业、高新技术产业、现代服务业,并没有体现出城市定位的差异性和功能的互补性。

扬子江城市群人口密集,人均资源量小,城镇密集,城镇化率高。这就要求沿江地区的城镇发展必须集约紧凑,必须建立"紧凑城镇、开敞区域"的空间结构。特大城市要控制"摊大饼"式的蔓延增长,要依山水环境、基本农田保护等划定增长边界,并用绿地系统串联河流、山体、公园、广场和历史文化资源,形成城市公共空间体系;对中小城市而言,要着力完善中心城市功能、培育产业增长点,提高城市活力和辐射力,成为一定区域的吸引中心;对小城镇而言,要着力加强基础设施和公共服务设施建设,培育特色产业,提高对乡村提供基本公共服务的能力;对乡村而言,要通过村庄环境整治行动,建设宜居乡村和美丽乡村。

(四) 资源环境建设协同合作

长江流域缺乏统一的规划和管理是水污染势头不能有效遏制的根本原因。由于流域缺乏能统一管理、监督水资源保护规划实施的权威机构和相应法规,因而无法在流域内统一实施水资源规划和保护管理,导致污染从上游向下游转移,非法排污加剧,甚至"以邻为壑"现象时有发生,水污染势头不能得到有效遏制。要从国家层面对沿江石化、化工产业进行统筹规划布局,规范沿江两岸化工园区发展,优化沿江石化、化工产业布局。

为了扬子江城市群的持续发展,要使环境污染得到有效控制,促进经济与社会全面、协调、可持续发展,需要强化生态环境管制,设置企业进入的环境门槛,限制高污染企业发展,加强企业绿色化生产行为的引导和控制;强化开发区的环境治理设施建设,鼓励生态园区建设;保护生态空间,包括水源保护地取水口周边生态廊道、生态湿地及入江河道沿线的保护，促进区域生态的协调。强化通过整体规划与调整，实施工业污染集中治理和高标准排放。

目前，我国城市群处在提升质量的过程，城市群正在成为我国新型城镇化发展的重要的空间形态。城市群不仅使城市地域空间形态与规模发生重组和变化，而且使资本、产业、劳动力等要素形成新的流动和布局。江苏扬子江城市群是长江经济带建设的主要组成部分，其在我国区域发展总体格局中具有重要战略地位。由于长江作为沿江地区重要的自然地理分界线，对沿江地区经济与社会发展联系的约束与阻隔作用显著，使江南江北城市存在较大发展差异。城市跨江融合发展成为提升沿江城市群质量、协调区域发展的迫切需求。目前，沿江城市跨江融合发展具有过江通道建设取得重大进展、苏南城市功能外溢和南北共建开发区等有利条件，未来可以重点打造南京市跨江发展、镇江—扬州融合发展、常州—泰州协调发展、江阴—靖江一体发展、南通—苏州协同发展的建设格局。扬子江城市群跨江融合发展是一个复杂的系统工程，应该尽快建立城市群的组织协调机构，在产业发展、产业布局、基础设施和环境保护等方面加强协调，构建城市与城市、城市与区域之间协调合作的平台，促进区域生产要素的合理流动和城市群的顺利发展。

本章小结

本章通过分析国家战略对江苏空间发展的影响、评价区域性中心城市、探讨江苏沿海与沿东陇海线地区互动发展、研究扬子江城市群跨江融合发展，针对性提出江苏区域发展格局的优化对策，进而为其城乡融合发展、乡村振兴提供宏观发展格局参考。

第一，建立"导向识别—问题剖析—对策构建"的分析框架对当前国家战略背景下江苏空间发展的问题与对策进行了研究。以"一带一路"等新一轮国家计划的实施为标志，国家战略发生了重大转向。新国家战略的实施将重塑我国社会经济活动及生产力组合方式，区域发展格局和地区间的博弈状况将出现较大变化。江苏作为"一带一路"与长江经济带的地理交汇区域，亟须全面对接国家战略，以获取新一轮区域发展机遇。在此背景下，深入分析当前国家战略的三大导向，剖析江苏在区域发展上所面临的三大问题，从空间开发理念完善、争取新的国家战略支持、打造对接国家战略的重要协作区域与综合开发廊道三个方面，详细阐述"一带一路"

背景下江苏突破当前区域发展困境的具体思路。具体包括：一是以"一带一路"、长江经济带建设等为代表的新一轮国家战略突显了区域协同发展、陆海统筹双向开放、生态文明建设的三大导向。当前江苏面临外部竞争加剧的压力及在国家发展格局中的地位被弱化的风险，同时，沿海港口的腹地空间亟须拓展，沿海城市区域影响力仍有待提升。就苏北来看，区域统筹发展任务仍然艰巨，并且苏北多种发展战略的分散格局，可能导致对接国家战略的整体思路不够聚焦，因而亟须纳入新的战略框架，以实现与"一带一路"倡议的深度对接。二是江苏当前的空间开发格局表现出显著的南北向开发特征，其实质是以上海为中心沿重要交通干线自南而北的开发模式，并最终形成了以上海和苏南为核心，以苏北为边缘区的核心—边缘结构。该空间开发思路的局限在于苏北长期处于边缘区的地位，不利于苏北地位的完全崛起与影响力提升。江苏地处淮河水系和长江下游入海口的特殊地理优势，决定了流域横向开发视角可为江苏的空间开发模式提供合理补充。同时，有利于苏北发展摆脱边缘区的阴影，并使沿海地区的港城一体化区域在陆海统筹的大趋势下获取更多的腹地空间和发展机遇。三是淮河流域以其特殊性和重要性在国家发展格局中占有重要地位，江苏作为淮河水系的下游发达省份有整合流域资源与引领流域协作发展的双重优势。淮河流域经济区的建设，将是江苏顺应国家战略导向充分释放大区域影响力，实现核心腹地扩张的重大机遇。江苏可联合相关省份争取将淮海经济区（淮河流域）上升为国家战略，同时将淮海经济区的建设、沿海开发等苏北振兴战略纳入到淮河流域协作框架中，并确立江苏在淮河流域经济区建设中的龙头作用。四是江苏应将各具体战略统一到对接"一带一路"的框架中来，以参与长江流域与淮河流域协作开发作为载体，以苏南发达地区及沿海港城一体化地区建设为发力点，以重要节点城市建设为支撑，打造功能协调、区域联动的对外空间开发廊道。同时，着重加大对核心腹地区域的辐射与引领，有针对性地加大与高端集聚区域、支点协作区域、门户对接区域的合作，重点对接"一带一路"和长江经济带，在提升全省发展质量与实现内部区域统筹发展的同时，提升其在大区域发展中的地位与影响力。

第二，通过界定我国区域性中心城市内涵，以地区生产总值超 2 000 亿元和城区常住人口超 100 万为标准，筛选出我国 43 个区域性中心城市（除直辖市、省会城市和计划单列市外），从经济职能、社会职能、文化职能、宜居职能、联系职能 5 个方面构建城市发展能力评价指标体系，运用主成分分析法和德尔菲专家赋权法进行综合评价。根据评价结果，把我国区域性中心城市分为Ⅰ、Ⅱ、Ⅲ、Ⅳ四种类型，并分析不同类型区域性中心城市发展面临的短板因素。最后，提出我国区域性中心城市加快发展与优化布局的对策建议：一是针对中西部、东北等地区区域性中心城市发展不够充分的现实问题，优化区域性中心城市布局；二是针对区域性中心城市职能方面的缺陷，提出协调推进经济、社会、文化、宜居及联系职能建设的对策建议；三是顺应城市群作为新型城镇化主体形态的趋势，加强区域性中心城市与其临近城市的联系，促进区域城市群一体化发展。

第三，针对江苏沿海、沿东陇海线地区发展水平与其战略地位不符、江苏沿海与内陆突显的"西高东低"现象、沿东陇海线地区的边缘化格局并未改变；而"一带一路"建设将进一步提升江苏沿海与沿东陇海线地区的战略地位、挖掘陆桥经济和沿海经济的发展潜力、形成陆海双向开放的新局面。江苏处于"一带一路"的交汇点上，江苏沿海和沿东陇海地区是江苏融入"一带一路"倡议的重要切入点；注重流域开发模式是摆脱沿东陇海地区边缘困境的有效途径；强化双核发展模式是发挥陆桥通道资源与沿海港口资源优势的重要思路，形成基础设施互联互通，构建横向综合开发廊道是江苏沿海与沿东陇海线地区互动发展的基础；完善陆海统筹机制，是江苏沿海与沿东陇海线地区互动发展的重要保障。

第四，在我国实施长江经济带和长江三角洲城市群战略的背景下，江苏扬子江城市群在我国区域发展总体格局中具有重要战略地位。但由于长江生态环境持续恶化，生态保护成为首要任务，以及长江对沿江两岸城市经济与社会发展联系的约束与阻隔作用显著，使江南江北城市没能形成紧密联系、功能互补的协同发展格局。扬子江城市群跨江融合发展，不仅能够有效解决大城市、特大城市空间发展框架受限、交通拥挤、人口密度过大、城市服务功能相对集中等问题，而且还能够强化城市间优势互补的合作关系。基于扬子江城市群跨江融合发展的主要障碍，包括经济联系的割裂性、产业布局的趋同性、城镇化的差异性、基础建设的切变性和资源环境的约束性等，提出扬子江城市群跨江融合发展在基础设施共建共享、产业发展优化布局、城镇格局均衡合理、资源环境建设协同合作等四个方面的对策建议。

参考文献

[1] 梁茂信. 都市化时代: 20 世纪美国人口流动与城市社会问题 [M]. 长春: 东北师范大学出版社, 2002. 149-150.

[2] 沃纳·赫希. 城市经济学 [M]. 刘世庆, 等译. 北京: 中国社会科学出版社, 1990: 23-24.

[3] Derudder B, Witlox F, Taylor P J. U. S. cities in the world city network comparing their positions using global origins and destinations of airline [J]. Passengers Urban Geography, 2007, 28 (1): 74-91.

[4] Native A, Corporation R, Indian A. Appendix A. census 2000 geographic terms and concepts [OL]. https://mcdc.missouri.edu/data/pums2000/Techdoc/Appendix_A.pdf.

[5] Krugman P R. Making sense of the competitiveness debate [J]. Oxford Review of Economic Policy, 1996, 12 (3): 17-25.

[6] Webster D, Muller L. Urban competitiveness assessment in developing country urban regions: the road forward [R]. Washington D C: Paper Prepared for Urban Group, INFUD, the World Bank, 2000.

[7] 刘荣增, 崔功豪, 冯德显, 等. 新新时期大都市周边地区城市位研究: 以苏州与上海关系为例 [J]. 地理科学, 2001, 21 (2): 158-163.

[8] 邹金锁. 区域中心城市的现代化建设 [J]. 城市与区域经济, 1997, (2): 47-79.

[9] 国家计委国土开发与地区经济研究所课题组. 对区域性中心城市内涵的基本界定 [J]. 经济研究参考, 2002 (52): 1-12.

[10] 苗建军. 城市发展路径: 区域性中心城市发展研究 [M]. 南京: 东南大学出版社, 2004.

[11] 赵复强. 关于区域中心城市极化定位的思考 [J]. 江西农业学报, 2007 (19): 130-132.

[12] 郭宝华, 李丽萍. 区域中心城市机理解析 [J]. 重庆工商大学学报 (西部论坛), 2007 (2): 35-38.

[13] 吴宏放. 论成渝经济区发展战略格局中的区域性中心城市建设 [J]. 成都行政学院学报, 2009 (6): 60-62.

[14] 顾朝林, 陈璐, 丁睿, 等. 全球化与重建国家城市体系设想

[J]. 地理科学, 2005, 25 (6): 641-654.

[15] 周一星, 张莉, 武悦. 城市中心性与我国城市中心性的等级体系 [J]. 地域研究与开发, 2001, 20 (4): 1-5.

[16] 许学强, 周一星, 宁越敏, 等. 城市地理学 [M]. 北京: 高等教育出版社, 2001.

[17] 马国强, 朱喜钢. 区域中心城市区位选择的模型研究: 以嘉兴市为例 [J]. 山东师范大学学报 (自然科学版), 2006 (2): 63-67.

[18] 吴永保, 周阳, 夏琳娜. 做强中心城市促进中部崛起 [J]. 青岛科技大学学报 (社会科学版), 2007 (4): 1-7.

[19] 尚晓霞. 河南省中心城市综合实力评价研究 [J]. 平顶山学院学报, 2007 (2): 51-56.

[20] 谢守红. 中国城市外向型经济发展研究 [J]. 经济经纬, 2008 (2): 68-70.

[21] 刘为勇, 谢玉美. 南昌市城市竞争力综合评价及其对策分析: 基于中部六省中心城市的比较 [J]. 科技经济市场, 2009 (2): 36-37.

[22] 吴国玺, 万年庆. 河南省区域性中心城市技术创新水平评价 [J]. 资源开发与市场, 2009 (1): 62-63.

[23] 高玲玲, 周华东. 中心城市对区域经济增长贡献的评价体系研究: 以中部地区中心城市为例 [J]. 经济问题探索, 2009 (12): 31-36.

[24] 解志红, 张卫国. 区域中心城市工业主导产业选择以及辨识模型研究 [J]. 重庆大学学报 (社会科学版), 2009 (5): 16-22.

[25] 车春鹂, 高汝熹. 国际三大都市圈中心城市产业布局实证研究及启示 [J]. 科技管理研究, 2009 (9): 13-16.

[26] 陈鸿彬, 王兢, 陈娟. 河南中心城市带动能力评价及提高对策 [J]. 经济地理, 2010 (4): 591-595.

[27] 田来远, 吕洪涛. 济南建设省域中心城市所面临的问题及对策 [J]. 中国人口·资源与环境, 2001 (S2): 89-90.

[28] 胡勇. 区域性中心城市功能建设中存在的问题与制约因素 [J]. 经济研究参考, 2002 (52): 14-27.

[29] 张继良, 邹永军. 城市化、全球化与落后区域中心城市的发展方向与城市建设 [J]. 当代财经, 2004 (7): 86-89.

[30] 周运锦, 袁庆林. 赣州中心城市发展中的主要问题 [J]. 赣南师范学院学报, 2005 (4): 65-68.

[31] 勾春平. 加快西部区域中心城市建设的对策研究: 以四川省南充市构建川东北区域中心城市为例 [J]. 天府新论, 2006 (S1): 142-147.

[32] 刘洁, 梁嘉骅. 太原市中心城市建设的对策研究 [J]. 科技与管理, 2006 (2): 4-8.

[33] 宋正富, 张健, 于海洪. 重庆市建设区域性中心城市初探 [J]. 决策导刊, 2006 (12): 16-17.

[34] 刘艳军. 区域中心城市城市化综合水平评价研究 [J]. 经济地理, 2006 (26): 225-229.

[35] 肖振西. 边缘城市建设区域性中心城市模式探究: 以河南省安阳市为例 [J]. 经济问题探索, 2007 (10): 110-113.

[36] 杨勇, 高汝熹. 都市圈发展要素分析 [J]. 求索, 2007 (3): 4-6.

[37] 韩守庆, 李诚固. 经济起飞阶段中心城市空间结构效应及其调控 [J]. 社会科学战线, 2007 (6): 263-265.

[38] 孙新华. 资源环境紧约束与我国中心城市工业发展策略的创新 [J]. 经济体制改革, 2007 (6): 56-59.

[39] 王凯宏. 珠海区域中心城市功能定位的研究 [J]. 特区经济, 2008 (3): 32-33.

[40] 方良. 浅析区域性中心城市的发展: 以杭州为例 [J]. 新西部, 2008 (4): 69-70.

[41] 韩玉萍, 王志章. 基于统筹城乡的区域性中心城市经济发展研究 [J]. 企业导报, 2009 (2): 22-24.

[42] 陈少宏. 区域中心城市如何不被边缘化 [J]. 人民论坛, 2009 (22): 50-51.

[43] 王春雷. 城市化的代价: 中心城市对周边城市的剥夺 [J]. 经济研究导刊, 2010 (1): 135-136.

[44] 张强, 陈怀录. 都市圈中心城市的功能组织研究 [J]. 城市问题, 2010 (3): 21-27.

[45] 李学鑫, 田广增, 苗长虹. 区域中心城市经济转型: 机制与模式 [J]. 城市发展研究, 2010 (4): 26-31.

[46] 上官敬芝, 雒永信. 努力把徐州建设成淮海经济区中心城市的对策研究 [J]. 淮海文汇, 2010 (1): 19-22.

第十一章 江苏城乡发展空间优化

聚落是人类活动的空间载体[1]，包括城镇聚落和乡村聚落[2,3]。江苏作为城乡聚落融合发展的先导区域，研究江苏城乡体系的优化发展，将对中国城乡转型发展具有重要借鉴意义。本章从城镇体系和乡村聚落两个维度，基于发展现状和存在问题，提出江苏城镇体系优化发展格局、乡村聚落优化发展模式，为江苏城乡聚落形态优化调控提供参考。

第一节 城镇体系优化

 一、江苏城镇体系存在问题

改革开放40多年来，江苏城镇化建设取得了显著的成果，但在规模体系和空间布局上也存在若干问题。一方面，苏南、苏中、苏北城镇发展差距虽然有所缩小，但绝对差距仍然较大。另一方面，江苏目前的城镇发展格局与国家层面对江苏的城镇发展定位不匹配。

（一）城镇发展相对差异缩小，绝对规模差距较大

基尼系数测度方法所得的2000—2015年江苏区域经济总差异变化呈现出扩大再缩小的趋势，但在不同时期差异变化的幅度和趋势各不一样。在2000—2005年间，区域经济总差异呈扩大趋势，并在2005年基尼系数达到最大值0.362；在2005—2008年间，区域经济总差异变化趋于平缓，且呈下降趋势；在2008—2009年间，区域经济总差异变化缩小幅度最大；在2009—2015年间，区域经济总差异变化呈现出较为明显的缩小态势。2015年的基尼系数相对于2000年来说，缩小了36.2%，表明江苏区域经济总差异呈现出缩小趋势。

从各地级市人均 GDP 与全省人均 GDP 的差距来看（表 11-1），苏南各市均为正值，即超过江苏平均值，但苏中、苏北各市均为负值，表现出低于全省平均值，并且绝对差距呈现出扩大趋势。但从各地级市与全省人均 GDP 的比例来看，苏南各市的占比有下降的趋势，而苏中和苏北的占比则有缩小的趋势。

表 11-1　江苏各地级市人均 GDP 与全省平均值的差距

地区	2000 年	2010 年	2015 年	与全省的比例/%		
				2000 年	2010 年	2015 年
南京市	6 981.83	9 223.84	24 959.35	158.72	116.46	126.78
无锡市	15 762.83	36 117.84	37 726.35	232.57	164.44	140.47
常州市	5 744.83	11 277.84	19 009.35	148.32	120.12	120.39
苏州市	14 801.83	36 993.84	43 490.35	224.49	166.00	146.66
镇江市	5 076.83	8 234.84	17 139.35	142.70	114.69	118.39
南通市	-2 512.17	-7 966.16	-8 975.65	78.87	85.79	90.37
扬州市	-1 375.17	-6 263.16	-3 564.65	88.43	88.83	96.18
泰州市	-3 808.17	-11 931.16	-13 732.65	67.97	78.71	85.27
徐州市	-4 624.17	-21 965.16	-31 700.65	61.11	60.81	65.99
盐城市	-4 986.17	-24 409.16	-34 982.65	58.06	56.45	62.47
淮安市	-7 369.17	-27 188.16	-36 751.65	38.02	51.49	60.57
连云港市	-5 447.17	-29 062.16	-44 795.65	54.19	48.15	51.94
宿迁市	-7 897.17	-33 524.16	-49 358.65	33.58	40.19	47.05

注：各地级市与全省人均 GDP 差距＝各地级市人均 GDP－全省人均 GDP
　　与全省人均 GDP 的比例＝（各地级市人均 GDP/全省人均 GDP）×100%

从苏南、苏中、苏北的人均 GDP 比较来看（表 11-2），均有所提高，但相对全省的发展水平来看绝对比例的差距仍然扩大。

表 11-2　苏南、苏中、苏北地区人均 GDP

年份	苏南	苏中	苏北	与全省比例/%		
				苏南/全省	苏中/全省	苏北/全省
2000 年	22 230.96	8 540.67	6 022.04	186.97	15.24	6.46
2010 年	106 350.66	39 628.01	25 776.74	894.44	70.70	27.65
2015 年	169 892.26	70 465.14	45 581.39	1 428.85	125.72	48.90

说明：与全省比例＝100%×苏南（/苏中/苏北）人均 GDP/全省人均 GDP

从江苏各地级市城镇建设用地规模来看（表 11-3），2015 年城市建设用地板块面积最大的是苏州市（462.38km²），最小的是宿迁市（82.97km²）。建制镇建设用地面积最大的依然是苏州市（1 283.62km²），最小的是连云港市（172.50km²）。反映出，江苏三大区域城镇之间的规模差异较大。

表 11-3　江苏各地级市城镇建设用地规模（2015 年）

地区	城市建设用地面积/km²	建制镇建设用地面积/km²	地区	城市建设用地面积/km²	建制镇建设用地面积/km²
苏州市	462.38	1 283.62	常州市	226.69	402.32
南京市	410.46	444.26	南通市	221.39	316.02
徐州市	301.75	304.71	淮安市	207.97	227.82
无锡市	282.07	498.58	泰州市	177.77	239.45
盐城市	240.20	282.71	镇江市	166.20	251.89
连云港市	238.06	172.50	宿迁市	82.97	265.75
扬州市	227.55	238.80			

（二）江苏城镇发展格局与其功能定位不相符

城镇体系由一定地区内至少一个核心城市与数个相互作用联系的不同规模等级城市所构成的，中国城镇体系的等级结构形似金字塔式结构，自上而下可划分为国家中心城市、大区城市、省会城市、地方城市和一般城镇。城市有等级之分，但它们的主要职能基本都是充当周围区域的中心地和地方交通与外部世界的中介者，包含着城市对内（腹地内）和对外（外部世界）两种职能组分，即中枢管理职能和对外交流职能（门户功能）的统一体，这也是国家层面城市布局主要考虑的两种职能。因此，综合等级和职能两重属性，中国城市又可分为国家中心城市、大区中心城市、省会城市、地方中心城市和一般城镇，以及国家中心城市、大区门户城市、省域门户城市、地方门户城市和一般城镇。

国家中心城市处于我国城镇体系最高位置的城镇层级，它们是在全国具备引领、辐射、集散功能的城市，这种功能表现在政治、经济、文化、对外交流等多方面。目前，全国共有8个国家中心城市，即北京、天津、上海、广州、重庆、成都、武汉和郑州，江苏无一入选。大区中心城市是我国七大地理分区的核心城市。1949年中华人民共和国成立，全国先后设立华北、东北、西北、华东、中南、西南六大行政区，简称大区，虽然1954年撤销六大行政委员会，但这一划分方式影响比较深远。若将中南区进一步划分为华中区和华南区，则全国共有7个大区。从中枢管理职能来看，7个大区（按序号）的中心城市分别是北京、沈阳、上海、武汉、广州、重庆和西安市，而江苏的省会南京市并不是大区中心城市；若仅从经济中枢管理职能来看，南京市的影响力还弱于苏州市。从我国国家对外开放体系来看，我国长期处于以海洋方向为主导的开放状态，为了加强大区对外交往，每个大区几乎都形成了与中心城市相对应的海港门户城市，东北区的大连、华北区的天津、华东区的上海、华南区的深圳。

受地理位置的限制，西南区、华中区和西北区没有明确的海港门户城市。但从货物流动方向和国家层面的定位来看，西北区的主门户实则是连云港市，西南区的主门户是北海，华中区的主门户是上海。

在我国区域经济理论构建中，连云港市的战略定位是"新亚欧大陆桥东方桥头堡"。新亚欧大陆桥东接经济蓬勃向上的东亚地区，西连世界经济实力强、市场容量大的欧洲经济区，中间的中国西部、中亚和西亚各国。2011年6月，国务院批准在连云港市设立国家东中西区域合作示范区，示范区的战略定位是立足连云港市，依托大陆桥，服务中西部，面向东北亚，加强区域合作与交流，推动东中西地区良性互动，全方位拓展开放合作的广度和深度，以徐圩新区为先导区，建成服务中西部地区对外开放的重要门户。因此，可以说连云港市是西北区的主门户。

北海作为我国西部地区中唯一的沿海开放城市，背靠大西南，面临东南亚，处于"一城系四南"的重要枢纽位置，是西南诸省出海的便捷通道。西南区物资经北海外运，可缩短500至700千米里程，是我国西南大陆通往东南亚、西亚、非洲和欧洲的最近海港，并且南望海南岛，西濒越南，区位优势十分明显。因此，可以说北海是西南区的主门户。而华中区地处我国中心位置，货物运输主要通过长江从上海进出口，因此其主要门户是上海。

从大区门户城市层面来看，江苏内的连云港市作为西北区的主门户，地位显著，但是与其在全国的定位相比，连云港市却不是江苏的核心门户城市，江苏的主要门户是上海。

通过以上对江苏主要城市等级和职能的分析，可以总结出江苏城镇发展所存在的主要问题：江苏城镇发展格局与国家层面对江苏的定位不匹配，具体来说又可分为两点，一是江苏的中心城市地位不突出，二是门户城市功能被篡夺。

1. 中心城市地位不突出

中心城市地位不突出，主要体现在两个方面，一是江苏的省会南京市目前不是国家中心城市，也不是大区中心城市，这与城市的地理区位、历史沿革、经济基础等多方面因素有关；二是江苏内的苏州市在很多方面，尤其是经济上长期超过南京市，南京市作为区域"核心"的力量不够，定位不高。但是南京市在国家层面提升自身的地位是很有潜力的，也是很有可能成为大区中心城市，乃至国家中心城市的。

首先，从华东地区发展需求来讲，华东地区拥有我国经济发展水平最高的三大经济圈之一——长三角经济圈，但相较于另外两个经济圈（京津冀、珠三角），这两个经济圈都有两个大区中心城市，那作为三大经济圈中最强的长三角经济圈，凭什么就只有上海一个大区中心城市呢？另外，上海不仅仅是华东区的中心城市，它还是整个国家的中心城市，它更多的是肩负国家层面的发展重任。因此，综合这两点来看，华东区是需要另一个中心城市来疏解上海部分中心功能的。

其次，华东区的另一个中心城市理应是南京市。得益于紧邻上海的独特区位优势，以及地区文化和政策等方面的影响，长期以来，在江苏内城市中，人口规模和经济规模最大的是苏州市，苏州市也成为江苏的龙头城市。但是苏州市发展到今天的这个高度，尤其是当它的实际利用外资规模超过上海时，苏州市进一步发展的边际成本将会越来越高，那以苏州市为龙头的区域发展格局就将难以为继，江苏区域发展战略就需要全新的战略思维。一方面，对于以苏州市为核心的苏锡常地区，今后的发展应更强调精致发展，在于城乡一体化水平的提高，而不在于中心城市地位的提升。另一方面，苏州市经济的强大更多在于其所辖的县级市经济实力雄厚，若仅考虑市辖区的主要经济指标，苏州市仅人均GDP高于南京市，其他方面均弱于南京市（表11-4）。再者，南京市的战略优势非常明显，南京市作为"一带一路"节点城市、长江经济带门户城市、长三角区域中心城市、国家创新型城市、国家级江北新区，国家多重战略在宁叠加，而且在教育、科技、交通、文化等方面南京市也具有明显优势，拓展南京市的经济和人口规模，强化南京市的中心城市职能和地位，应是江苏新时代战略方向之一。

表11-4　2018年南京市与苏州市辖区主要经济指标

地区	GDP总量/亿元	人均GDP/元	常住人口/万人	城镇人口占比/%	第三产业占比/%
南京市辖区	9 720.77	118 171	821.61	80.90	57.32
苏州市辖区	7 493.58	136 556	548.3	80.83	51.32

综上所述，虽然目前南京市不是大区中心城市和国家中心城市，但从大区发展需求和南京市自身发展基础来审视，南京市极具潜力成为大区乃至国家中心城市。因此，如何拓展南京市的城市规模，强化南京市作为区域和国家中心城市的地位和作用应成为新时代江苏城镇发展的核心战略之一。

2. 门户城市功能被袭夺

门户城市功能被袭夺，主要体现在两个方面，一是江苏虽有大区门户城市连云港市，但连云港市却不是江苏的核心门户，江苏的核心门户是上海，连云港市的地位在省内还低于徐州市；二是山东日照的迅速崛起，会大幅挤压连云港市的门户功能和地位。连云港市区位优势明显，它位于沿海和陇海兰新线的交汇处，国家对其定位是"新亚欧大陆桥东桥头堡"。但长期以来，作为东陇海大陆桥桥头堡的优势并没有得到充分发挥，连云港市的发展也远没有达到预期水平，更没有成为江苏的核心门户城市，主要原因如下：

首先，江苏既滨江又临海，沿江港口门户众多，极大地分散了连云港市在省内的门户功能。长江作为与海洋联通的大型河流，某种程度上代替海洋承担了陆海联系的载体功能，从而使苏南和沿江地区集聚了江苏区域发展的优质资源。而沿海地区，尤其是苏北地区，长期以来基础设施建设滞后，城市与人口规模、港口及产业发展也相对薄弱。2015年，江苏总的货物吞吐量为23.33亿吨，其中连云港市的吞吐量为2.11亿吨，在全省港口中排名第四，仅占全省货物吞吐量的9.04%，而沿江地区港口货物吞吐量占比高达68.63%，沿海港口门户在江苏中地位远低于沿江港口门户。但江苏沿江地区的优势不在于滨江，而在于靠近上海，本质上是沿沪优势，上海因此成为了江苏的主要门户。实际上，江苏的沿江有优势，沿海也有优势，并且有些优势在全国都得天独厚。只有江海联动发展才能发挥江苏的优势资源，也才能实现"全国的优势在沿海，江苏的优势也在沿海"的愿景。而江苏要真正实现沿海开发、走向海洋，就在于连云港市的发展，而连云港市的地位提升在于门户优势发挥。

其次，经济总量严重偏低成为连云港市发展最大的拖累。改革开放以来，不同时期江苏实施了不同的区域发展战略，但发展的重心一直都在沿江地区，而不在沿海地区。长期的沿江开发战略促使江苏的钢铁、化工等很多典型临海性产业都沿江布局，而没有迁移到沿海，尤其是苏北的盐城市、连云港市等沿海城市错失了工业化和城市化快速发展的良机，它们的城市规模和产业发展随即相对滞后和弱小，发展后劲也相对不足，导致城市自身规模和实力不足以去匹配省域门户城市、大区门户城市及新亚欧大陆桥东桥头堡的重任。2018年，在江苏内13个地级市中，连云港市的人口规模、经济总量都是倒数第二位，建成区面积较为靠前排名第七（表11-5）；在首批14个沿海开放城市层面，连云港市的各指标均处于倒数第三；在6个大区门户城市中，连云港市的各项经济指标仅优于北海，均位居倒数第二（表11-6）。可以看出，连云港市在省内、首批对外开放城市、大区门户城市三个层面中，无论是人口规模、经济规模还是港口发展都处于靠后位置，较小的城市规模没有为连云港市的门户建设和发展提供充足的保障。

表 11-5　2018 年江苏各地级市主要经济指标

城市	常住人口/万人	GDP总量/亿元	人均GDP/元	建成区面积/km²
南京市	823.59	9 270.77	118 171	755
无锡市	651.10	8 518.26	130 938	329
徐州市	866.90	5 319.88	61 511	255
常州市	470.14	5 273.15	112 221	250
苏州市	1 061.60	14 507.07	136 702	458
南通市	730.00	6 148.40	84 236	205
连云港市	447.37	2 160.64	48 416	204
淮安市	487.20	2 745.09	56 460	155
盐城市	722.85	4 212.50	58 299	142

续表

城市	常住人口/万人	GDP 总量/亿元	人均 GDP/元	建成区面积/km²
扬州市	448.36	4 016.84	89 647	140
镇江市	317.65	3 502.48	110 351	138
泰州市	464.16	3 687.90	79 479	105
宿迁市	485.38	2 126.19	43 853	85

表 11-6　2018 年大区门户城市和首批沿海开放城市的主要经济指标

城市	常住人口/万人	GDP 总量/亿元	人均 GDP/元	建成区面积/km²
大连市*	698.70	7 731.64	110 682	4.15
秦皇岛市	307.32	1 250.44	40 746	2.53
天津市*	1 546.95	16 538.19	107 960	5.40
青岛市	909.70	9 300.07	102 519	4.85
连云港市*	447.37	2 160.64	48 416	2.11
南通市	730.00	6 148.39	84 236	2.18
上海市*	2 415.27	25 123.45	103 796	7.17
宁波市	782.50	8 003.61	102 374	8.89
温州市	911.70	4 618.08	50 790	0.85
福州市	750.00	5 618.08	75 259	1.40
广州市	1 350.11	18 100.41	136 188	5.21
湛江市	724.14	2 380.02	32 933	2.20
北海市*	162.57	892.08	55 248	0.25
深圳市*	1 137.89	17 502.86	157 985	2.17

注：* 表示同为大区门户城市与沿海开放城市，除深圳外均是首批沿海开放城市。

最后，日照的不断崛起，袭夺了连云港市的门户作用。日照是我国改革开放后新兴的沿海港口，1986 年投产运营，1995 年国家三部委同时批复日照和连云港市同为新亚欧大陆桥东方桥头堡。经过多年的发展，日照已从当初单一的煤炭运输发展成为一个综合性沿海主枢纽港，对连云港市的发展也产生极大的竞争。从表 11-7 可以看出，日照的很多经济指标已后来居上超过了连云港市，尤其是港口吞吐量和进出口总值，日照的崛起会大幅袭夺连云港市的门户职能和地位。

表 11-7 2015 年连云港市与日照主要经济指标对比

经济指标	连云港市	日照	日照/连云港市
GDP 总量/亿元	2 160.64	1 670.8	0.77
常住人口/万人	447.37	288	0.64
市区 GDP 总量/亿元	1 185.34	1 245.88	1.05
人均 GDP/元	48 416	58 110	1.20
市区常住人口/万人	207.73	133.62	0.64
城镇人口占比/%	58.7	54.81	0.93
建成区面积/km²	204	100.8	0.49
规模以上工业增加值/亿元	1 156.50	586.9	0.51
港口吞吐量/亿吨	2.11	3.61	1.71
进出口总值/亿美元	80.45	151.85	1.89
实际使用外资/亿美元	8.01	5.78	0.72
固定资产投资/亿元	2 077.35	1 407.81	0.68
城镇居民可支配收入/元	25 728	26 217	1.02

综上所述，虽然江苏拥有大区门户城市连云港市，但江苏主要门户城市的作用和地位却面临着来自上海和日照的袭夺。江苏的真正优势在于"既沿江又沿海"，只有江海联动发展才能真正发挥江苏的优势资源，江苏沿海开发在于连云港市的发展，而连云港市的地位提升又在于门户优势与作用的发挥。因此，在"一带一路"背景下，如何充分发挥连云港市作为江苏的核心门户作用，以点带面，引领江苏真正走向海洋应成为新时代江苏城镇发展的另一个核心战略。

二、江苏城镇发展的优化格局

基于上述对江苏城镇发展成果、问题和形势的分析，结合全国新型城镇化空间布局、全省生产力布局的总体框架和未来发展趋势，在全面实施省主体功能区规划的基础上，按照新形势下推进新型城镇化和城乡发展一体化的新要求，进一步优化城镇化战略布局，形成以南京市和连云港市为核心，以沿沪宁线、沿东陇海线和沿海为轴线，以轴线上区域性中心城市为支撑，以周边中小城市和重点中心镇为组成部分，同时加强区域统筹与互动，最终形成"两核三轴五区"城镇空间布局和城镇体系。

(一) 两核

"两核"即南京市和连云港市。南京市和连云港市是江苏战略层面等级最高的两个核心城市,其中南京市是江苏最高等级的中心城市,连云港市是江苏最高等级的门户城市。

南京市。发挥南京市的科教文化资源丰富、区域金融地位突出、海陆空港和信息港联动发展的优势,把握"一带一路"节点城市、长江经济带门户城市、长三角区域中心城市、国家创新型城市等多重国家战略在宁叠加的机遇,积极推进江北新区建设,强化南京市的区域性科技文化、经济金融中心地位,并不断提升其现代化和国际化水平,优先保障建设用地空间,优先增加服务业和城市居住空间、交通空间、公共设施空间,稳定制造业空间,加大制造业空间存量调整,推进集中布局,提高空间产出效益;加大土地后备资源整理和开发力度,拓展发展空间,扩大绿色生态空间。拓展南京市城市经济规模和人口规模,提升南京市的中心城市地位,力争使南京市的常住人口达到 1 000 万人以上,GDP 总量跻身全国城市前 10 位,努力将南京市建设成国家中心城市。(2019 年,南京市常住人口为 850 万人,GDP 总量为 14 030.15 亿元)

连云港市。门户功能是连云港市作为"一带一路"交汇点的核心功能,建成服务中西部地区对外开放的重要门户是国家战略对连云港市的首要要求。连云港市要主动顺应"一带一路"建设新格局,充分发挥地处国家沿海廊道和陇海兰新沿线廊道交汇处的优势,以港口和东中西区域合作示范区建设为突破口,积极申报连云港市自由贸易港区,建设大陆桥国际航运中心,提升连云港市国际中转运输能力,打造承载全省门户功能的战略载体,形成东陇海地区外向型经济发展窗口;并作为我国东部沿海开发与中西部内陆开发的接力点和纽带,在区域经济中发挥衔接、传承、聚集作用,推动沿海和沿东陇海城镇轴建设。

在强化两大核心城市发展的同时,也需要进一步强化苏州市、无锡市、徐州市等省辖市所在地区域中心城市的科技、产业、人才、投资、信息等发展要素集聚功能,以区域中心城市为支撑,带动周边地区全面发展。

(二) 三轴

"三轴"即沿沪宁线城镇轴、沿东陇海线城镇轴和沿海城镇轴。江苏生产力和产业发展轴线众多,其中沿沪宁线、沿东陇海线和沿海无疑是战略层面最高的。全国生产力布局所规定的一、二级发展轴线中,与江苏有关的即沿海、沿江(包括沪宁线)两条一级轴线和一条二级轴线(陇海线)。

沿海城镇轴。针对沿海地区中心城市辐射带动力弱、港口功能有待提升等状况，该地区的发展应强化中心城市建设，加快城镇化和工业化进程，深入实施沿海开发国家战略，不断完善沿海南北通道等基础设施，重点推进沿海深水大港、临港产业园区和城镇"三位一体"协同发展，发展壮大海洋经济，大规模承接国内外先进制造业和高端产业转移，加快建设以区域中心城市为支撑、以沿海综合交通通道为纽带、以近海临港城镇为节点的新兴城镇化地区，形成我国东部地区重要经济增长极。

沿东陇海线城镇轴。针对沿线地区经济社会发展水平不高、县域经济较弱、中部地区缺乏强有力的中心城市带动等问题，以丝绸之路经济带建设为契机，加快徐州市都市圈建设，提升其在淮海经济区的区域性中心城市地位，加强与中原经济区等内陆区域合作；发挥"一带一路"交汇点的重要作用，推进连云港市国家东中西区域合作示范区建设，不断强化现代化港口的要素集聚功能，深化与陆桥沿线国家和地区的合作协同，着力增强市区、港区和沿线县城镇及重点中心镇的产业人口集聚能力，成为国家陆桥通道的东部重要支撑。

沿沪宁线城镇轴。针对沿沪宁线城镇连绵度高、城乡发展一体化进程加快、土地资源紧缺、环境压力大等特征，该地区应深化城市协作，有序建设轨道，引导城镇集聚，加强区域绿地建设，保障生态空间。推动区域高端创新要素集聚，加快转型升级，建设具有国际水平的战略性新兴产业策源地和先进制造业中心，打造江海一体的高端生产服务业集聚区和我国服务贸易对外开放的先导区。深化以上海为龙头的长三角一体化区域合作，加快苏南现代化建设示范区建设，重点推进宁镇扬大都市区同城化和苏锡常都市圈一体化，做强长江三角洲世界级城市群北翼核心区和具有国际竞争力的都市连绵地区。

在推动三大发展轴线的同时，积极推进沿运河城镇轴、宁启铁路轴线、淮安——滨海开发轴带、淮安—连云港开发轴带、宝应—盐城开发轴带等省域轴线的发展，带动轴线上区域性中心城市的崛起，以及周边中小城市和重点中心镇的全面发展。

（三）五区

"五区"即南京市城乡融合区、苏南城乡一体区、通泰城乡统筹区、淮盐城市乡生态区和徐连城乡门户区。

南京市城乡融合区：包括南京市、镇江市域及扬州市区、仪征、江都。以南京市为核心，以宁镇扬一体化为基础，加快区域基础设施一体化步伐、构建具有较强国际竞争力和鲜明区域特色的现代产业体系，将南京市都市圈建设成为全国主要的科技创新基地，长三角辐射中西部地区发展的枢纽和基地。以自主创新引领转型发展，加强区域产业分工合作，建设国家级科技创新和产业转型合作示范区，南京市依托科教智力资源致力于高端服务业，打造区域性国际创新中心和教育中心，强化区域经济的联系与协作，进一步扩大南京市对周边城市辐射影响；镇江市和扬州市依托产业发展基础，建设先进制造业基地。推动南京市都市圈在全国发展大格局中承担更大使命，发挥更大作用。

苏南城乡一体区：包括苏州市、无锡市、常州市三市，即传统意义上的苏南。它们是江苏最大的"优势板块"，也是最快的增长极，苏锡常三市仅占江苏17%左右的土地面积、27%的人口，却创造了占全省40%的GDP。该区空间组织特征是城市首位度相对较低，城镇等级体系齐全，中小城镇发达，中心城市以苏州市为主、无锡市为副。苏南城乡一体区的发展重点不再是追求中心城市规模的扩大，而是更好地促进城市的精致化发展，更好地引进高端人才及高端产业，让老百姓过得更加舒适宜居。要依托城乡一体化发展的基础和优势，强化精明增长理念，探索城乡统筹发展新模式，加强要素整合、城乡融合、分工协作、协调发展，加快进城农民和外来人口的市民化，以资源共享、互惠互利为原则，建设现代化的高端公共服务设施，实现区域、城乡一体化的基本公共服务网络，全面提升城市质量与内涵，聚力创新推动产业转型升级、聚焦民生推进新型城镇化、保护生态促进空间结构优化、存量更新促进用地结构优化、绿色发展促进综合交通完善、系统整合提升基础设施水平，建成基本公共服务均等化先行区、城乡一体化示范区。

通泰城乡统筹区：包括南通市域、泰州市区及下辖的泰兴、姜堰和靖江。从当前世界经济发展一体化的趋势来看，单纯依靠港口实现制造业生产要素及产品，大进大出来促进经济快速发展的产业发展窗口期已经过去。陆海统筹已成为新时期国家推动海洋经济发展的基本战略。通泰江海统筹区地处长江和东海交汇处，"靠江靠海靠上海"是引领这一区域跨越发展的最大优势。因此，从江苏区域特点出发，合理布局陆海统筹板块，发挥江海联动优势势在必行。首先，强化规划引领，进一步整合沿江沿海相关规划，更好地引领陆域与海域、沿江与沿海、经济与社会等统筹发展。其次，优化配置资源，积极培育多层次要素市场，严格战略性资源管理，推动海域使用市场化、岸线效益最大化、港口发展一体化、土地利用集约化。再次，加强港产城融合，围绕实现港口、产业、城市三大重点领域的和谐发展、协调互动，优化沿江"三生"空间布局，推进产业退、港口移、城市进、生态保。最后，推进陆海统筹、江海联动，必须保护生态环境、维护安全稳定和保护群众利益。

淮盐城乡生态区：包括扬州市、泰州市北部的高邮、兴化，盐城市、淮安市域，以及宿迁市南部的泗洪、泗阳两县。这一区域是江苏生态资源最集中、土地开发强度最低、水网最密集、农业最发达的地区。近年来在探索生态优先、绿色发展上取得了一定的成果，经济社会发展也取得了长足进展，但发展不够充分、增长不可持续、群众不够富裕的问题仍然存在。要实现更高水平的发展，必须在生态上做足文章。首先，要以生态为前提和底色，更好地优化发展路径和模式，在集聚和提升上下功夫，聚焦重点产业，着力发展绿色产业和新经济，大力发展现代农业，深度挖掘旅游业，注重发展养老产业，建立负面清单和正面清单。其次，要通过水治理、水保护与水疏通着力打造好清水廊道，以湖为圆心建设绿色生态环，把这一区域湖群水网的水韵充分展现出来，构建江苏永续发展的"绿心"。再次，要按照满足需要、适度超前的原则，加快交通基础设施建设步伐，在充分发挥好开发区、集中区作用的基础上积极打造用好各类新的平台。最后，人是发展的核心，要把这方水土建成生活美好、令人向往的地方。把生态资源更好地转化成生态资本，实现人与自然的和谐共生，实现"生态越美丽—发展越兴旺—百姓越幸福"的良性循环。最终将这一区域打造成为生态产品重要供给区、绿色产业集聚区、绿色城镇特色区、现代农业示范区及生态田园风光旅游目的地。

徐连城乡门户区：包括徐州市、连云港市市域，宿迁市区和沭阳县。加快推进连云港市东中西区域合作示范区建设力度，加强连云港市与沿线重要城市在物流、产业、商务等方面的合作，提升连云港市对中西部地区发展的综合服务能力。加快港口、铁路、公路、航道、空港等交通设施建设，延伸徐兰高速铁路至连云港市，预控沿海高速铁路廊道，促进沟通东西、连接南北的国家级综合交通枢纽的建设。加强淮海经济区中心城市徐州市的建设与发展，促进徐州市中心城市与连云港市港口的城港联动发展，促进城镇沿东陇海线集聚，大力发展沿线产业，重点加强现代物流、商务服务、生产加工、口岸通关等方面的区域合作，推动沿线地区工业化、城镇化进程，带动苏北地区整体发展；培育宿迁—新沂—沭阳城市组群，加强城际交通联系，实现东陇海沿线中部地区的突破发展，进一步增强连云港市的腹地规模。

第二节　乡村聚落优化

乡村聚落指除城市以外位于农区的所有居民点，包括村庄和集镇。它是乡村人类活动的中心，除了居住功能之外，它还是人们的经济、社会、政治、文化活动的主要场所。人们在周围从事农业生产，在居住地饲养动物、堆积厩肥、设置仓库以存放劳动工具及粮食，设立商店、集市、祠堂、学校、文化广场及垃圾回收站等设施。随着经济社会发展，还有一些村落具有工业生产的工厂、车间，具有文化产品生产的工作室，具有接待游客的服务业设施，等等。乡村聚落可从多个角度研究。研究聚落形成、演变、分布格局及其与地理环境的关系，属聚落地理学的研究内容。传统的聚落地理学主要包括聚落的起源和变化、聚落的分布、聚落的形态、聚落的内部结构、聚落的分类及其与所在地地理条件的关系。近20多年来，由于快速的工业化和城市化，乡村聚落发生急剧变化。相应地，对乡村聚落空间演变的研究，日益引起学界的关注。乡村聚落是乡村人口居住地，是乡村产业、居住、治理、生态环境协调的主要载体。

乡村（村庄）是居民以农业为主要经济活动的空间聚落，也是乡村聚居社会的载体和农村居民发展平台，通常指社会生产力发展到一定阶段上产生的、相对独立的、具有特定的经济、社会和自然景观特点的地区综合体。[4]在中国广阔的地域上，有着丰富的各具特色的乡村聚落，有着各自的形态和集聚规律。乡村的空间分布特点一定程度上反映了在不同生产力水平下人类生产、生活及其与周围环境的关系。乡村空间分布的特点、规模大小、动态迁移等受到多种环境因子和经济社会发展状况、历史渊源、文化习俗及一些突发性因素等影响。"中心地说"是乡村聚落理论研究的代表。[5-7]乡村聚落空间研究广泛应用吸收行为科学成果，强调人类的干预和决策对聚落分布、形态、结构产生重要影响。[8-15]以社会冲突为研究内核，强调应该从社会、政治、文化等对聚落环境的影响进行研究，还要了解社会制度、政治权力和政治经济环境的作用和影响。[16-20]国内对乡村聚落的研究基于多角度、多方位、多学科综合性的视角，集中于乡村聚落的类型、体系等研究。随着GIS和遥感技术不断发展，基于GIS的技术方法研究乡村聚落的空间分布规律具有良好的应用效果。[21-24]

伴随乡村生产要素快速非农化，广大农村地区普遍存在人口过疏化问题,统筹城乡城镇化战略要求重新考虑探讨构筑村镇体系格局,迫切需要在多尺度的中国村庄空间分布模式格局的研究基础之上,以期探测识别空间分布模式的地理因子,并从理论层面优化村镇体系结构,研究成果以期为乡村的空间规划、空间整合、村镇空间体系的构建和发展策略提供理论支撑和实践指导,丰富乡村地理学研究内容。[25-27]

 一、江苏乡村聚落发展现状

自然村是由村民经过长时间在某处自然环境中聚居而自然形成的村落,是乡村聚落最基本的组成部分。[28]通常由一个大自然村或几个自然村联合组成一个行政村。从各市自然村数量来看(表11-8),盐城市自然村数量最多21 319个,镇江市最少6 267个;乡村建设用地面积最大的是徐州市,最小的是镇江市。以乡村图斑面积值在10 000 m^{2}以上的农村居民点为评价单元(也可称之为"村庄",其余的零星布局居民点由于规模偏小不纳入分析范畴)。将乡村聚落斑块面积划分为5个等级:<100 000 m^2,有39个斑块,100 000~1 000 000 m^2,有13 255个斑块;1 000 000~5 000 000 m^2,有1 083个斑块;5 000 000~10 000 000 m^2,有59个斑块;>10 000 000 m^2,有21个斑块。91.69%的乡村斑块面积小于1 000 000 m^2,面积大于10 000 000 m^{2}的乡村斑块绝大部分位于长江沿岸。

表11-8 江苏各地级市乡村规模与数量

城市	乡村建设用地面积/km^2	自然村个数/个
苏州市	559.93	13 117
南京市	327.85	9 601
徐州市	1 197.84	11 521
无锡市	475.09	6 814
盐城市	894.52	21 319
连云港市	572.04	6 545
扬州市	443.06	11 583
常州市	198.17	7 610
南通市	990.23	11 802
淮安市	599.43	17 638
泰州市	644.20	6 908
镇江市	178.92	6 267
宿迁市	474.44	12 426

等级公路是连接城乡聚落之间的主要交通方式，是聚落之间进行物质流和信息流传递的主要通道。以往研究采用邻近交通线的距离和邻近城镇的邻近距离为依据进行乡村聚落空间分布特征的统计分析。乡村聚落空间布局受到综合区位条件的影响，交通可达性集成了道路交通线型邻近距离的影响和城镇中心辐射影响，是度量区位条件的综合性测度指标。按照不同道路的等级设定不同的通行速度的时间成本值，借助 ArcGIS 软件的成本距离分析工具，实现江苏 500m×500m 空间分辨率的每一个栅格到地级市、县（区）、乡镇的最小累积时间成本的度量（图 11-1），综合集成考虑道路的等级性和城镇的等级性的道路交通可达性，更能表征区域内每一栅格的区位条件。

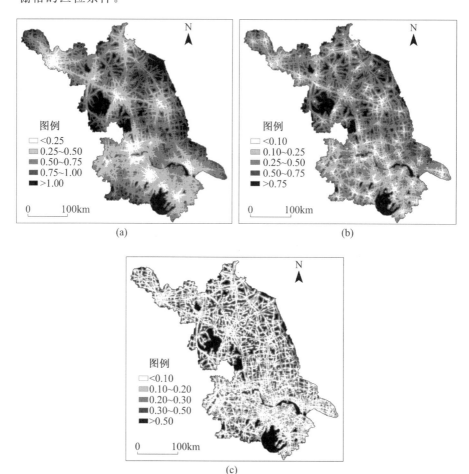

图 11-1　到地级市、县（区）、乡镇的道路交通时间成本示意图（单位：小时）

将江苏栅格到地级市的道路交通最小时间成本累积值划分为＜0.25、0.25～0.50、0.50～0.75、0.75～1.00 和＞1.00 等 5 个区间；将到县（区）的道路交通最小时间成本累积值划分为＜0.10、0.10～0.25、0.25～0.50、0.50～0.75 和＞0.75 等 5 个区间；将到乡镇的道路交通最小时间成本累积值划分为＜0.10、0.10～0.20、0.20～0.30、0.30～0.50 和＞0.50 等 5 个区间；分别进行各个区间的乡村聚落空间分布的聚落数量和面积规模的统计（表 11-9）。

表 11-9　到地级市、县（区）、乡镇不同道路交通可达性时间成本值范围内的乡村聚落分布

到地级市最短时间交通成本	个数	占比/％	面积/km²	占比/％
＜0.25	1 147	6.08	541.11	7.13
0.25～0.50	5 991	31.75	2 772.32	36.53
0.50～0.75	7 065	37.44	2 724.12	35.89
0.75～1.00	3 526	18.69	1 192.58	15.71
＞1.00	989	5.24	320.84	4.23
到县（区）最短时间交通成本	个数	占比/％	面积/km²	占比/％
＜0.10	1 148	5.75	433.88	5.72
0.10～0.25	6 612	33.14	2 856.67	37.64
0.25～0.50	8 578	43.00	3 226.19	42.51
0.50～0.75	2 921	14.64	872.38	11.49
＞0.75	539	2.70	162.19	2.14
到乡镇最短时间交通成本	个数	占比/％	面积/km²	占比/％
＜0.10	8 600	34.78	3 575.03	47.10
0.10～0.20	9 334	37.75	2 522.86	33.24
0.20～0.30	4 412	17.84	903.80	11.91
0.30～0.50	1 972	7.97	480.17	6.33
＞0.50	247	1.00	67.98	0.90

到地级市最小时间成本累积值＜0.25 的区域内的乡村聚落斑块数为 1 147 个，占总数的 6.08％，占总乡村聚落面积的 7.13％，69.19％的乡村聚落斑块位于 15～45 分钟的区域；到县（区）最小时间成本累积值＜

0.10 的区域内乡村聚落斑块总数为 1 148 个，占总数的 5.75%，占总乡村聚落面积的 5.72%，76.14% 的乡村聚落斑块位于 6～30 分钟的区域；到乡镇最小时间成本累积值＜0.10 的区域内乡村聚落斑块数为 8 600 个，占总数的 34.78%，占总乡村聚落面积的 47.10%，90.37% 的乡村聚落斑块位于 0～18 分钟的区域。江苏乡村聚落的空间分布的道路交通可达性最小累积阻力低值指向性特征显著，乡村聚落空间分布与到不同等级中心城镇的交通可达性近邻相关性各异，到乡镇的道路可达性对乡村聚落空间分布影响最大，到地级市的道路交通可达性对乡村聚落分布影响较小。

自然地理因素是乡村聚落形成和发展的基础，而地形因素又是其中的主导因素，为乡村聚落的形成和发展提供了空间，同时对聚落的空间布局又有制约作用。海拔和坡度是影响乡村聚落空间格局的两个重要因素。但江苏属于平原地区，因此海拔和坡度对江苏的乡村聚落的分布的影响不显著。江苏地区的降水丰富，河流网络遍地发育，乡村聚落的农业生产功能特点，决定了具有江苏特色遍布的河涌水系的乡村聚落空间分布特点，农业的流域文明特征明显，水热条件是农业生产的基础自然地理要素，也是度量人居环境适宜指数的重要指标。离主干河流湖泊 20km 以内乡村聚落分布数量为 16 793 个，占总乡村聚落斑块的 89.33%。

二、乡村格局优化布局模式

（一）乡村格局的组织形态

乡村是以农村经济为基础，为局部区域农民生产和生活服务的乡村居民点，是中国城乡居民点体系的重要组成部分。按乡村的功能和等级结构分为自然村和中心村。自然村是指农村自然聚居形成的村落，人口从几十人到上百人不等，由一个或者数个村民小组组成。自然村的居民主要以农业耕作为主业，是从事农业和家庭副业生产活动的最基本的居民点，生活福利设施简单。中心村大多为行政村管理机构所在地，包含有一定的生活服务和基础设施，具有村域小范围的服务功能。

伴随农村人口非农化过程持续，各地区农村的经济发展经历快速转型，农业不再是农村经济发展的主导力量，仅为基础经济产业。随之带来的是村镇从事农业的人口数量急剧下滑，由农业耕作决定的村镇活动圈已经不是村镇布局的决定性力量。在各种纷繁的社会因素的影响下，构建新型村镇体系格局成为急需要求。农村经济转型发展对原有乡村经济模式和

社会网络的冲击，亟待重构村镇体系新格局。[29-31]

伴随乡村经济发展转型，村镇空间布局的演变和优化受到传统自然经济和社会约束的影响日渐势微，工业化、城镇化、农业现代化成为新时期村镇空间优化重组的核心驱动力。中国全域范围内村庄空间分布大部分呈现为随机、分散空间分布模式，村镇体系在农村地域空间结构中未有完好空间构型和功能。乡村经济主导力量的快速转型，劳动力就业非农化集聚现象愈加明显，小农经济生产分散化模式逐渐瓦解。

对接于农业现代化，工业化改变了农村传统的经济形态，城镇化改变了千百年来农民相传的定居意识。未来镇村格局的优化，应以镇区集中性公共设施供给和城镇文化服务为引力，完善中心村生活服务设施和基础设施，带动村镇第三产业发展，带动农村人口的就地聚集，推进城镇化发展。中心村的发展壮大，公共设施和基础设施的供给将产生规模效应，自然村并入邻近聚集发展的中心村。统筹城乡的镇村规划，综合评估各村镇的经济发达程度、交通和区位条件及人口规模和现状建设，优化村镇的空间结构。

交通运输条件、产业和经济生产方式、公共设施建设等为农村地区产生实质性变化的重要因素，是现代农村区别于传统农村的主要特点之一，也是未来影响村镇空间布局优化的主要因素。

乡村体系的等级结构在规划空间优化重组布局中体现，以整个区域内的村庄以城镇体系为基础，以镇区为依托的中心村—基层村体系空间组织结构[32]。考虑到不同地域的自然条件，乡村格局的空间组织形态可以采用放射型、多核心、走廊式布局模式。

（1）放射型布局模式。平原或低海拔丘陵地区，地势比较平坦，自然基质基本相同，村庄空间分布呈现均匀分散的空间组织特征，按中心地理论进行村镇的空间优化重组，空间组织上呈现为中心村、自然或中心村或自然村的村庄布点形式，采取均衡分布形态，可以使各自然村享受到来自中心村的均等服务，在中心村规划布局相对高标准的基础服务和公共服务设施。

（2）多核心布局模式。在平原或丘陵地区，现状村为点状分散布局，随着村庄空间优化重组迁并，出现以乡镇、集镇、工业园、市场群等为核心，按中心地理论布局中心村、自然村，或中心村，或自然村的村庄布点形式。

（3）走廊式布局模式。现状村庄分布在呈现条带分散分布形态，引导培育沿道路轴线或者河流两岸轴线发展中心村和自然村的空间布局，中心村位于几何中心，自然村顺应山势或者流域走向布局，逐渐发展成为串珠状，演变为均衡的走廊式的空间分布形态，中心村位于带状的中心位置能够到达最大的服务半径，自然村受到更多辐射。

除了以上3种村庄空间优化重组的布局模式之外，由于地域特征的综合组合，中心村和自然村之间的关系复杂，可能结合中心性和产业专业性综合考虑的混合式的布局模式。

（二）乡村优化的分类体系

2018年9月26日，中共中央、国务院印发了《乡村振兴战略规划（2018—2022年）》，提出顺应村庄发展规律和演变趋势，根据不同村庄的发展现状、区位条件、资源禀赋等，按照集聚提升、融入城镇、特色保护、搬迁撤并的思路，分类推进乡村振兴，不搞一刀切。确定了新时代乡村振兴背景下乡村的分类体系即集聚提升类村庄、城郊融合类村庄、特色保护类村庄、搬迁撤并类村庄。主要内容为，① 集聚提升类村庄：现有规模较大的中心村和其他仍将存续的一般村庄，占乡村类型的大多数，是乡村振兴的重点。科学确定村庄发展方向，在原有规模基础上有序推进改造提升，激活产业、优化环境、提振人气、增添活力，保护保留乡村风貌，建设宜居宜业的美丽村庄。鼓励发挥自身比较优势，强化主导产业支撑，支持农业、工贸、休闲服务等专业化村庄发展。加强海岛村庄、国有农场及林场规划建设，改善生产生活条件。② 城郊融合类村庄：城市近郊区以及县城城关镇所在地的村庄，具备成为城市后花园的优势，也具有向城市转型的条件。综合考虑工业化、城镇化和村庄自身发展需要，加快城乡产业融合发展、基础设施互联互通、公共服务共建共享，在形态上保留乡村风貌，在治理上体现城市水平，逐步强化服务城市发展、承接城市功能外溢、满足城市消费需求能力，为城乡融合发展提供实践经验。③ 特色保护类村庄：历史文化名村、传统村落、少数民族特色村寨、特色景观旅游名村等自然历史文化特色资源丰富的村庄，是彰显和传承中华优秀传统文化的重要载体。统筹保护、利用与发展的关系，努力保持村庄的完整性、真实性和延续性。切实保护村庄的传统选址、格局、风貌及自然和田园景观等整体空间形态与环境，全面保护文物古迹、历史建筑、传统民居等传统建筑。尊重原住居民生活形态和传统习惯，加快改善村庄基础设施和公共环境，合理利用村庄特色资源，发展乡村旅游和特色产业，形成特色资源保护与村庄发展的良性互促机制。④ 搬迁撤并类村庄：对位于生存条件恶劣、生态环境脆弱、自然灾害频发等地区的村庄，因重大项目建设需要搬迁的村庄，以及人口流失特别严重的村庄，可通过易地扶贫搬迁、生态宜居搬迁、农村集聚发展搬迁等方式，实施村庄搬迁撤并，统筹解决村民生计、生态保护等问题。拟搬迁撤并的村庄，严格限制新建、扩建活动，统筹考虑拟迁入或新建村庄的基础设施和公共服务设施建设。坚持村庄搬迁撤并与新型城镇化、农业现代化相结合，依托适宜区域进行安置，避免新建孤立的村落式移民社区。搬迁撤并后的村庄原址，因地制宜复垦或还绿，增加乡村生产生态空间。农村居民点迁建和村庄撤并，必须尊重农民意愿并经村民会议同意，不得强制农民搬迁和集中上楼。

  国家建设部对于村庄的分类在行政学上，只有自然村和行政村两个概念。它往往是一个或多个家族聚居的居民点。行政村是指政府为了便于管理，而确定的乡下边一级的管理机构所管辖的区域。中心村和基层村是国家建设部发布的《村镇规划标准》（GB 5018893—1994）中提出的概念。中心镇、一般镇、中心村和基层村是该标准确定的县域村镇的基本类型。中心村的概念，被认为是由若干行政村组成的，具有一定人口规模和较为齐全的公共设施的农村社区，它介于乡镇与行政村之间，是城乡居民点最基层的完整的规划单元。可见，中心村是一个规划概念，是指在城镇建设空间布局时，能达到支撑最基本的生活服务设施所要求的最小规模的点。从规划角度来看，中心村是城镇体系的基本单元的一种称呼，也是我们进行新型农村社区建设的主要选择和建设对象。基层村的意思是直接与生产、生活相关，直接参与、从事生产生活的社会组成部分，即构成社会体系的最底层。

  江苏对于村庄的分类2014年《省住房城乡建设厅关于做好优化镇村布局规划工作的通知》中指出，镇村布局的规划对象是自然村庄（可参照省村庄环境整治信息系统中的名录），根据各自然村庄的区位、规模、产业发展、风貌特色、设施配套等现状，在综合分析研究其发展条件和潜力基础上，可以将自然村庄分为"重点村""特色村""一般村"，其中"重点村"和"特色村"是规划发展村庄。重点村是指能够为一定范围内的乡村地区提供公共服务的村庄，可从下列类型村庄中综合考虑确定：现状规模较大的村庄；公共服务设施配套条件较好的村庄；具有一定产业基础的村庄；适宜作为村庄形态发展的被撤并乡镇的集镇区；行政村村部所在地村庄；已被评为省三星级康居乡村的村庄。重点村的空间分布应当根据合理的公共服务半径进行校核，保障乡村地区基本公共服务的全覆盖。对镇村基本公共服务难以覆盖的边远地区，应当择优培育重点村。特色村是指在产业、文化、景观、建筑等方面具有特色的村庄，应具备下列条件之一：历史文化名村或传统村落；特色产业发展较好的村庄；自然景观、村庄环境、建筑风貌等方面具有特色的村庄。一般村是指未列入近期发展计划或因纳入城镇规划建设用地范围及生态环境保护、居住安全、区域基础设施建设等因素需要实施规划控制的村庄，是重点村、特色村以外的其他自然村庄。以下类型村庄原则上不确定为规划发展村庄（重点村和特色村）：位于地震断裂带、滞洪区内，或存在地质灾害隐患的村庄；位于城镇规划建设用地范围内的村庄；位于生态红线一级管控区内的村庄；位于铁路、高等级公路等交通廊道控制范围内的村庄；区域性基础设施（如变电站、天然气调压站、污水处理厂、垃圾填埋场、220kV以上高压线、输油输气管道等）环境安全防护距离以内的村庄。江苏2014年的村庄分类方案较国家2004年的方案，其优点是突出了特色村的发展，其缺点是重点村和特色村数量过多，以致重点不突出、特色不明显，基本上是对现状的全部认可。

2020年8月12日，中共江苏委、江苏人民政府出台了《关于深入推进美丽江苏建设的意见》，提出了特色田园乡村和美丽宜居乡村的概念。从平原农区、丘陵山区、水网地区等自然禀赋出发，立足特色产业、特色生态、特色文化，分类推进乡村建设。优化乡村山水、田园、村落等空间要素，加强重要节点空间、公共空间、建筑和景观的详细设计，保护自然肌理和传统建筑，彰显乡村地域特色，展现"新鱼米之乡"的时代风貌。创新特色田园乡村建设机制，全面开展面上创建，到2025年建成1 000个特色田园乡村、1万个美丽宜居乡村。

乡村振兴战略是国家层面的指导性战略，江苏应当在此基础上做更进一步的细化分类与研究。正如中央在乡村振兴规划文件中所提到的一样，应当科学把握我国乡村区域差异，尊重并发挥基层首创精神，发掘和总结典型经验，推动不同地区、不同发展阶段的乡村有序实现农业农村现代化。所以，江苏应该以县为基本单元，根据不同的发展阶段和特色进行分类划区。对于引领示范区，应当发挥其模范带头作用。对于重点区域，应当努力推动其加速发展。尤其是中小城市和小城镇周边及广大平原、丘陵地区的乡村，是乡村振兴的主战场。综合分析现有关于村庄的分类结果，基于国家关于村庄集中布局的新要求，本书将乡村布局过程中的村庄分为以下四类八型（表 11-10）：① 集聚提升类：中心村、基层村、一般村；② 城郊融合类：城郊融合型村庄；③ 特色保护类：特色保护型村庄；④ 搬迁撤并类：规划撤并型村庄、规模撤并型村庄、生态撤并型村庄。江苏村庄按照相对应的类型进行优化发展。

表 11-10 乡村分类优化体系

类型		功能	发展原则
集聚提升	中心村	集镇型	重点发展
	基层村	基层型	鼓励发展
	一般村	自发型	适度发展
城郊融合	城郊村	城乡融合	限制发展
特色保护	特色村	文化传承	特色发展
搬迁撤并	规划撤并村		搬迁撤并
	规模撤并村		搬迁撤并
	生态撤并村		搬迁撤并

本章小结

本章从江苏城镇体系存在问题、乡村聚落发展现状出发，提出江苏城镇体系优化发展要形成以南京市和连云港市为核心，以沿沪宁线、沿东陇海线和沿海为轴线，以轴线上区域性中心城市为支撑，以周边中小城市和重点中心镇为组成部分，同时加强区域统筹与互动，最终形成"两核三轴五区"城镇空间布局和城镇体系；乡村聚落优化发展模式可以采用放射型、多核心、走廊式布局模式，按照集聚提升类、城郊融合类、特色保护类、搬迁撤并类进行优化调整。

参考文献

[1] 李小建. 欠发达区乡村聚落空间演变 [M]. 北京：科学出版社，2019：1-10.

[2] 李旭旦. 人文地理学 [M] 北京：中国大百科全书出版社，1984：181-182.

[3] 金其铭. 聚落地理 [M]. 南京：南京师范大学出版社，1984：6-10.

[4] 刘彦随，杨忍. 中国县域城镇化空间特征与形成机理分析 [J]. 地理学报，2012，67（8）：1101-1110.

[5] Yang R, Liu Y S, Long H L, et al. Spatio-temporal characteristics of rural settlements and land use in the Bohai Rim of China [J]. Journal of Geographical Sciences，2015，25（5）：559-572.

[6] DeMarco M, Matusitz J. The impact of central-place theory on Wal-Mart [J]. Journal of Human Behavior in the Social Environment，2011，21（2）：130-141.

[7] 沃尔特·克里斯塔勒. 德国南部的中心地原理 [M]. 常正义，等译. 北京：商务印书馆，1998.

[8] 席建超，赵美风，葛全胜. 旅游地乡村聚落用地格局演变的微尺度分析：河北野三坡旅游区苟各庄村的案例实证 [J]. 地理学报，2011，66（12）：1707-1717.

[9] 韩非，蔡建明. 我国半城市化地区乡村聚落的形态演变与重建 [J]. 地理研究，2011，30（7）：1271-1284.

[10] 单勇兵，马晓冬，仇方道. 苏中地区乡村聚落的格局特征及类型划分 [J]. 地理科学，2012，32（11）：1340-1347.

[11] 杨忍，刘彦随，龙花楼. 中国环渤海地区人口—土地—产业非农化转型协同演化特征 [J]. 地理研究，2015，34（3）：475-486.

[12] 李君，李小建. 国内外农村居民点区位研究评述 [J]. 人文地理，2008，23（4）：23-27.

[13] 李君，李小建. 综合区域环境影响下的农村居民点空间分布变化及影响因素分析：以河南巩义市为例 [J]. 资源科学，2009，31（7）：1195-1204.

[14] Long H L, Liu Y S, Wu X Q, et al. Spatio-temporal dynamic patterns of farmland and rural settlements in Su-Xi-Chang region：implications for building a new countryside in coastal China [J]. Land Use Policy，2009，26（2）：322-333.

[15] Hill M. Rural settlement and the urban impact on the countryside [M]. London：Hodder & Stoughton，2003.

[16] 叶超，蔡运龙. 地理学方法论变革的案例剖析：重新审视《地

理学中的例外论》之争［J］．地理学报，2009，64（9）：1134-1142.

［17］叶超．人文地理学空间思想的几次重大转折［J］．人文地理，2012，27（5）：1-5.

［18］Johnston R J. The dictionary of human geography［M］. Oxford：Basil Blackwell，1986.

［19］Tian G J，Qiao Z，Zhang Y Q. The investigation of relationship between rural settlement density, size, spatial distribution and its geophysical parameters of China using Landsat TM images［J］. Ecological Modelling，2012，231（24）：25-36.

［20］Woods M. Engaging the global countryside：globalization, hybridity and the reconstitution of rural place［J］. Progress in Human Geography，2007，31（4）：485-507.

［21］Woods M. Rural geography：processes, responses and experiences in rural restructuring［M］. London：SAGE，2005.

［22］王远飞，何洪林．空间数据分析方法［M］．北京：科学出版社，2008.

［23］杨忍，刘彦随，陈玉福，等．环渤海地区复种指数遥感反演及影响因素探测［J］．地理科学，2013，33（5）：521-527.

［24］Wang J F，Li X H，Christakos G，et al. Geographical detectors-based health risk assessment and its application in the neural tube defects study of the Heshun region，China［J］. International Journal of Geographical Information Science，2010，24（1）：107-127.

［25］北京灵图软件技术有限公司．中国电子地图［CD］．北京：人民交通音像电子出版社，2012.

［26］国家统计局国民经济综合统计司．中国区域经济统计年鉴［M］．北京：中国统计出版社，2013.

［27］国家统计局农村社会经济调查司．中国县域统计年鉴［M］．北京：中国统计出版社，2013.

［28］Bai X M，Shi P J，Liu Y S. Realizing China's urban dream［J］. Nature，2014，509（1799）：158-160.

［29］Liu Y S，Yang R，Long H L. Implications of land-use change in rural China：a case study of Yucheng，Shandong province［J］. Land Use Policy，2014，40：111-118.

[30] 杨忍,刘彦随,陈秧分.中国农村空心化综合测度与分区[J].地理研究,2012,31(10):1876-1882.

[31] 杨忍,刘彦随,郭丽英,等.环渤海地区农村空心化程度与耕地利用集约度的时空变化及其耦合关系[J].地理科学进展,2013,32(2):181-190.

[32] 葛丹东.中国村庄规划的体系与模式:当今新农村建设战略与技术[M].南京:东南大学出版社,2010.

第十二章 结论与展望

从城镇和乡村作为聚落整体的视域下，基于新型城乡关系的科学内涵，构建基于景观分析、空间分析、统计分析和数据挖掘分析相结合的城乡空间形态演化的定量研究框架，深入研究江苏内不同发展阶段、不同城镇化水平区域的城乡聚落形态的地域特征，揭示快速城镇化地区城乡聚落形态的演进模式及其组织规则。得到具体结论如下。

第一节 研究结论

一、城乡人口的空间集聚

以镇域为分析单元，通过对 2000—2010 年江苏人口分布时空演变特征、空间机理及驱动因素的分析。一是，在空间格局特征方面，江苏人口分布存在明显的差异，呈现由南北向中部递减的"凹"字型结构，街道人口密度高于乡镇的"城乡二元"结构，以及沿江地区明显的"核心—边缘"结构；形成了苏锡常都市圈、南京市都市圈、徐州市都市圈 3 个显著的人口密集高地。但是，过多的人口在都市圈的中心城区集聚，带来了一系列的环境、交通问题。合理引导人口由中心城区向城郊、小城镇流动，是以提升生活质量为目标的新型城镇化发展的重要体现。二是，从演变趋势来看，人口分布的空间不均衡性进一步拉大，表现为长江以北区域的人口密度大多降低，而以南区域则普遍增加。苏锡常、南京市、徐州市三大都市圈的人口集聚能力进一步增强，沿江地区成为江苏规模最大的高密度人口连绵区，高密度人口区域由城市向周边区域扩展现象明显，人口密度的空间形态由相对分散向团块状演化。三是，在空间机理上，人口密度空间关联效应的作用范围在不断扩大,人口密度的空间连续性和自组织性越来越强,空间分异格局中的随机成分在不断降低,而由空间自相关引起的结构化分异越来越显著,空间变差的相关程度在不断增大。政策、区位、经济和自然环境因素是引起江苏人口分布变化的主要驱动力。

二、城乡流动人口的分布格局

通过空间格局和关系模型,分析江苏流动人口分布的空间分异、时间演变特征。江苏流动人口的分布具有进一步集聚的趋势,沿江地区仍然是流动人口的主要集聚地,其高值区规模最大、扩散作用也最强。一是,在规模统计上,江苏流动人口分布具有高值集聚的特征,城镇与农村建设用地流动人口集聚规模存在巨大差异,呈现大量离散分布低值和较少集聚分布高值的特征。在冷热点区上,苏北、苏中热点区主要出现在地级市的城区位置,苏南热点区不仅出现在地级市的城区还包括其周围的乡镇和农村;苏北、苏中冷点区位于县(市)的城区,而苏南冷点区出现在远离城镇的农村。在形态格局上,苏北、苏中地区流动人口主要分布在城区、县(市)城区,团块状分布,苏南流动人口较均匀地分布在城镇、农村建设用地上,集簇连绵分布。在格局演变上,高密度流动人口的城镇斑块数量、面积都有了大幅增加,农村建设用地集聚流动人口的速度苏南地区提升最快。流动人口变动呈现长江以北地区城镇的流入人口增加、农村的输出人口减少,以及长江以南地区城镇的流入人口显著增加、农村的流入人口普遍增加的特征。二是,流动人口分布格局演变的驱动因素研究表明,经济发展水平差异、乡镇企业繁荣、交通可达及政府导向对江苏流动人口分布格局的演变产生主要影响。苏南城镇对流动人口的吸引力更多源于非农就业机会和公共服务水平,而苏中、苏北经济发展水平较高、行政等级较高的地区对流动人口的吸引力更强,体现了行政力量在经济资源配置过程中仍起到比较重要的作用。不同级别政府拥有不同的行政力量,进而产生对人口的吸引力差别化,中心城区吸引力最强,城镇吸引力一般,乡村吸引力最弱。实现人口流动的基础条件是交通的可达性,在江苏内各区域的交通可达性存在差异,特别是长江作为江苏重要的自然地理界线,尤其是对交通基础设施的"切边效应"突出,进而形成长江以南区域流动人口集聚程度和变化情况与长江以北区域具有明显的差别。

三、城乡商业网点的区域差异

江苏商业网点具有西北走向分布态势，呈现相对集中分布格局，即苏南集聚与苏北分散、中心城区集聚与城市外围分散的特征。批发零售业、住宿业和餐饮业网点虽然在数量上存在较大差异，但是高值集聚区域（苏锡常、南京市）的分布却具有一致性。批发零售业网点空间集聚特征最显著，住宿业网点分布相对均衡。江苏商业业态结构特征呈现出两个显著的特征，一是，批发零售业和餐饮业网点数量为主体的结构特征；二是，批发零售业销售额独大的结构特征。市域层面，商业网点数量少、规模小，以及销售额较小的原因形成宿迁市的商业网点数量与销售额的耦合度最高。相反，南京市商业网点数量与销售额的耦合性最差，是由于商业网点高度集中在省会城市，其商业高度发达，商业网点的规模相差较大而造成的。江苏商业网点的空间分布差异与社会经济因素差异有着密切的关系。通过在市域尺度上构建多元线性回归模型可知，江苏商业网点密度与居民消费能力和地区经济综合水平成正相关关系，在很大程度上影响了不同业态商业网点的分布。商业网点分布倾向于在 GDP 和居民平均收入都较高的地区集聚，而苏北、苏中、苏南经济社会发展水平的显著差异促使其形成了商业网点南多北少的分布特征。

四、城乡银行网点的空间分布

对江苏银行网点进行分类探讨，分析了五大商业银行、农业金融机构、中小商业银行、江苏地方银行及外资银行网点的空间分布特征及其区位选择的影响因素。一是，基于空间分析和回归分析，发现江苏银行网点偏向分布差异明显，集聚特征显著，总体上呈现在地级城市城区集聚与外围分散并存的态势，由南向北递减格局。但不同类型银行网点空间分布差异较大：① 五大商业银行网点在地级城市中心城区密集分布，在苏南城市外围地区多点散布、在苏中城市外围地区分散分布，以及在苏北城市外围地区零星分布。② 农业金融机构网点表现为在城区近郊多点集中分布，在城市外围乡镇区域分散分布，南北区域差异较小。③ 中小商业银行网点主要在城区集聚分布，在广大城市外围地区均匀分布。④ 江苏地方银行网点在城区、县城区集聚分布。⑤ 外资银行主要布局在对外开放程度高和国外资本输入较多的城市。二是，城市建成区面积、人口规模、人均地区生产总值、规模以上工业企业数量、城镇化率、二三产业产值比重及城市级别、城市性质是影响银行网点区位选择的重要因素。对于不同类型的银行网点，影响其区位选择的主要因素不同，五大商业银行网点分布倾向于人口规模大，城镇化率高的大城市，农业金融机构网点区位选择更依赖于农业人口规模因素，中小商业银行网点偏爱二三产业发达的区域，规模以上工业企业数量对江苏地方银行网点的分布具有显著影响，外资银行分布与外资投入强相关。制度因素对农业金融机构和外资银行网点区位选择具有较强的影响作用。

五、城市公共交通服务的地域类型

以网络平台的公共服务设施数据和人口空间化数据为基础，通过构建城市公共交通综合服务水平指数，评价和分析了江苏13城市公共交通服务质量的差异性。一是，江苏各城市公交站点覆盖率分布不均衡。公交站点数量和密度呈现南高北低的格局。公交站点覆盖率与城市的经济发展水平、人口规模具有正相关性，高值区主要位于长江以南城市，低值区主要位于苏北。但是，经济总量、人口规模较大的南京市区、苏州市区和无锡市区，公交覆盖率并不是最高的，究其原因，主要是特大城市、大城市建成区扩展速度快、面积大，而其现有公交站点布设虽然空间结构较为合理，但是与城市的发展速度存在一定滞后。二是，江苏各城市公交站点对人口的服务水平急需进一步提高。除南京市区和苏锡常市区公交站点的人口服务水平较高外，其他城市都较低，尤其是苏北5市人口服务水平都低于50%。这些城市应首先解决"服务率"偏低问题，并进一步优化公交站点设施空间布局的均衡性、合理性。三是，江苏各城市公交站点综合服务水平参差不齐。各市区公交站点对住宅小区、银行网点、医院和零售行业设施服务水平都较高，差异较小，但对学校设施的服务水平存在较大差异。各市公交站点综合服务水平可以划分为4类区域，呈现出南高北低的显著差异格局。

六、城乡空间融合发展的过程

首先，基于空间分析方法，分析江苏域范围内城镇和农村建设用地的面积、变化速率及格局变化特征；其次，基于景观分析方法，把城镇和乡村作为一个有机的整体系统，综合分析不同发展水平和发展阶段地区的城乡空间融合的形态演变过程和程度，并进行对比分析；最后，运用相关分析方法，探寻江苏城乡空间融合的主要驱动因素和动力机制，以及归纳不同类型的城乡空间融合模式。江苏城镇空间不断扩张，特别是近年来高速扩展，开始以外部扩展为主，然后进入斑块边缘间的填充扩展的循环过程，苏锡常都市圈城镇用地的扩展最为密集。导致上述变化的主要原因是随着城镇化的不断推进，城镇规模持续扩大而造成的，包括大规模的建设新城（区）、打造各级开发区、高新区、撤县建区。而农村地域空间小幅增加，长江以南的农村建设用地的扩展规模远远大于长江以北地区的农村。这主要是由于苏南地区乡镇企业发达，县域经济雄厚，集聚了大量人口，进而农村的生活条件、公共服务和基础服务设施不断完善而形成的。江苏城乡空间融合开始由离散扩展逐步向黏合扩展过渡，城乡连通程度逐步提高，有较好的连接性和稳定性。经济社会发展水平的快速提高、乡镇企业的高速发展、交通基础设施的不断完善、开发区和新城区的快速建设是江苏城乡融合发展的主要动力。对于处在不同经济发展水平和城镇化阶段的地区，其城乡空间融合的驱动因素不同，形成了交通区位优势驱动的枢纽链接模式、城镇化驱动的集聚吞并模式，以及乡镇经济驱动的融合扩展模式。

七、城乡空间开发的适宜性

在对江苏空间开发适宜性、土地利用效率进行综合评价的基础上，通过两者的协调关系，揭示其县级单元空间开发转型发展的关键问题。研究区县市（区）的发展潜力极不均衡，县域经济差异明显；总体上空间发展约束不高，生态约束较高区域为东部沿海、长江流域、太湖流域；空间开发高适宜区域主要分布在苏锡常和南京市，中适宜区域主要分布在苏中地区和苏北地级市县级市的城区，低适宜区域主要分布在苏北的乡村地区。土地利用效率方面，高效率县市（区）主要分布在长江以南，规模递增仍然是苏北、苏中地区的主要特征，但其建设用地投入存在冗余现象。开发适宜性与土地利用效率协调类型表明，江苏大部分县市（区）的空间开发适宜性和开发效率是正相关的，但部分地区仍然存在开发过度和土地利用效率低的问题。苏南地区普遍存在高适宜性、高开发强度、高土地利用效率状态，甚至出现了过度开发的态势。该区域要节约集约利用开发空间，转变开发模式，以提高土地产出率和土地利用效率来突破建设空间限制的瓶颈。苏北沿淮海流域的县市存在低适宜性、低开发强度、低土地利用效率的情况，不仅要在生态环境承载允许的范围内适度增强开发强度，还要尽量提高土地利用效率。

八、区域发展格局优化

通过分析国家战略对江苏空间发展的影响、评价区域性中心城市、探讨江苏沿海与沿东陇海线地区互动发展、研究扬子江城市群跨江融合发展，针对性提出江苏区域发展格局的优化对策，进而为其城乡融合发展、乡村振兴提供宏观发展格局参考。一是，从空间开发理念完善、争取新的国家战略支持、打造对接国家战略的重要协作区域与综合开发廊道三个方面，详细阐述"一带一路"背景下江苏突破当前区域发展困境的具体思路。二是，通过界定我国区域性中心城市内涵，从经济职能、社会职能、文化职能、宜居职能、联系职能五个方面构建城市发展能力评价指标体系，把我国区域性中心城市分为Ⅰ、Ⅱ、Ⅲ、Ⅳ四种类型，并分析不同类型区域性中心城市发展面临的短板因素，针对中西部、东北等地区区域性中心城市发展不够充分的现实问题，优化区域性中心城市布局；针对区域性中心城市职能方面的缺陷，提出协调推进经济、社会、文化、宜居及联系职能建设的对策建议；顺应城市群作为新型城镇化主体形态的趋势，加强区域性中心城市与其临近城市的联系，促进区域城市群一体化发展。三是，针对江苏沿海、沿东陇海线地区发展水平与其战略地位不符、江苏沿海与内陆突显的"西高东低"现象、沿东陇海线地区的边缘化格局并未改变；注重流域开发模式是摆脱沿东陇海线地区边缘困境的有效途径；强化双核发展模式是发挥陆桥通道资源与沿海港口资源优势的重要思路，形成基础设施互联互通，构建横向综合开发廊道是江苏沿海与沿东陇海线地区互动发展的基础；完善陆海统筹机制，是江苏沿海与沿东陇海线地区互动发展的重要保障。四是，由于长江生态环境持续恶化，生态保护成为首要任务，以及长江对沿江两岸城市经济与社会发展联系的约束与阻隔作用显著，使江南江北城市没能形成紧密联系、功能互补的协同发展格局。扬子江城市群跨江融合发展，不仅能够有效地解决大城市、特大城市空间发展框架受限、交通拥挤、人口密度过大、城市服务功能相对集中等问题，而且还能够强化城市间优势互补的合作关系。基于扬子江城市群跨江融合发展的主要障碍,包括经济联系的割裂性、产业布局的趋同性、城镇化的差异性、基础建设的切变性和资源环境的约束性等,提出扬子江城市群跨江融合发展在基础设施共建共享、产业发展优化布局、城镇格局均衡合理、资源环境建设协同合作等四个方面的对策建议。

九、城乡发展空间优化

从江苏城镇体系存在的苏南、苏中、苏北城镇发展差距虽然有所缩小,但绝对差距仍然较大;江苏目前的城镇发展格局与国家层面对江苏的城镇发展定位不匹配问题、乡村聚落发展现状出发,提出江苏城镇体系优化发展要形成以南京市和连云港市为核心,以沿沪宁线、沿东陇海线和沿海为轴线,以轴线上区域性中心城市为支撑,以周边中小城市和重点中心镇为组成部分,同时加强区域统筹与互动,最终形成"两核三轴五区"城镇空间布局和城镇体系;乡村聚落优化发展模式可以采用放射型、多核心、走廊式布局模式,按照集聚提升类、城郊融合类、特色保护类、搬迁撤并类进行优化调整。

第二节 研究展望

中国的城乡聚落有着长久的持续演变历史,近几十年的快速城市化又使其在缓慢演进基础上发生急剧变化。历史基础、恋乡文化、户籍制度、快速城镇化和工业化等中国特殊的聚落发展背景,带来了非常特殊的城乡聚落形态演化轨迹和演化方向,为中国人文地理学提供了十分难得的、大有作为的研究机会。随着城乡聚落研究相关的时空数据获取技术的不断进步与更新,以及相关理论也处于探索之中,我们的研究还存在很多不足之处。

中国地域辽阔、类型多样,东部、中部、西部及东北地区的自然地理分异,以及各地区城乡空间格局的差异,决定了城乡聚落地域类型的复杂多样性。按照地貌及地带性,城乡聚落地域类型分为平原地区聚落、沟域川道聚落、丘陵山区聚落、草原牧区聚落等;按照区位及功能性,分为边疆口岸聚落、传统农区聚落、工矿园区聚落、城郊聚落、大都市区聚落等;按照经济与社会性,分为贫困地区聚落、经济发达聚落、历史文化聚落、革命老区聚落、少数民族聚落等。格局是认识世界的表观，过程是理解事物变化的机理。不同城乡聚落地域类型的格局与过程是城乡融合发展、乡村振兴施策的科学基础。城乡聚落研究着眼于城乡聚落地域系统复杂性、综合性、动态性，致力于推进城乡聚落地理工程观测试验、典型聚落综合示范，建立城乡聚落地域系统诊断模型、系统评价指标体系，分析评估城乡融合系统演进状态，快速识别乡村地域系统分异类型、中心村镇聚落空间格局，深入研究田园综合体系统机理及其形态，科学揭示城乡聚落地域系统演化过程与规律，以及城乡聚落地域系统对全球化的响应和适应。一方面，从"人地关系"理论出发，未来城乡聚落发展应注重城乡聚落协调，逐步使大小不同、功能不同的各类聚落，形成统一和谐的整体。这是城乡融合发展、乡村振兴的重要途径之一。另一方面，城乡聚落是一个复合的、动态的系统，除了经济发展水平、城乡规模、产业关联、生态环境等因素外，其他因素特别是体制因素的影响有待开展计量分析。进一步的研究将从省域、市域、县域、镇域、村域等不同尺度进行系统探讨，并寻求空间视角下淮海经济区城乡融合发展的调控手段和优化途径等。

后 记

本书是综合笔者承担的国家自然科学基金项目"江苏的典型区域城乡空间形态的演化机理与优化调控研究（41501122）"、江苏哲学社会科学基金项目"提升沿东陇海线地区发展水平研究（15JD012）"、江苏决策咨询项目"江苏全面融入'一带一路'重大战略对策研究（15SSL015）"等研究成果丰富完善而成。从研究课题的申请，到相关数据的收集处理，到分析模型的构建，再到相关成果的发表与出版，前后历时五载，是一个理论构建→实证分析→规律发现的完整研究过程。

感谢我的恩师朱传耿教授，在课题研究、书稿的写作、修改及出版过程中，朱老师给予了大量的关心、指导和帮助，导师渊博的知识、敏锐的学术思想、严谨的科研态度和追求卓越的工作作风，始终是我学习的榜样！

感谢南京体育学院邹德新教授、田标教授和谢正阳教授，本书能顺利出版离不开你们的大力支持。感谢为本书贡献才智的各位专家学者，他们的有关研究成果和若干思想观点已经直接或间接地被引用到本书中，但限于篇幅而并没有被逐一加以注释或列入参考文献中。

最后要感谢我的家人，你们的大力支持、理解和帮助，才使我顺利地完成本书的撰写和出版。

车冰清
2020年6月于灵谷寺路8号